MASTER YOUR MIND AND DEFY THE ODDS

CAN'T 我，刀槍不入 HURT

從街頭魯蛇到海豹突擊隊，掌控心智、力抗萬難的奇蹟

ME

大衛·哥金斯（David Goggins）──著　甘鎮隴──譯

致

腦海中永遠不允許我放棄的頑強之音。

預備命令

時區：時時刻刻

任務組織：單兵任務

1.**狀況：**你面臨著危險——日子過得太輕鬆舒適，害你一輩子都沒真正地發揮自己的潛力就離開人世。

2.**任務：**解開你心智上的束縛，永久擺脫受害者心態，完全掌控人生的各個層面，建立一個堅不可摧的基礎。

3.**執行：**

a.把這本書從第一頁讀到最後一頁。研究其中的技巧，接受所有十項的挑戰，並重複整個流程。「重複」，就能讓你的心智變得強韌。

b.如果你盡最大努力去執行工作，會覺得很痛苦。這個任務不是為了讓自己感覺更舒服，它的重點在於如何讓自己變得更好，給世界帶來更大的影響。

c.累了也不要停下來，只有在完成任務時才能停下。

4.**機密：**這是一個英雄的起源故事，而英雄就是你。

下令者：大衛・哥金斯

簽名：

軍階與服務內容：美國海軍海豹部隊軍士長，已退役

〈前言〉只有你能主宰自己的心智

知不知道你究竟是誰、有什麼能耐？

我相信你一定自以爲知道答案，但就因爲你「相信某件事是眞的」，不表示它一定是眞的，而「否認」是最究極的舒適圈。

別擔心，不是只有你是這樣。在世上每個城鎭、每個國家，無數的人在街道上遊蕩，眼睛像殭屍般死氣沉沉，沉迷於舒適，擁抱著「受害者心態」，根本不知道自己的眞正潛力。我熟知這個道理，因爲我經常見到這樣的人，聽到他們的心聲，也因爲我就像你一樣，曾經是他們其中之一。

我以前也有個超棒的好藉口。

老天爺給了我一手爛牌。我天生就有缺陷，在挫折中長大，在學校受盡欺負，被罵「黑鬼」的次數多到數不清。

我家曾經一貧如洗，靠福利金度日，住在政府補貼的房子裡，憂鬱症讓我呼吸困難。過著最底層的生活，人生前景只有一個「慘」字。

很少人知道底層生活是什麼感覺，但我知道。那種感覺就像流沙，它會抓住你，把你吸進去，而且不會收手。當人生就是這樣的時候，會很容易隨波逐流，繼續做出同樣的舒適選擇，但這些選擇只會一次又一次地要你的命。

然而事實是，我們都會做出習慣性、自我限制的選擇。這就像日落一樣自然，像重力那樣無所不在。我們大腦的內部線路就是這樣連接，而這就是爲什麼「激勵」根本是鬼扯。

即使是最棒的勵志談話或自助技巧，效果也極爲短暫。它不會重組你的大腦，不會放大你的音量或提升你的生活，光靠激勵根本改變不了任何人。我拿到的一手爛牌是屬於我的，只有我能修復。

所以我尋求痛苦，愛上痛苦，最終把自己從這個星球上最軟爛的一坨屎，變成了上帝創造過最堅強的男子漢，至少我是這樣告訴自己的。

我猜你的童年應該比我好得多，現在應該過著不錯的生活，但無論你是誰、父母是誰、住在哪裡、以什麼爲生、有多少錢，你可能只發揮了眞正能耐的四成。

眞可惜。

我們每個人都有潛力成爲更了不起的人。

幾年前，我受邀參加麻省理工學院的一個座談會。我勉強稱得上高中畢業，以前從沒以學生的身分踏足過大學演講廳，後來卻在這個國家最負盛名的一個機構，與其他幾位菁英討論心理韌性。在討論時，有位受尊敬的麻省理工學院教授說我們每個人都有基因限制，即所謂的天花板，總有些事情是內心再堅強也做不到的。他還說當我們碰到基因上限時，心理韌性就不再有任何用處。

在場的每個人似乎都接受了他的陳述，因爲這位資深教授以研究心理韌性聞名，這是他一生的工作。但他說的那些也是一堆屁話；對我來說，他是以科學觀點，給我們每個人「還是放棄好了」的藉口。

在那之前我一直保持沉默，因爲周遭都是聰明人，我覺得自己很蠢，但聽眾當中有個人注意到我的表情，問我是否同意教授的看法。如果你直接問我這個問題，我也不會羞於回答。

「從旁觀察，比不上活在其中。」我說道，然後轉向教授。「你說的對大多數人而言是事實，但不是百分之百。我們當中總會有百分之一的人，願意以努力來克服萬難。」

我接著解釋自己從經驗中學到了什麼。任何人都能澈底蛻變，並達到教授這種所謂「專家」聲稱的不可能的目標，但這需要大量的鬥志、意志力和一顆裝甲心智。

公元前五世紀出生於波斯帝國的哲學家赫拉克利特在描寫戰場上的人時，說得一針見血。「每一百個人中，」他寫道，「十個根本不該在戰場上，八十個只是砲灰，九個是眞正的戰士，我們很幸運有他們，因爲有他們才有戰鬥。啊，但只有一個，只有那獨一無二的人，稱得上是勇士……」

從出生吸進第一口氣開始，你就有了死亡的資格。你也從此有資格找出你的偉大之處，並成爲戰場上那唯一的勇士。但只有你能爲未來的戰鬥裝備好自己，只有你能主宰你的心智，而只有這麼做，你才能擁有大膽無畏的人生，取得一般人以爲超出自己能力範圍的諸多成就。

我不是麻省理工學院教授那種天才，但我就是那獨一無二的勇士。而你接下來要閱讀的故事，我這一場糊塗人生的故事，將照亮一條行之有效的自我主宰之路，讓你有能力面對現實、對自己負責、克服痛苦，學會去熱愛你害怕的事物、享受失敗、發揮最大的潛能，找出眞正的你。

人類是透過學習、習慣和故事來改變自己。透過我的故事，你將了解身體和心智在被逼到極限時能做到什麼，以及如何到達那種境界。因爲當你鬥志激昂時，無論面對種族歧視、性別歧視、傷勢、離婚、憂鬱、肥胖、悲劇還是貧困，它們都會成爲讓你蛻變的燃料。

在本書中列出的步驟相當於「進化演算法」，它能消除障礙，閃耀著榮耀，爲你帶來持久的平靜。

希望你已經做好準備。是時候和自己戰鬥了。

CONTENTS

CONTENTS

第一章

我拿到的一手爛牌

天堂路上的地獄

我們家是一個位於美麗街坊中的地獄。一九八一年，「威廉斯維爾」這個村子提供了紐約水牛城最令人垂涎的房地產。這裡綠樹成蔭，居民友善，其安全的街道上羅列著裝滿模範公民的精美房屋，醫生、律師、鋼鐵廠主管、牙醫和職業美式足球員與他們深愛的妻子，以及平均二．二個孩子住在裡頭。看過去汽車是新的，道路是清掃過的，這裡充滿無限的可能性。這可是活生生的美國夢，但地獄，卻在一條名為「天堂路」的轉角處。

那是我們所住的一棟兩層樓、四間臥室的白色木屋，四根方柱構成了前廊，其前方是威廉斯維爾最寬也最綠的一片草坪。我們後面有一個菜園和一個雙車位車庫，裡頭放著一輛一九六二年的勞斯萊斯銀雲、一輛一九八〇年的賓士450 SLC，車道上還有一輛嶄新的一九八一年黑色雪佛蘭科爾維特跑車。天堂路上每個人都幾乎生活在食物鏈的頂端，而從表面上來看，我們大多數的鄰居都以為我們這所謂幸福又正常的哥金斯一家，是食物鏈頂端的尖端，但粼粼波光往往隱藏了水面下的真相。

他們大多是在平日的早晨看到我們，我們一家早上七點聚在車道上。我爸特倫尼斯．哥金斯雖然個子不高，但很英俊，身材像拳擊手。他穿著合身的西裝，笑容溫暖而坦率，看上去完全就像個要去上班的成功商人。我的母親潔姬比他小十七歲，苗條而美麗，我和哥哥儀容整潔，穿著得體的牛仔褲和淡色的艾索德襯衫，和其他孩子一樣揹著背包，我是指那些白人孩子。在我們這個版本的富裕美國，父母和孩子乘車去上班上學之前，每條車道都是點頭和揮手的集散地。鄰居只看到他們想要看的，沒有人想窺探得太深。

很好。但事實上，哥金斯一家人才熬夜一整晚回到家，如果天堂路是地獄，這就意味著我和魔鬼一起生活。我們的鄰居一關上門或拐過街角，父親臉上的笑容就變成了怒容。他大聲發號施令，然後進屋睡覺來應付宿醉，但我們的事情還沒結束。我和哥哥小特倫尼斯必須去上學，而這要靠我們一整晚沒睡的母親送我們過去。

一九八一年我念一年級，在學校時眞的感到一片茫然。不是因爲課業很難（至少在這時候），而是我沒辦法保持清醒。老師歌唱般的嗓音成了搖籃曲，我的雙臂交叉放在桌上，成了舒適的枕頭，而一旦老師發現我在作夢，她尖銳的責備就成了叫個不停令人厭惡的鬧鐘。孩子在這個年紀，就像塊無窮無盡的海綿，他們如光速般地吸收語言和思想，爲一般人發展的終身技能（例如閱讀、拼寫和基本數學）打下基礎，但因爲我晚上都在工作，所以大多數的早上除了努力保持清醒之外，根本沒辦法集中精神做任何事。

下課時間和體育課是完全不一樣的地雷區。在操場上保持清醒很容易，困難的是「隱藏」。我不能讓上衣滑落、不能穿短褲，因爲身上的瘀青是我不能被看到的危險信號，如果這麼做了，我知道身上會換來更多瘀青。儘管如此，只要在操場上和教室裡，我知道自己是安全的，哪怕只是暫時而已。只有在這裡他碰不到我，至少在肢體上碰不到。我哥哥在中學一年級的時候，也有過類似的經歷。他也有傷口要隱藏，也要趁上學的時候稍微補眠，因爲一旦放學鈴聲響起，我們眞正的日子才要開始。

從威廉斯維爾到東水牛城的馬斯騰區，車程大約只有半小時，但感覺就像去另一個世界。和東水牛城大部分的地區一樣，馬斯騰區是位於內城一個以黑人工人階級爲主的破舊社區，雖然它在一九八〇年代早期還沒完全淪爲眞正的貧民窟。當時伯利恆鋼鐵廠還在營運，水牛城是美國最後一個偉大的鋼鐵城鎭。城裡大多數的人，無論膚色是黑是白，都擁有工會保障的穩定工作，賺的工資也夠養家餬口，這意味著在馬斯騰生意很好做，至少對我爸來說一直都是如此。

他在二十歲的時候，就擁有了可口可樂公司在水牛城地區的特許經銷權，還有四條配送路線。這對一個年輕人來說已經是一筆不錯的收入，但他有更大的夢想，著眼於未來。他想買車，還想開一間迪斯可舞廳。本地一家麵包店倒閉後，他租下了那棟大樓，開了水牛城第一家室內四輪溜冰場。

時間快轉到十年後，「溜冰樂園」已經搬去渡船街的一棟大樓裡，這棟大樓幾乎占據了馬斯騰區中心的一整條街。他在溜冰場樓上開了一家酒吧，取名爲「硃砂房」。在一九七〇年代，那是東水牛城人氣最高的地方，而也是在那裡，他遇見了我的母親。他當時三十六歲，她才十九歲，那是媽媽第一次離開家。我媽潔姬在天主教會長大，我爸特倫尼斯是一位牧師的兒子，對教會話題瞭如指掌，足以僞裝成信徒，而這對她很有吸引力。但咱們還是認清現實吧，她是被他的魅力迷住了。

攝於溜冰樂園，我當時六歲。

哥哥小特倫尼斯出生於一九七一年，我則出生於一九七五年。在我六歲的時候，溜冰迪斯可熱潮達到了巔峰，溜冰樂園每天晚上都人山人海。我們通常下午五點左右到那裡，哥哥在小賣部工作——做爆米花、烤熱狗、裝冷飲、做披薩——我則按尺寸和樣式整理溜冰鞋。每天下午，我站在一個踏腳凳上用噴霧除臭劑噴灑溜冰鞋，並更換鞋子的橡膠煞車塊。除臭劑的氣味會在我頭上繚繞，在我的鼻孔裡揮之不去。我的眼睛總是充滿血絲，鼻子則有好幾個小時聞不到別的氣味。但我必須無視這些干擾，有條不紊地幹活，保持忙碌，因爲爸爸在ＤＪ臺上工作，無所不見，如果我弄丟了一隻溜冰鞋，屁股就要遭殃了。在開門之前，我得舉著比我高一倍的拖把，把溜冰場擦得閃閃發亮。

下午六點左右，媽媽會把我們叫進後臺辦公室吃晚飯。這個女人永遠生活在否認事實的狀態中，但她的母性本能倒是眞實的，這個本能就是演戲，這是爲了讓她覺得日子過得很正常。每天晚上在那間辦公室裡，她會把兩個電爐放在地板上，跪坐著做一頓豐盛的晚餐——烤肉、馬鈴薯、四季豆和小圓麵包，而我爸就在旁邊一邊記帳一邊打電話。

食物雖然很好，但即使我當時只有六、七歲，也知道和大多數家庭的晚餐相比，我們的「家庭晚餐」根本就是鬼扯。而且我們總是狼吞虎嚥，根本沒時間享受食物，因爲晚上七點開門營業，就是見眞章的時刻，我們必須各就各位、做好準備。爸爸就像警長，一走上DJ臺就開始追蹤我們的位置。他像全視之眼一樣掃視全場，你如果搞砸了就會聽到他的咆哮，有時候會先感覺到他的拳頭。

在天花板刺眼的燈光下，這個場地看起來沒啥特別，但一旦他把燈光調暗，舞臺燈光就會讓溜冰場沐浴在紅光之中，光線掃過旋轉的鏡球，變出溜冰迪斯可的幻境。週末或平日晚上，有數以百計的溜冰者湧進那扇門。他們大多數是闔家出動，在進場前支付了三美元的入場費和五毛錢的溜冰費。

我負責出租溜冰鞋，而且是獨自一人管理這個部門。我像倚賴拐杖一樣總是拎著那個踏腳凳，如果沒有它，客人甚至看不到我。尺寸較大的溜冰鞋放在櫃檯下面，但較小的溜冰鞋高高堆疊，我不得不爬上架子，而客人看到這一幕總是發笑。媽媽是唯一的收銀員，她負責收取每個人的費用，而對特倫尼斯來說，錢就是一切。他依照進來的人數，即時估算有多少收入，這樣在我們打烊結帳時，就能大略知道今天有多少營收，而且錢最好分毫不差。

所有的錢都是他的，我們其他人從來沒有因爲自己的汗水而賺到一分錢。事實上，我媽從未擁有過自己的錢，名下沒有銀行帳戶或信用卡。他控制著一切，而且如果媽媽收銀機裡少了一分錢，我們都知道會有什麼下場。

當然，踏進店門的顧客對這些一無所知。對他們來說，溜冰樂園是一個家族擁有並經營的夢幻世界。我爸播放的黑膠唱片包括迪斯可、放克，還有早期的嘻哈樂。重低音在紅牆上咚吱咚吱地迴響，這些聲響來自水牛城之子瑞克·詹姆斯、喬治·柯林頓的迷幻放克，還有嘻哈革新派的Run-DMC發行的第一張專輯。有些孩子在場上速滑，我也喜歡速滑，但也有一些人喜歡表演花式溜冰，場上就變得熱鬧非凡。

剛開始的一、兩個小時裡，大人們要麼待在樓下溜冰，要麼看著孩子在場上繞圈子，但他們最終還是會來到樓上的酒吧，上演自己的戲碼。而當樓上的人多到一定程度時，特倫尼斯就會溜出DJ臺，加入他們的行列。大家都說我爸是馬斯騰的非官方市長，他也確實是個虛僞到骨子裡的政客。他的顧客就是他的獵物，而顧客們不知道的是，不管他請他們喝了多少酒，給了他們多少兄弟般的擁抱，他其實根本不在乎他們的死活。在他的眼裡，他們全都是「錢錢錢」。如果他免費請你喝一杯，那是因爲他知道你會自掏腰包再喝兩、三杯。

雖然我們舉辦過不少次的通宵溜冰和二十四小時溜冰馬拉松，但溜冰樂園的大門通常在晚上十點關上，而這就是我媽、我哥和我眞正辛勞的時候：從塞滿糞便的馬桶裡撈出帶血的衛生棉條，讓兩間瀰漫大麻煙霧的廁所通風，從溜冰場的地板上刮掉滿是細菌的口香糖，清理小賣部的廚房並清點庫存。快到午夜時，我們拖著身子走進辦公室，累得半死。我和哥哥腦袋各朝兩邊，躺在沙發上，媽媽給我們蓋上毯子，這時天花板隨著低沉的放克音樂震顫。

但媽媽的工作還沒完。

她一走進酒吧，特倫尼斯就把她當騾子一樣使喚，她要麼在門口帶位，要麼在樓下忙著去酒窖取酒。她總有一些雞毛蒜皮的事情要做，而且片刻不得休息，爸爸則是從可以看到全場的酒吧一角監視著一切。在那段日子裡，爸爸最親密的朋友之一、出身自水牛城的瑞克．詹姆斯，每次進城都會在這裡停留，把他的骨董車「王者之劍」停在外面的人行道上。他的車就是廣告牌，讓街坊的人知道有超級大咖大駕光臨。來過這裡的名人不只他一個，O．J．辛普森當時是美式足球聯盟最大牌的球星之一，他和所屬的水牛城比爾隊的隊員都是常客，創作歌手泰迪．潘德葛萊斯和雪橇姊妹也是，如果你不知道他們是誰，去查一下。

如果當時年紀再大一點，或者父親是個好人，或許我會因爲自己成爲那種文化時刻的一部分而感到自豪，但年幼的孩子不喜歡那種生活。無論我們的父母是誰、他們做些什麼，我們每個人似乎天生就有一個經過正確調教的道德指南針。你在六歲、七歲或八歲時，會知道什麼讓你覺得正確，什麼讓你覺得「這眞他媽扯」。當你一出生就掉進一團恐怖和痛苦的旋風中，而你知道人生不應該一定是這樣，這個眞相會一直騷擾你，就像有一根木刺一直扎著你茫然的腦袋。你可以選擇無視它，但那種沉悶的悸動始終存在，日日夜夜交織成一個模糊的記憶。

充滿家暴的日常

然而，有些時刻確實特別令人難忘，而我現在正在回想的其中一個時刻，至今仍然縈繞在我心頭。那天晚上，我媽提前走進酒吧，發現我爸在和一個比她小十歲的女人甜言蜜語。特倫尼斯注意到她的目光，只是聳個肩，而我母親則是瞪著他，喝了兩杯約翰走路紅牌威士忌來安撫神經。他注意到了她的反應，而且一點也不喜歡。

她知道事情是怎麼回事。她知道特倫尼斯帶了一些妓女越過邊境，去了加拿大的伊利堡。當地有一棟避暑別墅，爲水牛城一家大銀行的行長所有，兼作他的臨時妓院。每當他需要更大筆的貸款時，他都會把那些女孩介紹給水牛城的銀行家們，而貸款就會下來。媽媽知道她盯著的那個年輕女人，是他妓院中的一個女孩。她以前見過她。有一次，她走進溜冰樂園的辦公室，撞見爸爸和那個女孩在沙發上啪啪啪，那可是她每天晚上哄孩子們睡覺的同一張沙發啊！她撞見的那一刻，那女人朝她微笑，而特倫尼斯只是聳個肩。不，媽媽並不是事先毫不知情，但親眼目睹時還是氣得半死。

半夜，媽媽和我們的一名保全開車去銀行存款，保全力勸她離開我爸，要她當天晚上就離開，也許他知道接下來會發生什麼事。媽媽也知道，但她不能跑，因爲她沒有任何獨立謀生的能力，也不想把我和我哥留在爸爸身邊。而且，她沒有婚姻財產共享權，因爲特倫尼斯一直拒絕和她結婚，她後來才漸漸了解這個謎團。她出身於一個穩固的中產階級家庭，也一直是賢惠善良的類型。特倫尼斯對此卻很反感，他對待他的妓女們都比對待自己親生兒子的母親好，也因此把她困住了。她在經濟上百分之百倚賴他，如果她想離開，將會一無所有。

我和哥哥在溜冰樂園從沒睡過好覺，天花板震動得太厲害，因爲辦公室就在舞池的正下方。那個夜晚，媽媽走進來的時候，我已經醒了。她雖然露出微笑，但我注意到她眼裡的淚水，我還記得她溫柔地把我抱在懷裡時，聞到她氣息中蘇格蘭威士忌的氣味。爸爸跟在她後面，衣冠不整而且一臉惱火。他從我睡覺的墊子底下掏出一把手槍（是的，我沒寫錯你也沒看錯，我六歲時睡覺的那塊墊子下面，有一把裝著子彈的手槍！）在我眼前晃了晃，笑了一下，然後把它藏進被褲管遮住的腳踝槍套裡。他另一隻手裡拿著兩個棕色購物紙袋，裡面裝滿現金，將近一萬美元。到目前爲止，這還只是一個稀鬆平常的夜晚。

在開車回家的路上，爸媽都沒吭聲，但他們之間的緊張氣氛持續升溫。接近清晨六點的時候，媽媽把車開進了天堂路旁的私人車道，比平時稍微提早了一些。特倫尼斯蹣跚地下了車，關掉屋裡的警報器，把現金扔在廚房桌子上，然後上樓去了。我們跟在他後面，媽媽把我和哥哥在床上安頓好，吻了我的額頭，關了燈，然後走進主臥室，發現爸爸就在那裡等著她，撫摸著他的皮帶。特倫尼斯不喜歡被媽媽怒目相視，尤其是在公共場合。

「這條皮帶大老遠從德州跑來這兒，就是爲了給妳一頓鞭打。」他平靜地說。然後他開始揮舞它，皮帶頭對準目標。有時候我媽會反擊，那天晚上她就有這麼做。她朝他的腦袋扔了一個大理石燭臺，他躲開了，燭臺砰的一聲砸在牆上。她跑進浴室裡，鎖上門，整個人蜷縮在馬桶上。爸爸一腳把門踹開，狠狠地反手打她耳光，她的頭因此撞到牆上。他一把抓住她的頭髮，把她拖進走廊的時候，她幾乎已經神智不清。

那時候，我和哥哥已經聽到他施暴的聲響，看著他一路把她拖過樓梯，拖到一樓，騎在她身上，手裡拿著皮帶。她的太陽穴和嘴角都在流血，她的鮮血引爆了我內心的導火線。在那一刻，我對他的恨意戰勝了恐懼。我跑下樓，跳到他的背上，用我的小拳頭猛捶他的背，還抓他的眼睛。我打得他措手不及，他單膝跪下。我朝他哭喊。

「別打我媽媽！」我喊道。他把我摔倒在地，大步朝我走來，手裡抓著皮帶，然後看向我母親。

「妳養出了個小流氓啊。」他冷笑。

他開始用皮帶狠狠地抽我，我緊緊地蜷縮成一團。我感覺背脊被鞭打得皮開肉綻時，媽媽朝前門的警報器控制面板爬去，按下了緊急報警按鈕，整個房間頓時警報大作。爸爸呆住了，望向天花板，用袖子擦擦額頭，深吸一口氣，把皮帶繫回腰間，接著上樓清理掉所有惡行與恨意的痕跡。他知道警察正在趕來。

媽媽能安心的時間很短暫。警察到來的時候，特倫尼斯在門口迎接他們。警察的目光越過他的肩膀，看到我媽站在他身後幾步之遙，臉龐腫脹，滿是乾掉的血跡。但那個時代不同於現在，那時候可沒有「#MeToo」運動，那玩意兒壓根就不存在，他們也裝作沒看見她。特倫尼斯告訴警察，沒發生什麼大事，只不過是動用了一些必要的家法。

「看看這棟房子。我像是虐待妻子的人嗎？」他問，「我給她貂皮大衣、鑽石戒指，我勞心勞力地給她想要的一切，她卻往我腦袋上扔大理石燭臺，她被寵壞了。」

爸爸送警察上車的時候，警察跟他有說有笑，他們沒跟媽媽做筆錄就走了。那天早上，爸爸沒再打媽媽，也沒這個必要，他已經造成了精神傷害。從那一刻起，我們清楚知道，特倫尼斯和法律是獵人，我們是獵物。

在接下來的一年裡，我們的生活沒什麼變化，家暴仍然持續，媽媽試著用幾張白紙來掩蓋這個黑暗。她知道我想成爲童子軍，所以爲我報名了一支本地的童軍團。我還記得在那個星期六，我穿上那件深藍色的幼童軍排扣制服，穿著制服讓我感到驕傲，知道至少在這幾小時裡，我可以假裝自己是個正常的孩子。我們朝著門口走去時，媽媽笑了。我的驕傲，還有她的微笑，不僅僅是因爲什麼幼童軍，而是湧自內心深處。我們試著在黯淡的處境中，透過行動來找到一些正面的東西。這些行動能證明我們有價值，我們不是一無是處。

就在那時候，爸爸剛好從砝砂房酒吧回來。

「你們兩個要去哪兒？」他怒視著我。我低頭看著地板，媽媽清了清嗓子。

「我要帶大衛去參加他的第一次幼童軍集會。」她輕聲道。

「想得美！」我抬起頭，他看我眼眶泛淚，哈哈大笑說：「我們要去賽馬場。」

不到一個小時，我們就來到了巴達維亞唐斯，這是一座老式的馬具賽馬場，騎手們是坐在馬後面的一輛輕型四輪馬車裡。我們一進大門，爸爸就抓起一張賭馬表格。一連好幾個小時，我們三人看著他接連下注，接連抽菸，接連灌下蘇格蘭威士忌，在他下注的每匹小馬都輸掉比賽時大罵髒話。爸爸咒罵掌管賭博的諸神，表現得像個智障，所以每當有人經過的時候，我都盡可能蜷縮身子，但我還是太引人注目，因爲我是看臺上唯一一個穿得像幼童軍的孩子。我可能是他們唯一見過的黑人幼童軍，但身上的制服彷彿是個謊言，我只是個冒牌貨。

那一天，特倫尼斯輸了好幾千美元。在開車回家的路上，他對此喋喋不休，喉嚨因爲抽多了尼古丁而沙啞。我和哥哥坐在狹窄的後座上，每當他往窗外吐痰，痰就像迴力鏢一樣打到我的臉上。他的每一滴唾沫，都像毒液一樣灼燒我的皮膚，加深我對他的恨意。很久以前我就知道，避免被家暴最好的方法就是讓自己盡可能變成透明人，避開視線、神遊身外，希望不會被注意到。這是我們多年來被訓練出的自保法，但我他媽受夠了，我不會再躲避惡魔。那天下午，他把車子拐上公路回家的時候，還在不停地發牢騷，我從後座對他投以狠毒的眼神。你有沒有聽說過「信念戰勝恐懼」這句話？對我來說，是「仇恨戰勝恐懼」。

他從後照鏡注意到我的眼睛。

「你有話要說嗎？」

「我們本來就不應該去賽馬場。」我說。

哥哥轉頭瞪著我，好像我發了瘋，媽媽在座位上扭捏不安。

「再說一遍。」他緩緩吐出這幾個字，殺氣騰騰。我沒吭聲，於是他開始把手伸到座位後面想揍我。但我個子很小，很容易躲開。車子左拐右拐，因爲他半轉向我，拳頭打在空氣上。他幾乎沒碰到我，但這只是更讓他火上加油。車子繼續行駛，我們都沒出聲，直到他喘過氣來。「回家以後，脫掉衣服。」他說。

他準備動手給人一頓粗飽的時候，就會這麼說，而且沒人逃得掉。我按照他的吩咐做了。我走進臥室，脫掉衣服，然後穿過走廊，來到他的房間，把門在身後關上，關了燈，接著趴在床角上，雙腿懸空，伸直上半身，屁股畢露。這就是規矩，而他這麼設計，就是爲了對我們的身心施加最大的痛苦。

毒打固然殘忍，但最痛苦的是等待時的煎熬。我看不見身後的門，他也沒急著動手，而是讓我的恐懼醞釀。聽到他開門時，我的驚慌飆升至頂點。這時房間裡一片漆黑，我看不清周圍，因此在沒辦法做好任何準備的情況下，皮帶已經抽在我的皮肉上。而且他絕不是只打兩、三下而已，鞭笞沒有具體數字，所以永遠不知道什麼時候會停下來，也不知道會不會停下來。

他不停地抽打，時間一分鐘一分鐘地過去。他先從我的屁股開始抽起，我痛得實在受不了，於是用手擋住，所以他向下轉移，開始抽我的大腿。我把手擋在大腿上的時候，他又把皮帶揮向了我的下背部。他打了我幾十下，停下來的時候氣喘吁吁，咳嗽連連，滿身是汗。我也呼吸困難，但我沒哭。他實在太邪惡，而我的仇恨給了我勇氣。我拒絕讓這個天殺的王八蛋獲得滿足感，所以只是站起來，直視魔鬼的眼睛，然後一瘸一拐地回到房間，站在鏡子前。從脖子到膝蓋，我全身布滿了鞭痕，好幾天沒去上學。

當你天天被毒打，「希望」就會蒸發。你試著扼殺情緒，但創傷會在不知不覺間像毒氣一樣蔓延開來。媽媽親身經歷過也目睹過無數次的毒打，但這一次讓她陷入了無盡的茫然，跟幾年前的她相比，現在彷彿只剩下一副空殼。大部分時間裡，她心神不定、空虛迷茫，只有爸爸喊她名字的時候例外，她會像個奴隸一樣起身去爲他做事。我在多年後才知道，她在那段日子裡已經想過自殺。

我和哥哥則是把痛苦發洩在對方身上。我們面對面坐著或站著，然後他會使盡全力向我揮拳。這在一開始通常只是遊戲，但他比我大四歲，比我強壯得多，而且他用盡全身的力量都打在我身上。我每次被打倒都會站起來，然後他會用盡全力繼續打我，像武術家一樣撕心裂肺地怒吼，臉孔因憤怒而扭曲。

「你沒傷到我！你他媽就這點本事？」我吼回去。我想讓他知道，我能承受的痛苦遠超過他能造成的，但到了該睡覺，沒有戰鬥也無處可躲的時候，我會尿床，幾乎每天晚上都會。

媽媽每日的課題就是求生。爸爸經常說她是廢物，所以她自己也開始這樣認爲。她做的每件事都是爲了討好爸爸，免得他打她或兒子，但她的世界裡有無形的陷阱，有時候她根本不知道自己是在什麼時候或以什麼方式觸發了陷阱，結果就被他毒打一頓。其他時候，她知道自己做錯了什麼，也做好了準備來承受一頓痛毆。

有一天，我因爲耳朵痛得要命而早早從學校回家。我躺在爸媽那張床媽媽睡的那側，左耳一陣陣悸痛，每抽痛一次，我的恨意就會攀升一分。我知道我不會被帶去看醫生，因爲爸爸不允許把他的錢花在醫生或牙醫身上。我們沒有醫療保險、沒有兒科醫生，也沒有牙醫。如果我們受傷或生病，他會叫我們挺過去，因爲他的錢只花在會直接讓特倫尼斯．哥金斯受益的東西上。我們的健康不符合那個標準，這眞的讓我很火大。

大約半小時後，媽媽上樓來看我。我翻身仰躺時，她看到血順著我脖子的一側流下來，染紅了整個枕頭。

「夠了，」她說，「跟我來。」

她把我從床上抱起來，給我穿好衣服，扶我上她的車，但還沒來得及發動引擎，爸爸就追了上來。

「妳想去哪兒?!」

「急診室。」媽媽邊說邊轉動鑰匙。他伸手去抓門把，但媽媽猛然加速，留他站在飛揚的塵土中。他氣急敗壞，跺著腳走進屋裡，砰的甩上門，然後朝我哥咆哮。

「兒子，給我拿瓶約翰走路！」小特倫尼斯從吧檯拿了一瓶紅牌威士忌和一個玻璃杯過來，倒了一杯又一杯，看著爸爸一杯接一杯地喝下，每一杯都讓地獄之火燃燒得更猛烈。「你和大衛得堅強點，」他罵道，「我可不養一群娘炮！如果每次有點小毛病就去看醫生，就會變成娘炮，明白嗎？」哥哥點頭，嚇得不知所措。「你姓哥金斯，哥金斯家的人就是要堅強！」

那天晚上幫我看病的醫生說，幸好媽媽及時送到急診室，因爲我的耳朵受到了嚴重感染，如果再拖延下去，我的左耳就會終生失聰。她冒著被打的危險救了我，而我倆都知道她將爲此付出代價。我們在可怕的寂靜中開車回家。

拐進天堂路的時候，爸爸還在廚房餐桌旁生悶氣，哥哥還在給他倒酒。小特倫尼斯害怕我們的父親，但他也崇拜這個男人，被他洗了腦。身爲長子，他受到比較好的待遇。老特倫尼斯還是會狠狠揍他，但在他扭曲的認知中，小特倫尼斯是他的王子。「等你長大後，我想看到你成爲你家裡的一家之主，」特倫尼斯告訴他，「而今晚我會向你示範什麼是一家之主。」

我們剛走進前門，特倫尼斯就把我們的媽媽打得幾乎不省人事，但哥哥看不下去。每當爸爸的毒打像天上的雷雨一樣爆發時，他就會在自己的房間裡等著風暴結束。他選擇無視黑暗，因爲眞相沉重得讓他無法承受；相較之下，我則是一直在密切觀察。

夏天的時候，特倫尼斯沒給我們安排週間休假的時間，但我和哥哥學會了騎自行車，也盡量離家裡遠遠的。有一天，我回家吃午飯，像往常一樣從車庫走進屋裡。爸爸通常睡到下午很晚，所以我以爲沒什麼危險，但我錯了。爸爸患有妄想症，他做了很多見不得人的勾當，得罪了一些人，所以在我們出門後就設置了警報器。

我打開家門時，警報器發出尖叫，我的胃隨之下沉。我僵在原地，背靠著牆，豎起耳朵尋找腳步聲。聽到樓梯嘎吱作響，我知道我他媽死定了。爸爸走下樓，身穿棕色毛巾長袍，手裡拿著手槍，從飯廳走進客廳，把槍舉在前面，我能看見槍管從轉角處慢慢拐過來。

他一走出轉角處，就能看見我站在離他只有六公尺遠的地方，但他並沒有放下槍。他把槍對準了我的眉心，我直直地盯著他，盡可能面無表情，雙腳牢牢地釘在地板上。屋裡沒有別人，我有點以爲他可能會扣下扳機，而就在我人生的這一刻，我已經不再在乎自己是死是活。我才八歲就已經筋疲力竭，我他媽受夠了爸爸對我造成的恐懼，也受夠了溜冰樂園。大約過了一、兩分鐘，他放下武器，上了樓。

決心逃離地獄

我現在清楚知道，再這樣下去，肯定會有人死在天堂路上。媽媽知道特倫尼斯的那把點三八手槍放在哪裡。有一段日子，她算好時間跟蹤他——盤算該如何行動。她要和爸爸各自開車去溜冰樂園，趕在爸爸之前到達那裡，從辦公室沙發墊的下面拿走他的槍，然後早點帶我和哥哥回家，讓我們上床睡覺，接著站在前門等他，手裡拿著他的槍。爸爸把車停在路邊時，她會從前門走出來，在車道上殺了他——隔天一早，送牛奶的人會發現他的屍體。我的舅舅們，也就是她的兄弟們勸住了她，但他們也贊同她需要採取積極的行動，否則就會成爲那具死屍。

幫媽媽想出辦法的，是我們的老鄰居貝蒂。貝蒂以前住在我們家對面，搬家後一直跟我媽保持聯絡。貝蒂比媽媽大二十歲，有著與其年齡相稱的智慧。她鼓勵媽媽提前幾星期安排好逃亡計畫，而計畫的第一步，是辦一張她自己名下的信用卡。這表示得讓特倫尼斯當她的擔保人，所以她必須重新贏得他的信任。貝蒂還提醒媽媽，別把她們倆之間的友誼說出去。

有幾個星期，潔姬耍弄了特倫尼斯，像當年那個十九歲的美少女那樣對他投以愛慕的目光。她成功使他相信她又開始崇拜他，而當她把一張信用卡申請表塞到他面前時，他說很樂意爲她提升一點購買力。當信用卡寄到信箱的時候，媽媽撫摸著信封裡的硬塑膠，終於鬆了一口氣。她把信用卡舉過頭頂，欣賞著它，它就像一張金獎券般閃閃發光。

幾天後，她聽到爸爸在電話上跟一個朋友說她的壞話，當時爸爸正跟我和哥哥在餐桌上吃早餐。這就是最後一根稻草，她走到餐桌前說：「我要離開你們的父親了。你們兩個可以留下來，也可以跟我一起走。」

爸爸呆住了，哥哥也是，但我像火燒屁股似地立刻從椅子上跳起來，抓起幾個黑色垃圾袋，上樓開始收拾東西。哥哥最終也開始收拾他的行李。離開前，我們四個人在那張餐桌旁進行了最後一次家庭會議，特倫尼斯怒視著母親，眼神充滿震驚和蔑視。

「妳一無所有，如果沒有我，妳什麼也不是。」他說，「妳沒受過教育，身無分文，也沒有前途，不出一年就會淪爲妓女。」他停頓了一下，然後把注意力轉移到我和哥哥身上。「你們兩個長大後會成爲一對娘炮。還有，妳別想回來，潔姬。妳走後五分鐘，就會有另一個女人取代妳的位置。」

媽媽點頭，站起來。她給了特倫尼斯她的青春、她的靈魂，最後她受夠了。她只打包了幾樣東西，想盡可能揮別過去。她留下了貂皮大衣和鑽石戒指，他可以把它們送給他的娼妓女友，她才不在乎。

特倫尼斯看著我們把行李裝進媽媽的富豪汽車（特倫尼斯有好幾輛車，這是他不願意坐的那輛），我和哥哥的自行車已經綁在車的後面。我們慢慢開車離去。剛開始他一動不動，但就在媽媽拐過街角的那瞬間，我看到他走向車庫，媽媽一腳把油門踩到底。

我不得不佩服她，她已經爲突發事件做好了準備。她猜到特倫尼斯會跟蹤她，所以沒往西前往州際公路，那條公路會通往她父母位於印第安納州的住處。相反地，她開去貝蒂家，沿著一條連爸爸都不知道的泥土路行駛。我們到達的時候，貝蒂已經打開了車庫門。我們在裡頭停好車，貝蒂一把拉下車庫門關好，而當爸爸開著他的雪佛蘭跑車在公路上追趕我們的時候，我們就在他眼皮底下一直等到天黑。我們知道，他這時候一定會去溜冰樂園，照常營業。無論發生什麼事，他都不會錯過任何一個賺錢的機會，絕無例外。

但大約行駛到水牛城城外一百五十公里的地方時，老舊的富豪汽車開始出問題，滾滾濃煙從排氣管冒出來，媽媽頓時不知所措。她好像把所有恐懼都壓在心底，藏在一副強裝鎭定的面具之下，直到一個障礙出現，終於因而崩潰，淚流滿面。

「我該怎麼辦？」媽媽問道，眼睛睜得跟碟子一樣大。哥哥本來就不想離開家，所以叫她掉頭回去。我坐在副駕駛座上，媽媽滿懷期待地看著我。

「我該怎麼辦？」

「我們必須繼續前進，媽媽。」我說，「媽媽，我們必須繼續往前走。」

她把車開進荒野裡的一個加油站，瘋了似地衝向公共電話，打給貝蒂。

「我做不到，貝蒂。」她說，「車子拋錨了，我必須回去！」

「妳在哪兒？」貝蒂冷靜地問道。

「我不知道，」媽媽答覆，「我根本不知道我在哪兒！」

貝蒂要媽媽去找加油站的站員（那時候每個加油站都有站員），請對方聽電話。站員說明我們的位置，就在賓州的伊利市外，而在貝蒂給了他一些指示之後，他把電話遞給媽媽。

「潔姬，伊利市有一家富豪汽車經銷商。你們今晚先找一家旅館住下，明天早上再開車去那兒。站員會給車子補些機油，讓妳能開到那裡。」媽媽在聽，但沒回應。「潔姬？妳在聽嗎？照我說的去做，一切都能搞定的。」

「嗯，好。」她低聲說，情緒低落。「旅館、富豪汽車經銷商，明白了。」

我不知道伊利市現在是什麼樣子，但那時候城裡只有一家像樣的旅館，一家離富豪汽車經銷商不遠的假日酒店。我和哥哥跟著媽媽來到櫃檯，等著我們的卻是更壞的消息：房間都被訂滿了。媽媽的肩膀垮了下來，我和哥哥站在她兩邊，拎著裝著衣服的黑色垃圾袋。我們就是走投無路的化身，夜班經理也看到了。

「聽著，今晚我會在會議室裡給你們安排幾張摺疊床，」他說，「那裡有間廁所，但你們明天早上得早點離開，因爲我們早上九點要開會。」

我們心懷感激地在會議室過夜，那裡鋪著工業地毯，頂著日光燈，是屬於我們的煉獄。我們在逃跑，處境岌岌可危，但媽媽沒被擊垮。她仰躺著，盯著天花板的瓷磚，直到我和哥哥打起瞌睡。然後她溜進隔壁一家咖啡店，憂心忡忡地盯著我們的自行車，也盯著馬路，徹夜未眠。

富豪汽車經銷商的修車廠開門時，我們已經在門外等著，這讓技師勉強有足夠的時間取得我們需要的零件，趕在下班前把車修好，讓我們可以重新上路。日落時分，我們離開伊利市，開了一整夜，八小時後，來到外公外婆在印第安納州巴西鎮的家。黎明之前，媽媽把車停在他們的老木屋旁邊，痛哭失聲，我理解她爲什麼哭。

不論是在當時還是現在來看，來到這裡對我們來說都意義重大。我當時只有八歲，但已經進入了人生第二階段。在那個印第安納州南部的鄉下小鎮，我不知道等待著我（我們）的是什麼，我也不太在乎。我只知道我們已經逃出地獄，這是我有生以來第一次從惡魔的魔掌中獲得自由。

黑暗中的光

接下來的六個月，我們住在外公外婆家，我進了當地一所叫「天使報喜」的天主教學校，重讀二年級。我是二年級中唯一八歲的孩子，但其他同學都不知道我是留級生，我也清楚知道確實需要重讀，因爲我幾乎不識字，幸運的是，凱薩琳修女是我的老師。凱薩琳修女當時六十歲，身材嬌小，有一顆黃金門牙。她是修女，但不穿修女服，脾氣暴躁得要命，而且絕不容忍學生頂嘴，但我就喜歡她這種狠咖。

天使報喜是間小學校。凱薩琳修女在一間教室裡教所有的一年級和二年級生，而因爲只

在巴西鎮讀二年級的我

有十八個孩子要教，所以她拒絕推卸責任，不願把我在學業上的掙扎或任何人的不良行為歸咎於學習障礙或情緒問題。她不知道我的家庭背景，也不需要知道，對她來說最重要的，是既然我帶著幼稚園的教育水準來到她們前，那她的職責就是塑造我的心智。她完全有理由把我託付給某個專家或給我貼上某種標籤，但那不是她的作風。她在開始教書的時候，社會上還沒有給孩子貼標籤的風氣，而她那種「不找藉口」的心態，就是我這種想要追進度的學生所需要的。

正是因為凱薩琳修女，我永遠不會只因為一個微笑或一次皺眉，就去信賴或評判一個人。我爸成天笑得像彌勒佛，但其實根本不在乎我的死活；凱薩琳修女雖然易怒，但她關心我們，關心我，希望我們做到最好。我之所以知道這一點，是因為她花了很多額外時間來輔導我，直到我把所學的知識牢記於心。那一年結束前，我的閱讀能力已經達到了二年級的程度。小特倫尼斯則一點也不適應新的生活，沒幾個月就回去水牛城，跟著我爸爸，在溜冰樂園幹些雜務，彷彿未曾離開。

在那時候，我們搬進了自己的房子：社會住宅「燈光莊園」的一間約十七坪大的兩房公寓，每個月租金七美元。爸爸一個晚上就能賺進數千美元，卻只是偶爾隔三、四個星期寄來二十五美元，作為孩子的撫養費；相較之下，媽媽在一家百貨公司工作，每個月只賺幾百美元。不用上班的時候，媽媽在印第安納州立大學進修，這也是要花錢的。總而言之，我們很缺錢，所以媽媽申請了社會救濟福利，成功的話每月能領到一百二十三美元的救濟金和一些食物券。負責發放福利的工作人員給了她第一個月的支票，但他們發現她有一輛車，於是取消了資格，並解釋說如果把車賣了，他們會很樂意提供救濟。

問題是，我們住在一個大約只有八千人的鄉下小鎮，那裡沒有公共運輸系統。我們需要那輛車，這樣我才能上學，媽媽才能上班、上夜校。但她下定決心要改變自己的生活處境，並透過「受撫養兒童援助計畫」找到了一個變通辦法。她做了一些安排，讓我們的支票被寄到我外婆那裡，外婆在上面簽名後再交給她。但即使是這樣，我們的生活還是過得很緊繃。一百二十三美元能撐多久？

我清楚記得，有一天晚上，我們徹底沒錢了，開車回家時油箱幾乎是空的，冰箱空空如也，電費帳單過期未繳，銀行裡一分錢也沒有。然後我想起我們有兩個玻璃罐，裡頭裝滿了一分錢的硬幣和其他零錢，我將它們從架子上拿下來。

「媽媽，我們來數數我們有多少零錢！」

她笑了。在她的成長過程中，她父親教她在路上看見零錢就要撿起來。我的外公親身經歷過經濟大蕭條，知道窮困潦倒的滋味。外公常說：「你永遠不知道什麼時候，可能用得著那枚銅板。」我們以前活在地獄的時候，每天晚上都帶著幾千美元回家，所以「錢可能會花光光」的這種想法聽起來很可笑，但媽媽仍然保持著她童年養成的習慣。特倫尼斯因爲這樣而瞧不起她，但現在該看看存下來的錢能讓我們撐多久了。

我們把零錢倒在客廳的地板上，算出來的錢足夠用來支付電費、加滿油箱和買生活用品，甚至還有錢在回家路上去買哈帝漢堡。那是一段黑暗歲月，但我們還是挺了過去，雖然很勉強。媽媽非常想念小特倫尼斯，但她很欣慰我能適應並交到朋友。我在學校度過了美好的一年，而且從我們在印第安納州的第一個晚上開始，我就再也沒尿過床。我似乎正在從傷痛中恢復過來，但我的心魔並沒有消失，而是蟄伏著，醒來後就會全力出擊。

有毒壓力對身心的侵害

三年級對我來說是一次震撼，不只是因爲我在還沒完全熟悉印刷體字母的時候，就必須學習書寫體，更因爲我們的老師D女士一點也不像凱薩琳修女。我們的班級規模還是很小，三、四年級加起來總共大約只有二十個學生，但她對待學生的方式非常差，也不願額外花時間來輔導我。

剛開學的兩個星期要進行學習程度的基本測驗，而我的麻煩就此開始。我考得一團糟，遠遠落後其他同學，幾天前才學過的內容我都很難融會貫通，更別提記住上個學期學的內容。面對同樣的問題，凱薩琳修女會認爲這表示她需要在我這個最弱的學生身上投入更多時間，而且她天天都會要求我付出努力；D女士則是尋找擺脫我的辦法，開學不到一個月，她就告訴我媽，我屬於另一種學校，一所「特殊學生」的學校。

每個孩子都知道「特殊」意味著什麼，這表示你將在汙名中度過餘生，這表示你不正常。「把我送去特殊學校」這種威脅本身就給我帶來壓力，幾乎在一夜之間，我說話變得結巴。我的「想法轉換成語言」機制被壓力和焦慮卡住了，而且在學校最爲嚴重。

想像一下我的境況：身爲全班、全校唯一的黑人學生，也是最笨的孩子，每天受盡羞辱。我覺得無論試著做什麼或說什麼都是錯的，所以每當老師叫到我時，我通常都選擇保持沉默，而不是像布滿刮痕的黑膠唱片跳針那樣結結巴巴，這一切都是爲了避免犯錯來保住自己的面子。

D女士根本沒試著同情我，而是直接爆氣，對我大吼大叫來發洩情緒，有時則會彎下身子，手放在我的椅背上，臉離我只有幾吋。她不知道自己正在掀開潘多拉的盒子，學校曾經是安全的港灣，一個我知道自己不會受到傷害的地方，但在印第安納州，學校變成了我的酷刑室。

D女士想讓我滾出她的班級，學校行政部門也支持她，但媽媽努力爲我爭取我的權益。校長同意讓我繼續上學，前提是媽媽必須盡快跟語言治療師合作，並把我送去他們推薦的一位當地心理醫生那裡接受團體治療。

心理醫生的辦公室就在醫院旁邊，如果你想讓一個小孩子產生自我懷疑，那種地點再合適不過。那個場景就像一部爛電影，心理醫生在他周圍把七張椅子擺成半圓形，但有些孩子就是坐不住。一個孩子戴著頭盔，不停用頭撞牆；另一個孩子在醫生說到一半時站了起來，走到房間另一個角落，對著垃圾桶撒尿；坐我旁邊的那孩子是這群人當中最正常的，但他在自己家放了火！我還記得第一天參加治療的時候，盯著心理醫生，心想：「我不可能屬於這裡。」

那次經歷讓我的社交恐懼症飆升了好幾個等級。我的口吃發展到失控的程度，還開始掉頭髮，黑色皮膚上冒出了白色斑點。醫生診斷說我患有注意力不足過動症，給我開了「利他能」，但是我的問題遠比這更複雜。

我正在遭受「有毒壓力」的侵害。

事實證明，我遭受過的身心虐待，對年幼的孩童來說有極大的副作用，因爲大腦在幼兒時期生長和發育得極其迅速。如果在那幾年中，你的父親是個決心毀掉家裡每個人的邪惡王八蛋，那你的壓力會狂飆，而當這種巨大壓力經常飆升的時候，你可以把頂點連起來畫成一條線，這就是你的壓力值的新底線。這會讓孩子永遠處在「戰或逃」的狀態當中。當你面臨危險的時候，「戰或逃」是一個很好的工具，因爲它能激勵你奮戰或逃離困境，但這可不是正常的生活方式。

我不是那種滿嘴科學的人，但事實就是事實。我曾在書上看到，一些兒科醫生認爲，有毒的壓力對兒童的巨大傷害，甚至超過小兒痲痺症和腦膜炎。我的親身經歷告訴我，有毒的壓力會導致學習障礙和社交恐懼，因爲根據醫生的說法，它限制了語言能力和記憶力的發展，這會讓即使最有天賦的學生也很難回憶起已經學過的知識。從長遠來看，像我這樣的孩子長大以後，就更可能罹患臨床憂鬱症、心臟病、肥胖和癌症，更不用說吸菸、酗酒和吸毒。那些在虐待家庭中長大的孩子，青少年時期犯案被捕的可能性比一般人高五十三%，他們成年後犯下暴力罪行的機率也比一般人高三十八%。我們都聽過「高風險青年」這個術語，而我就是代表人物。但養出小流氓的並不是我媽，只要看看相關數據就能一目了然：如果有誰把我推上了毀滅之路，那個人就是特倫尼斯．哥金斯。

我沒繼續接受團體治療，也沒服用利他能。第二次治療結束後，媽媽來接我，我坐在她車的前排座位上，茫然地望向遠方。「媽，我不要再來這裡了。」我說，「這些男孩是瘋子。」她答應了我的請求。

但我還是個有問題的孩子，而雖然當時已經有一些經過實測的干預措施，能用來教導並管理被有毒壓力摧殘的孩子，但D女士對這些可說是一無所知。我也不能怪她無知，這方面的科學在一九八〇年代並不像現在這樣普及。我所知道的是，同樣面對一個畸形的孩子，凱薩琳修女始終努力奮戰，依然對他抱有很高的期望，而且沒有被挫敗感擊倒。她的心態是：「聽著，每個人學習的方式都不一樣，我們要弄清楚你該怎麼學習。」她推斷出我需要的是「重複」，我需要一遍又一遍地解決同樣的問題，她也知道這個過程耗費時間。D女士只在乎效率，她的心態是：「要麼跟上，要麼滾。」那時候，我感覺自己被逼到了角落，無路可退。我知道如果我不表現出已有改善，最終會被送到那個「特殊」的黑坑裡永遠待著，所以我找了一個解決方法：開始拚命作弊。

念書很難，對我這顆一團糟的腦袋瓜來說更是難上加難，但我超會作弊。我抄朋友的作業，在考試時偷瞄鄰桌的答案，甚至在對我的成績沒有任何影響的學習程度基本測驗中抄襲答案。這樣做見效了！我考試成績的提升安撫了D女士，媽媽也不再接到學校打來的電話。我以爲已經解決了問題，但其實因爲選擇了阻力最小的那條路，而製造出新的問題。我的作弊手段確保我永遠不可能在學校學到任何東西，也永遠不可能跟上學習進度，這只會讓我一步一步地走向被退學的命運。

在巴西鎮的早期歲月裡，唯一的可取之處就是我當時年紀太小，還不明白很快就會在這個鄉下的新生活中面臨種族歧視。只要你在某方面是「與眾不同」，就有被排擠到邊緣的危險，被無知的人懷疑、忽視、霸凌和虐待。人生就是這樣，尤其在那個年代，而當現實踢了我的喉嚨一腳時，我的人生已經變成一塊充滿詛咒的幸運籤餅，我每次砸開它都得到同樣的訊息：

「你天生就是個窩囊廢！」

挑戰1　人生爛牌清單

寫下讓你成為輸家的地方，將其化為成功的燃料

我的爛牌來得很早，也維持了好一陣子，但每個人都會在人生中某個時刻遭遇挑戰。你的爛牌是什麼？面對著什麼樣的狗屁倒灶？是不是經常被人毒打、被虐待、被霸凌？你是否缺少安全感？又或許，限制你發展的因素其實是日子過太爽，總是有人幫忙，所以從沒想過自我突破？

目前限制你成長和成功的因素是什麼？有人妨礙你的學業和事業嗎？人們低估了你的能耐，不給你機會？你現在面對著什麼樣的重大困難？你是不是給自己設限？

拿出你的日記本——如果沒有，去買一本，或是運用你的筆記型電腦、平板電腦或智慧型手機上的筆記應用程式——把它們盡可能詳細地寫下來。不要在這項任務上草草帶過，我都把自己所有不堪的黑歷史抖出來給你看了。**如果你受過傷，或現在仍然面對傷害，完整地把來龍去脈寫下來。明確描述你的痛苦，從中汲取力量，因為你將要取得逆轉勝。**

你的故事、你的一長串藉口、你覺得為什麼永遠是個輸家的那些充分理由，都將化作燃料，讓你取得終極的成功。聽起來很有趣吧？放心，到時候你一定笑不出來。但現在還不用擔心，那是以後的事。就目前而言，你只須列出上面的清單。

一旦你有了自己的清單，找個人分享它。有些人可能會登入社群媒體，貼上相片，寫下幾行話，說明你過去或現在的境況是如何挑戰你的靈魂深處。如果你就是這麼做，可以打上「#badhand（#人生爛牌）」和「#canthurtme（#我刀槍不入）」的標籤。要不然，你也可以私下承認和接受。怎樣適合你，你就怎麼做。我知道這對你來說很難，但只要這麼做，就能賦予你力量，克服萬難。

第二章

面對鏡中的現實，扛起責任

命運有時就像一部恐怖片

威爾莫斯．歐文是一個新的章節。在他見到我媽並要了她的電話號碼之前，我的人生只有痛苦和掙扎。以前有錢的時候，我們的人生是被創傷所定義；擺脫了父親後，我們就被某種程度的「創傷後壓力症候群」造成的失能和貧困所淹沒。後來，我在念四年級時，媽媽遇到了威爾莫斯，一位來自印第安納波利斯的成功木匠和承包商，她被他輕鬆的微笑和悠哉的作風吸引。他身上沒有暴戾之氣，允許我們輕鬆地呼吸，有他在身邊，我們感覺就像得到了一些支持，就像終於有好事發生在我們身上。

和他在一起的時候，媽媽會笑，會綻放燦爛而眞實的笑容。她會稍微站得更直，因爲他給了她尊嚴，讓她再一次覺得自己很美。對我而言，威爾莫斯算是一個很健康的父親形象。他沒有溺愛我，沒有對我說他愛我，也沒用噁心拙劣的演技在我面前扮演慈父，但總是支持我。從小學開始，籃球就讓我著迷，這是我與最好的朋友強尼．尼柯斯友誼的重心，而威爾莫斯很會打球。他總是跟我一起去球場，示範動作、調整防守技巧，還讓我學會了跳投。我們三個一起慶祝生日和節日，而在我升八年級前的那個夏天，他單膝跪地，向媽媽求婚。

威爾莫斯住在印第安納波利斯，我們計畫隔年夏天搬去和他一起住。雖然他完全不像特倫尼斯那麼有錢，但收入也不錯，我們也期待再次回歸城市生活。然而在一九八九年聖誕節後的第二天，一切都戛然而止。

與威爾莫斯合影。

我們當時還沒正式搬去印城，他在我外公外婆位於巴西鎮的住處和我們一起度過了聖誕節。第二天，他在男子聯賽有一場籃球賽，他邀請我代替一名隊友上場。我興奮得提前兩天就收拾好行李，但那天早上他告訴我，我不能去。

「我這次要把你留在這兒，小大衛。」他說。我垂頭喪氣，他看得出來我很不開心，於是試著安撫我：「幾天後你媽媽會開車上來幾天，我們到時候可以一起打球。」

我不情願地點點頭，但我從小就被教導不可以窺探大人的私事，也知道他們沒義務向我解釋什麼或給我什麼補償。我和媽媽在前廊看著他從車棚裡倒車出來，他對我們微笑，向我們揮揮手，然後開車走了。

那是我們最後一次見到他活著。

那天晚上，他按計畫參加了男子聯賽，然後獨自開車回家，回到那棟「有白獅子的房子」。他每次給朋友、家人或送貨員指路時，總是這樣描述他那棟牧場式的房子，因為車道入口有兩尊立在柱子上的白獅雕像。他把車開進雙獅中間，進了車庫——從那裡可以直接進入房子——完全不知道後面逼近的危險，他連車庫門也沒關。

歹徒監視了好幾個小時，等候機會。當他從駕駛座開門下車時，他們從陰影中走出來，近距離開火。他的胸口中了五槍，倒在車庫地板上時，槍手跨過他，在他的雙眼之間補了致命一槍。

威爾莫斯的父親住在幾條街外，第二天早上他開車經過白獅時，注意到兒子的車庫門開著，就知道出事了。他走上車道，走進車庫，爲亡兒痛哭。

威爾莫斯死時只有四十三歲。

不久後，威爾莫斯的母親打電話來，我當時在外婆家。外婆掛了電話，叫我到她身邊，然後宣布了這個消息。我想到媽媽，威爾莫斯是她的救星，她好不容易破繭而出、敞開心扉，準備相信人生有美好的一面；這個消息會給她造成什麼影響？上帝爲什麼就是不放過她？我的怒火一剛開始是小火，但在幾秒後就猛烈地將我淹沒。我掙脫外婆，用力捶打著冰箱，留下一個凹痕。

我們開車回家找媽媽，她當時已經驚慌失措，因爲一直沒收到威爾莫斯的消息。就在我們抵達之前，她打了電話去他家，是由一名刑警接聽的，讓她感到困惑，但沒想到會這樣。她怎麼可能想到？我外婆走上前，從她僵硬的手指間拿下電話，要她坐下時，我們看到她多麼困惑。

她一開始不相信我們說的，威爾莫斯喜歡惡作劇，而這正是他可能會用來開玩笑的那種爛把戲。然後她想起他兩個月前中槍過，他告訴她，其實他不是眞正的目標，那幾顆子彈原本是給別人的，而因爲只有擦傷，所以她決定忘記這件事。直到那一刻，她才懷疑威爾莫斯有一些她一無所知的祕密街頭人生，但警察也從未查明他被槍殺的確切原因。人們猜測，他捲入了一筆不正當的交易，或是毒品交易出了問題。媽媽在打包行李時依然不肯承認繼父被殺的事實，但還是爲葬禮準備了一件禮服。

我們到達時，房子被一條黃色的警用封鎖線圍著，就像一份糟透的聖誕禮物，但這不是惡作劇。媽媽停下車，從封鎖線底下鑽過去，我緊跟在她身後，來到前門。記得我向左瞥了一眼，試著瞥見威爾莫斯被殺的地點，他的血仍在車庫的地板上。我當時才十四歲，在調查中的犯罪現場徘徊，但沒有任何人覺得不妥，無論是我的母親、威爾莫斯的家人還是警察，似乎都沒有因爲我在那裡呼吸著繼父被謀殺的沉重氣氛而感到不安。

那天晚上，警察允許我媽在威爾莫斯的家裡過夜，我知道這聽起來很讓人毛骨悚然。她沒有一個人待著，而是讓威爾莫斯的弟弟也留在那裡，他帶著兩把槍，以防凶手回來。我則在幾公里外威爾莫斯妹妹家的一間臥室裡過夜，那是一棟陰森森的黑暗房子，整晚都是我一個人。房子裡擺著一部老式的類比電視機，轉盤上有十三個頻道，其中只有三個頻道沒有雜訊。我打開當地的新聞臺，他們每三十分鐘就循環播放同一個畫面：我看到我和媽媽鑽過封鎖線，然後我看著威爾莫斯被放在輪床上推向等候的救護車，身上蓋著白布。

這感覺就像在看恐怖片。我一個人坐在那裡，一遍又一遍看著同樣的影片，腦海就像一張不斷掉入黑暗的跳針唱片。我們的過去漆黑黯淡，現在天藍色的未來也被炸碎。我們沒辦法喘口氣，熟悉的悲慘現實扼殺了所有的光明。每次看著新聞畫面，心中的恐懼就持續增長，直到充滿了整個房間，但我還是沒辦法停止觀看。

埋葬了威爾莫斯的幾天後，新年剛過，我登上了印第安納州巴西鎮的一輛校車。我還沒從悲傷中走出來，而且頭暈目眩，因爲我和媽媽還沒決定要留在巴西鎮，還是按原定計畫搬去印第安納波利斯。我們停滯不前，而媽媽仍處於震驚之中，依然沒法爲威爾莫斯的死哭泣，相反地，她的情緒再次陷入空虛的狀態。彷彿這輩子經歷過的所有痛苦都像裂開的傷口重新浮現，她消失在那個傷口裡，沒有人能在那個空虛中抓住她。與此同時，學校開學了，所以我配合著上學生活，試著抓住任何機會讓自己感到正常。

但這很難。平時都是坐校車上學，而在第一天放學回家的時候，我沒辦法擺脫一年前埋藏的記憶。一年前的那天早上，我像往常一樣坐到左後輪上方的座位上，可以俯瞰著街道。抵達學校時，校車停在路邊，我們需要等前面的車移動才能下車。這時候，一輛汽車在我們旁邊停下來，一個可愛的小男孩急切地端著一盤餅乾向我們的校車跑來，司機沒看見他，校車猛然向前。

我注意到他媽媽臉上震驚的表情，然後突然有血濺到車窗上。他媽媽驚恐地嚎叫，她不再是人類，看上去和聽起來都像一頭受傷的猛獸，我親眼看到她把自己的頭髮從頭皮上連根拔起。不久，遠處響起了警笛聲，持續逼近。那個小男孩大約六歲，而那些餅乾是要送給司機的禮物。

我們被請下車。當我經過悲劇現場旁邊時，出於某種原因——稱之爲人類的好奇心也好，或是黑暗與黑暗之間的磁力也罷——我偷看校車車底，看見了他。他的腦袋幾乎跟紙一樣扁平，腦漿和血液像廢油般混合在車底下。

整整一年我都沒想過那個畫面，但威爾莫斯的死重新喚醒了它，滿腦子揮之不去。我陷入了前所未有的低潮，對我來說似乎什麼都不重要了。我見識了不少風浪，知道這個世界充滿悲劇，而且只會不斷堆積，直到把我吞沒。

我沒辦法在床上睡覺，媽媽也是。她睡在扶手椅上，電視大聲開著，或是手裡拿著書。有一陣子，我晚上試著蜷縮在床上，但醒來時總是以胎兒姿勢趴在地板上。最終我屈服了，在地板上打地鋪——也許是因爲，我知道如果能在最底層找到舒適，就不會再墜落到更低的地方。

掩藏在囂張氣焰下的不安

我和媽媽都迫切需要我們原本以為能獲得的新人生，所以即使沒有了威爾莫斯，我們還是搬去了印第安納波利斯。媽媽安排我參加大教堂高中的入學考試，這是一所位於市中心的私立大學預科學校。和往常一樣，我作弊了，而且成績單顯示我是聰明絕頂的天才。錄取通知書和課程表在上高一前的那個夏天寄到家裡，我看到一整套的進階先修課程！

靠著作弊和抄襲一路走來，我成功地進了新生籃球隊，這是全州最好的新生籃球隊之一。我們有幾個未來的大學球員，我一開始的位置是控球後衛，雖然這提升了我的一些自信心，但不是長久之計，因為我知道自己是個學業詐欺犯。況且，學費花了我媽太多錢，所以只在大教堂高中讀了一年，她就放棄了。

高二轉念北中央高中，這是一所擁有四千名學生的公立學校，位於一個以黑人為主的社區，而我在開學日卻打扮得像個白人預科生。我的牛仔褲緊到不行，有領襯衫下擺塞進了褲頭，用編織腰帶束緊。我沒有被嘲笑聲轟出校舍的唯一原因，是我會打球。

高二生活只有一個重點：耍酷。我把衣服全都換成嘻哈風，還和幫派分子及其他不良少年混在一起，而這就意味著我有時候會逃學。有一天媽媽中午回家，發現我和她形容為「十暴徒」的人圍坐在餐桌旁。她這個形容並沒有錯，所以短短幾星期後，她就帶我搬回了印第安納州的巴西鎮。

我是在籃球隊甄選那一週入讀北景高中的，還記得我在午餐時間出現時，學生餐廳已經坐滿了人。北景高中有一千兩百名學生，其中只有五個是黑人，之前他們看到我的時候，我看起來跟他們很像，但那天不是。

那天我穿著一件大了五個尺碼的褲子走進學校，褲頭垂得很低。還穿了一件超大號芝加哥公牛隊的夾克，帽子反戴歪向一邊。不消幾秒鐘，所有的目光都集中在我身上，老師、學生和行政人員都盯著我，好像我是某種外來物種。我是他們當中許多人第一次在現實生活中見到的「暴徒風」黑人孩子，彷彿我一出現，現場的音樂就停止了。我就像是刮過黑膠唱片的唱針，刮出一種全新的節奏，就像嘻哈本身一樣，每個人雖然都有注意到，但不是每個人都喜歡。我大搖大擺地走過現場，一副「老子才不鳥你們」的態度。

但這是謊言。我狂妄自大，登場方式氣焰囂張，但回到那裡其實讓我非常沒有安全感。水牛城的生活就像在熊熊燃燒的地獄之中，在巴西鎮的早年生活則像孕育創傷後壓力症候群的完美孵化器，而在我離開之前，我承受了雙倍的死亡創傷。搬到印第安納波利斯，是一個逃避憐憫、將那一切拋在腦後的機會。課業對我來說是不容易，不過有交到朋友，並發展出一種新的風格。但現在回到這裡，我在外表上看起來很不一樣，這足以產生一種「我已經變了」的錯覺，但真的想改變，你其實必須走過地獄，你必須面對事實，也對自己誠實。但當時的我沒有付出一絲一毫的努力，依舊是個無所依靠的蠢孩子，校隊的甄選更是撕裂了我僅存的自信。

到體育館時，他們要我穿上制服，而不是穿自己準備的普通運動服。當時開始流行穿超大號的寬鬆衣物，帶起這個風潮的是密西根大學籃球校隊的「五虎」之一，克里斯．韋伯和傑倫．羅斯。巴西鎮的教練並沒有掌握到這個流行脈動，他們給我穿上緊身白色內褲版的籃球褲，勒住了蛋蛋，緊貼著大腿，讓我覺得渾身不對勁。我被困在教練所幻想的知名球星賴瑞．柏德的形象之中，這其實也有道理，因爲「賴瑞傳奇」基本上就是巴西鎮和整個印第安納州的守護神。事實上，他的女兒就是我們學校的學生，我跟她還是朋友，但這並不表示我想穿得跟他一樣吧！

接下來是關於我的禮儀。在印第安納波利斯，教練要我們在球場上嘲諷對手，如果我過人過得漂亮或在對手面前投籃得分，就會大談他的媽媽或女友。在印城，我認眞鑽研嘲諷的技巧，也成了箇中高手。我就是學校的卓雷蒙．格林（以垃圾話聞名的球星），這也是這座城市籃球文化的一部分，但回到鄉下，這讓我付出了代價。甄選開始時，球常在我手上，而當我擊敗一些球員、讓他們出糗時，我也確保用言語讓他們和教練知道。我的態度讓教練們很尷尬（他們顯然不知道他們的大英雄──賴瑞傳奇，也是籃球史上的垃圾話大師），所以很快就把球從我手中奪走，要我打前場，這是我以前從沒打過的位置。我在籃下感到不自在，表現得也不自在，這讓我澈底閉上了嘴。相較之下，強尼主宰了球場。

那星期唯一讓我開心的事，就是和強尼．尼柯斯重新聚首。我不在巴西鎮的時候也有跟他保持密切聯絡，而現在回來後，我們又開始一對一鬥牛的日子。雖然他身材矮小，但球技一直很不錯，在甄選期間也是場上最好的球員之一。他連番投籃命中，妙傳給無人設防的隊友，在球場上運籌帷幄。他入選主力球員並不奇怪，但我倆都對我勉強被選進二軍感到啞口無言。

我難過死了，並不是因爲這個結果。對我來說，那次甄選是我之後一直感受到的另一個問題的跡象。巴西鎮雖然看起來和以前一樣，但感覺就是不一樣。雖然念小學時苦惱於課業，但儘管我們是鎮上爲數不多的黑人家庭之一，我並沒有注意到或感受到任何明顯的種族歧視。然而到了十幾歲的時候，我在每個地方都經歷到，這也不是因爲我變得超級敏感，而是種族歧視徹頭徹尾其實一直都在。

搬回巴西鎮不久，我和表兄弟達米恩去參加了一個地點很偏僻的派對，過了門禁時間還沒回家。事實上，我們徹夜未眠，天亮後打電話給外婆，請她開車來載我們回家。

「你在講什麼笑話？」她問，「違背了我的規定，就只能用走的回來。」

收到。

她住在十五、六公里外，一條漫長鄉間小路的路邊，但我們邊走邊談笑，一路上還是很開心。達米恩住在印第安納波利斯，我們都穿著寬鬆的牛仔褲、超大號的運動夾克，這在巴西鎮的鄉村道路上不算常見。我們在幾個小時內走了十公里，這時一輛皮卡車從柏油路上迎頭駛來。我們擠到路邊讓它通過，但它放慢了車速，從我們身邊慢慢經過時，可以看到駕駛室裡有兩個少年，第三個站在貨斗上。副駕駛座上的那人透過打開的車窗指著我們，大喊大叫。

「黑鬼！」

我們並沒有反應過度，而是低著頭，以同樣的速度繼續往前走，直到聽到那輛破卡車在一塊碎石地上急煞停定，捲起了一陣沙塵。我這時才轉身，看到一個衣衫襤褸的白人鄉巴佬，從卡車下來，手裡拿著手槍。他朝我大步走來，同時瞄準了我的腦袋。

「你他媽的打哪來，他媽的爲什麼在這個鎮上?!」

達米恩在路上停下腳步，我則是盯著槍手，不發一語。他和我距離大概五十公分，沒有比這個更眞實的暴力威脅了。寒意掃過我的皮膚，但我不打算畏縮並逃跑。幾秒後，他回到卡車裡，車子揚長而去。

這不是我第一次聽到那個詞。不久前，我和強尼還有兩個女孩在必勝客吃飯閒聊，其中包括我喜歡的一個黑髮女孩，名叫帕姆。她也喜歡我，但我們沒有更進一步的行動，我們是享受著彼此陪伴、天眞無邪的少年少女。但當她父親來接她回家時，他見到了我，而帕姆看到他時，臉色一片慘白。

他衝進坐滿人的餐廳，大步朝我們走來，所有人都轉頭看著他。他把我當成空氣，只是盯著帕姆的眼睛，說道：「我**永遠**不想再看到妳和這個**黑鬼**坐在一起。」

她跟在他身後匆匆離去，羞愧得臉紅，我則是坐在原處，渾身麻木，盯著地板。那是我這輩子最丟臉的時刻，比上次卡車的事件更傷人，因爲這次是發生在公眾場合，而且那個詞是出自一個成年男人嘴裡。我不明白他是如何或爲何有著這麼多的仇恨，而且如果他有這種感覺，那麼巴西鎮還有多少人在看到我走在街上時，也抱持著這樣的觀點？這是你不會想解開的那種謎題。

膚色成了絆腳石

「他們如果看不到我，就不會叫我的名字。」這就是我在巴西鎮讀高二時的做法。我會躲在後排，癱坐在椅子上，在每堂課都當個透明人。那年，學校要求我們每個人學一門外語，這對我來說很好笑，倒不是因爲我看不出這麼做的價值，而是因爲我連英文都看不太懂，更別提西班牙文了。在那時候，整整八年靠作弊過關，我的無知已經造成了後果。我沒有留級，但他媽的什麼也沒學到。我是那些自以爲玩弄了制度，但其實是一直玩弄了自己的孩子之一。

大約學期過半的某天早上，我走進西班牙語課的教室，從後面的櫃子裡拿出我的課本。想混過一堂課是有技巧的，你不必專心，但必須表現得好像很專心，所以我癱坐在座位上，打開我的課本，將目光鎖定在前面講課的女老師身上。

當我低頭看著書本時，整個房間都靜了下來，至少對我來說是這樣。她的嘴脣還在動，但我聽不見，因爲我的注意力集中在頁面上那條留給我的訊息上。

我們每個人都有自己的課本，扉頁右上角用鉛筆寫了名字。這就是爲什麼他們可以知道這本是我的。在那條訊息下面，有人畫了我被絞索套住脖子的模樣。畫得很簡陋，就像我們小時候玩「吊頸遊戲」會畫的東西，圖案下面是一串文字。

「黑圭我們要宰了你！」

他們把那個字寫錯了，但我當時沒注意，因爲我自己都常寫錯字，但那些人清楚地傳達了他們的意思。我的憤怒如同颱風般狂烈，環顧了周圍，怒氣彷彿就在我耳邊嗡嗡作響。**「我不應該在這裡，」**我心想，**「我不應該回來巴西鎮！」**

回想經歷過的所有事件，我心裡做出決定：「我再也受不了了。」當我毫無預警地站起來時，老師還在說話。她喊了我的名字，但我懶得聽。我離開教室，手裡拿著課本，飛奔到校長辦公室。我氣壞了，甚至沒有在櫃檯停下來，直接走進他的辦公室，把證據丟在他的桌子上。

「我受夠了這種狗屁！」我說。

柯克．弗里曼當時是校長，時至今日他依然記得他從辦公桌上抬起頭來，看到我眼中的淚水。爲什麼這種爛事會發生在巴西鎮並不是祕密，南印第安納州向來是種族主義者的溫床，他也知道這一點。四年後的一九九五年，三K黨在獨立日當天身著全罩式長袍沿著巴西鎮的主要街道遊行。三K黨在中點鎮很活躍，該鎮離巴西鎮不到十五分鐘的路程，那裡的孩子也會來我們的學校上學，其中一些人上歷史課就坐在我後面，幾乎每天都講種族歧視的笑話給我聽。我並不期待學校會調查這是誰幹的，但重要的是，在那一刻，我在尋求一些同情。我從弗里曼校長的眼裡看得出來他對我正在經歷的事情感到難過，但他不知所措。他不知道如何幫助我，而是仔細端詳了圖畫和訊息，然後抬起眼睛看著我，準備用他的睿智之詞來安慰我。

「大衛，他們這麼做顯然很無知，」他說，「他們連**黑鬼**這個字都寫錯了。」

我的生命受到了威脅，他居然這樣回覆我。我在離開他辦公室時感到的孤獨，讓我永生難忘。想到校舍裡流淌著這麼多的仇恨，一個我根本不認識的人因爲我的膚色而想要我死，這讓我恐懼萬分。同樣的問題一直在我腦海中盤旋：「究竟是誰他媽的這麼恨我？我根本不知道我的敵人是誰。是歷史課上的鄉巴佬之一，還是哪個我以為處得來但其實根本不喜歡我的人？」在街上被槍管威脅或遇上一些種族歧視的父母是一回事，至少他們對你誠實；納悶在學校裡究竟還有誰對我抱持這種敵意，則是一種不一樣的不安，我無法擺脫。儘管我有很多朋友，而且都是白人，但我還是彷彿看到隱藏的種族歧視用看不見的墨水寫滿了牆壁，這讓「唯一」這兩個字，成了我難以承受之重。

大多數（也許是所有的）美國少數族裔、女人和同性戀者，都非常熟悉那種孤獨感：走進一個房間裡，現場只有**唯一一個你這樣的人**。大多數的白人男性根本不知道這有多難受。我真希望他們知道，因為他們如果知道，就會明白這多麼讓人筋疲力盡，就會明白你有時候只想躲在家裡躺著，因為去公眾場合就是完全暴露自己，任由這個評判你的世界宰割，至少感覺就是這樣。其實你沒辦法確定這種事是不是在某一刻真的發生了，但它常常讓人感覺它發生了，而這就是它摧殘你心智的一種方式。在巴西鎮，不管去哪裡，我就是**唯一一個**——在學生餐廳的餐桌旁、在我和強尼還有我們的夥伴共進午餐的地方、在我上的每一堂課，甚至在該死的籃球場上。

那年年底我滿十六歲，外公買了一輛二手的大便色雪佛蘭送我。我剛開著它去學校的某天早上，有人用噴漆在駕駛座的車門上寫下「黑鬼」這個字。這一次他們沒寫錯字，弗里曼校長又一次說不出話來。那天在我心中翻騰的怒火無法用言語形容，但它並沒有散發出來，而是讓我內心崩潰，因爲我還沒學會如何處理那麼強烈的情緒，或把它引導去哪裡。

我應該和每個人打一架嗎？我已經因爲幹架而被停學了三次，到現在都快麻木了。相反地，我退縮了，掉進了黑人民族主義的深淵。麥爾坎．X成了我最喜歡的先知，以前常常每天放學回家就看他早期演講的同一支影片，試著在某個地方找到安慰。他分析歷史並將黑人的絕望轉化爲憤怒的方式滋養了我，儘管他大部分的政治和經濟哲學都讓我有聽沒有懂。引起我共鳴的，是他對一個「由」白人建立並「爲」白人建立的制度產生的憤怒，因爲我就生活在仇恨的陰霾中，被困在自己徒勞的怒火和無知裡。但我不是「伊斯蘭國」的料，那一套需要自律力，而我一丁點也沒有。

取而代之的，在高三時，我把自己塑造成種族主義白人所厭惡和恐懼的刻板印象，只爲了激怒人們。我每天都把褲頭掛在屁股以下的位置，用簡陋的手法將汽車音響接上家用揚聲器，塞進我的後車廂，然後沿著巴西鎮的主要幹道行駛，大聲播放史努比狗狗唱的〈琴酒與果汁〉，震得家家戶戶的窗戶顫抖。我把三塊粗毛地毯蓋在方向盤上，在後照鏡吊著兩顆代表隨時準備賭上性命的絨毛骰子。每天早上上學前，我都會盯著浴室的鏡子，想出新的辦法來對付學校裡的種族歧視者。

我甚至發明了狂野的髮型。有一次，我剃光了頭，只在頭皮左側留下一條細細的放射形線條。我並非不受歡迎，甚至被認爲是鎮上的黑人酷咖，但如果深究，你會發現我沒在宣揚黑人文化，那些噱頭其實也不是在指責種族主義，我其實根本沒有任何理念。

我所做的一切都是為了刺激討厭我的人，因為**覺得每個人對我的看法都很重要，但這其實是一種膚淺的生活方式**。我當時非常痛苦，沒有眞正的人生目標，而如果站在旁觀者的角度，會覺得我好像已經放棄了任何成功的機會，正朝著災難前進。但我並沒有放棄所有的希望，我還有一個夢想。

我想加入空軍。

外公在空軍當了三十七年的廚師，他為自己的身分非常自豪，以至於即使退役後，也會在星期天穿著軍禮服去教堂，而平日哪怕只是坐在該死的門廊上也穿著軍常服。這種自豪激勵我加入了美國民防空中巡邏隊，那是空軍輔助人員的文職工作。我們每週聚會一次，列隊行軍，從軍官那裡了解空軍的各種工作，這也讓我對「空降救援隊」著迷——他們從飛機上跳下來，救走墜機的飛行員。

上大一前的暑假，我參加了為期一週的空降救援課程。和往常一樣，我是唯一的黑人。有一天，一位名叫史考特．吉倫的救援人員來演講，他的故事眞他媽精采。在一次例行的練習中，從四千公尺的高空跳傘時，吉倫展開了降落傘，另一名跳傘員就在他上方。這不算不尋常，他有先行權，而且根據訓練，他已經揮手要上面那個跳傘員讓開。問題是那傢伙沒看到，這讓吉倫陷入嚴重危險之中，因為他上方的跳傘員仍處於自由落體，以接近兩百公里的時速劃過空中。他把身子蜷縮成砲彈狀，希望避免撞到吉倫，但沒有成功。吉倫根本不知道什麼東西正在急速逼近時，已經被隊友撞穿了傘體，傘體隨之凹陷，對方的膝蓋狠狠地撞到吉倫的臉。

吉倫立即失去知覺，再次處於自由落體的狀態，扁塌的降落傘幾乎沒有產生阻力。另一名跳傘員則成功地展開降落傘，倖免於難，只受了輕傷。

吉倫不算有著陸。他像一顆扁平的籃球般在地面彈跳了三次，但由於處於昏迷狀態，身體軟弱無力，雖然以一百六十公里的時速撞到地上，卻沒有支離破碎。他在手術臺上死了兩次，但急診醫生還是讓他起死回生。當他在醫院病床上醒來時，他們說他不會完全康復，也永遠不可能再成爲救援人員。但儘管希望渺茫，他還是在十八個月後完全復原了，並重返他熱愛的工作崗位。

激發我做出改變的事件

我有很多年一直著迷於吉倫的故事，因爲他從不可能的處境中活了下來，我對他的倖存產生了共鳴。威爾莫斯被謀殺，加上一大堆種族歧視的嘲諷如雨點般灑落在我的頭上（就不一一贅述了，以免你看到煩，我只想告訴你我眞的領教了一大堆），我覺得自己就像處於自由落體狀態，而且身上沒有他媽的降落傘。吉倫是一個活生生的例子，證明了**你確實能超越任何沒能殺死你的東西**，而從我聽到他演講的那一刻起，就知道我畢業後會加入空軍，這更是讓學校生活看起來無關緊要。

我在高三那年被踢出籃球隊後，這種心態更爲強烈。我不是因爲球技不佳而被淘汰，教練知道我是最好的球員之一，而且我熱愛這項運動。我和強尼沒日沒夜地打球，我們的友誼奠基於籃球，但因爲我對教練去年如何安排我這個二軍感到生氣，所以沒參加夏季訓練，他們認爲我這是對球隊缺乏熱忱。教練不知道也不在乎的是，當他們踢掉我的時候，同時消除了我維持GPA（學業成績平均點數）的任何動力。反正我本來就是透過作弊來勉強做到這一點，現在更是沒有需要去上學的充分理由——至少我是這麼認爲的，因爲當時我根本不知道軍方多麼重視教育，以爲他們什麼咖都會收。兩起事件對我提出了反證，並激發我做出改變。

第一件，是在高三時沒能通過「軍事職業性向組合測驗」（ASVAB）。這算是軍隊版本的SAT（美國大學入學測驗），是一個標準化的測驗，可以讓軍方評估你目前的知識以及未來的學習潛力，而考試時我打算做我最擅長的事情：作弊。多年來，每門課的每次考試都抄襲別人的答案，但我坐在ASVAB的座位上時，震驚地發現坐在左右兩側的人的考卷跟我的不一樣。我只能靠自己作答，而在滿分爲九十九分的考卷上，我只拿了二十分。空軍錄取的絕對最低標準也才三十六分，我卻連這種分數都拿不到。

第二起讓我知道需要做出改變的事件，是在高三後到高四開學前的暑假，以信件寄來的。威爾莫斯被謀殺後，我媽持續處於情緒黑洞，她應對的方式就是盡可能往身上多攬些責任。她在德堡大學做全職的工作，並在印第安納州立大學夜間部兼職，因爲如果她暫時停下來讓腦子放空一陣子，就會意識到人生的現實。所以她保持忙碌，從不在我身邊，也從不要求查看我的成績。高三的第一個學期結束後，我記得我和強尼把打滿F和D的成績單帶回家。我們花了兩個小時來塗改墨跡，把F改成B，把D改成C，從頭到尾笑個不停。我甚至記得因爲能向媽

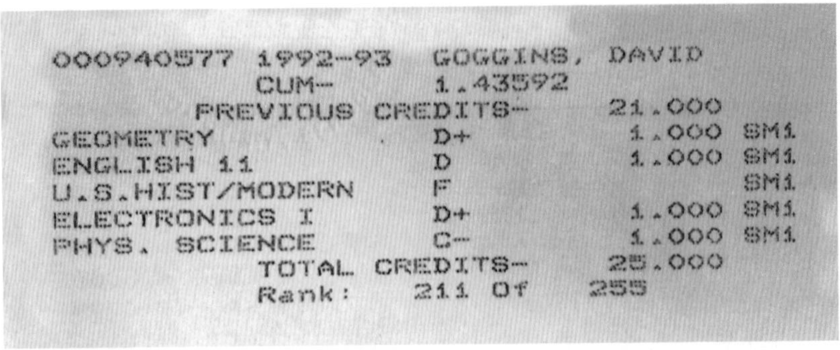

```
000940577 1992-93   GOGGINS, DAVID
          CUM-      1.43592
      PREVIOUS CREDITS-      21.000
GEOMETRY            D+        1.000 SM1
ENGLISH 11          D         1.000 SM1
U.S.HIST/MODERN     F               SM1
ELECTRONICS I       D+        1.000 SM1
PHYS. SCIENCE       C-        1.000 SM1
          TOTAL CREDITS-     25.000
          Rank:     211 Of   255
```

高三的成績單。

媽展示假成績而感到一種病態的自豪，但她根本沒叫我拿出來，而是我說了什麼她就信什麼。

我們在同一棟房子裡過著平行的生活，由於我或多或少算是生活能自理，所以不再聽她的話。事實上，大約在成績單寄到的十天前，她就把我趕了出去，因爲我拒絕在門禁前從一場派對回家。她告訴我，如果我拒絕照做，那乾脆別回來。

在我心裡，我已經一個人生活了好幾年，自己做飯、洗衣服。我沒有生她的氣，但我很自大，認爲不再需要她了。那天晚上我沒回家，在接下來的一週半投靠了強尼或其他朋友。終於有一天，我花光了最後一塊錢，而媽媽那天早上碰巧打電話去強尼家找我，說學校寄來一封信，信上說我由於無故缺席超過四分之一學期，平均成績是D，除非我在高四的GPA和出勤率上有顯著提高，否則畢不了業。媽媽對此沒有情緒化反應，與其說是惱怒，不如說她已經筋疲力盡。

「我會回家拿那封信。」我說。

「沒這個必要，」她說，「我只是想讓你知道，你快被退學了。」

那天稍晚的時候，我飢腸轆轆地出現在她家門口。我沒有請求原諒，她也沒有要求道歉，只是讓門開著，就走開了。我走進廚房，做了一個花生果醬三明治，她一言不發地把信遞給我。我在我的房間裡讀完信，房間的牆上貼滿了麥可．喬丹和特種部隊的海報，這兩個激發我熱忱的激勵元素，正從指間溜走。

問責鏡的誕生

那天晚上洗完澡後，我擦去老舊浴室鏡子上的水汽，仔細看著鏡中人。我不喜歡回瞪著我的那人。我是個塑膠做的假暴徒，人生沒有目標也沒有未來。我反感得想揍那王八蛋的臉，砸碎玻璃，但我沒這麼做，而是對他說教了一番。我該面對現實了。

「看看你，」我說，「你怎麼會以爲空軍會想要你這個廢物？你一無是處，把自己的臉都丟光了。」

我伸手去拿刮鬍膏，在臉上抹了薄薄一層，拆開一把全新的刀片，邊刮鬍子邊說話。

「你是個蠢王八蛋，識字程度只有小學三年級，你他媽的就是個笑話！這輩子除了打籃球之外什麼都沒努力過，你有目標？眞他媽笑死人。」

刮掉臉頰和下巴上的細鬚後，我往頭皮上也抹了刮鬍膏。我渴望改變，我想成爲全新的人。

「你沒看過軍人把褲頭掛在屁股底下吧？別再成天模仿幫派分子了，這些猴戲都在浪費時間！別再走捷徑！你他媽該長大了！」

蒸汽在我周圍翻滾，在皮膚上蕩漾開來，從我的靈魂中傾瀉而出。一開始自發性的情緒發洩，後來變成了自我干預。

「責任在自己身上。」我說，「沒錯，我知道你的人生一團糟，我知道你經歷了什麼，因爲我在場目睹，沒種的賤人！他媽的聖誕快樂。沒人會來救你！你的媽咪不會，威爾莫斯也不會。沒人會來！你得自己救自己！」

說完的時候，我的毛髮已經刮得乾乾淨淨。水珠從頭皮和額頭流下，順著鼻梁滴了下來。我看起來不一樣了，這也是我第一次對自己負責。一種新的儀式誕生了，而且之後陪伴了我許多年。這個儀式會幫助我提升成績，鞭策我這個廢物，確保高中能畢業並進入空軍。

儀式很簡單。我每天晚上都會把臉和頭皮刮乾淨，大聲地對自己說實話。我設定目標，寫在便利貼上，貼在我現在稱之爲「問責鏡」的鏡子上，因爲我每天都會要自己對設下的目標負責。我一開始的目標包括重新塑造我的外表，並且在不需要別人叮嚀的情況下，完成所有的家務。

每天像在軍隊裡一樣，把你的床鋪整理好！

把褲頭拉起來！

每天早上把頭皮剃乾淨！

把草地割好！

把所有的碗盤洗乾淨！

從那時起，問責鏡讓我保持專注。雖然在採用這種策略時我還很年輕，但就發現它在人生的任何階段都有用。你可能正處於即將退休的關口，希望重塑自己；也許你正在經歷一次糟透的分手，或是體重增加了；也許你是永久性身障、正在克服一些身心疾病，或才剛開始意識到你浪費了多少生命、活著沒有目標。無論如何，你感受到的負面性都來自內心對「改變」的渴望，但改變來之不易，而這個儀式之所以對我這麼有效，是因爲我的語氣。

我對自己說話並不溫柔。我很嚴厲，因爲只有這樣才能讓我走上正路。在高三升高四的那個夏天，我很害怕，缺乏安全感。我不是個聰明的孩子，整個少年時期都在逃避責任，還自以爲比我人生中所有的成年人厲害，騙過了整個考試制度。我自欺欺人地陷入了作弊和詐騙的惡性循環，表面上看起來像是在進步，直到我他媽的撞上了一堵叫做「現實」的牆壁。那天晚上回到家，看到學校的來信時，我沒辦法否認事實，也以最嚴厲的方式對自己傳達了事實。

我沒有委婉地對自己說：「哎呀，大衛，你沒有認眞對待你的課業呢。」不，我必須直截了當地負起責任，因爲**唯一能讓我們改變的途徑，就是眞實地面對自己**。如果你什麼都不懂，也從沒認眞看待過學校生活，那就對自己說：「我是笨蛋！」告訴自己必須開始認眞，因爲你在人生中已經落後了！

如果你在鏡子裡看到一個胖子，不要告訴自己需要減個一公斤，而是說出眞相。「你他媽的肥死了！」說實話就對了。你如果很胖，就如實告訴自己。你每天在鏡中看到的缺點，都會告訴你那個眞相，那爲什麼還要騙自己呢？就爲了自我感覺良好個幾分鐘，但之後依舊保持原樣？如果你很胖，你就需要改變你很胖的事實，因爲這他媽的太不健康。我知道，因爲我經歷過。

如果你已經工作了三十年，日復一日做著討厭的事，就因爲害怕放棄和冒險，那麼其實你一直活得像個孬種，這就是事實。對自己說出眞相！你已經浪費了太多的時間，你還有其他需要勇氣才能實現的夢想，所以不能以孬種的身分進墳墓。

指出自己問題的所在！

沒有人喜歡聽到殘酷的事實，無論個人因素還是一種文化，我們往往都避開最需要聽到的。這個世界一團糟，社會存在重大問題，我們還在按照種族和文化界限來劃分自己，人們沒有勇氣看見眞相！眞相就是，他媽的種族歧視和偏見依然存在，但仍有許多人拒絕承認。時至今日，巴西鎭還有許多人聲稱他們鎭上沒有種族歧視，這就是爲什麼我必須讚揚柯克・弗里曼。我在二〇一八年春天打電話給他時，他清楚記得我經歷過的事情，他是爲數不多、不懼怕眞相的人之一。

但如果你是所謂的「唯一」，而且沒陷在某種位於現實世界的種族滅絕陰陽魔界，那最好也面對現實。你的人生之所以一團糟，不是因爲公然的種族歧視或隱藏性的種族歧視；你之所以錯失機會、收入微薄或繳不起房租，不是因爲美國或他媽的唐納・川普，不是因爲你的祖先是奴隸，不是因爲某些人討厭移民或猶太人或騷擾婦女或相信同性戀會下地獄。如果其中任何一個挫折阻攔了你在人生中取得成就，那我要向你宣布一個消息：**是你在阻攔自己！**

你選擇放棄而不是努力！說出局限你的眞正原因，就能把這種眞實的負面性，轉變成噴射機的燃料，而那些對你不利的可能性，將成爲一條跑道！

你沒有時間可以浪費了。時間和歲月像沙漠中的溪水般持續蒸發，這就是爲什麼可以對自己殘忍，只要意識到你這麼做是爲了變得更好。想在人生中改善自己，我們就需要讓自己的毛皮更爲豐厚。你如果溫柔地對待鏡中的自己，無法激發大刀闊斧地改變現在和開創未來。

停止抱怨，面對鏡中的自己

與問責鏡開完第一次會後的隔天早上，我把車裡的粗毛方向盤套和絨毛骰子都扔了，把襯衫下擺紮進褲子裡，繫上腰帶；學校重新開學後，我也不再在學生餐廳的那一張餐桌旁吃午飯。第一次明白討人喜歡和裝酷是在浪費我的時間，所以我沒有和其他受歡迎的同學一起吃飯，而是找了個位子自己一個人吃。

請注意，我接下來的進步，不能稱之爲「一眨眼」的瞬間蛻變。幸運女神並沒有突然出現，給我洗個熱泡泡浴，像愛上我那樣吻我。事實上，我沒有成爲另一筆統計數字的唯一原因，是因爲在最後一刻開始努力。

高四那年，我關心的只有健身、打籃球和念書，正是問責鏡讓我有動力繼續朝著更好的方向努力。我在天亮前醒來，大多會在早上五點這段上學前的時間去YMCA練舉重。我每天都會跑步，通常在天黑後繞著本地的高爾夫球場跑。有一天晚上，跑了二十公里——我這輩子跑最遠的一次。那次我跑到一個熟悉的十字路口，當年就是在這條路上被那個鄉巴佬拿槍指著。我避開那裡繼續跑，往反方向跑了八百公尺後，腦海裡的一個聲音叫我回頭。我再次回到那個路口，停下來凝視著它。那條路把我嚇壞了，心臟彷彿快從胸口裡跳出來，所以我突然開始沿著它的窄道往下衝。

幾秒內，兩隻咆哮的狗衝出來追我，兩旁是茂密的樹林，我唯一能做的就是比那些野獸領先一步。我一直以為那輛卡車會再次出現、把我撞死，就像一九六五年那部關於密西西比州的電影中的某個場景，但我一直跑，越跑越快，直到喘不過氣。地獄獵犬最終放棄，跑掉了，只剩下我、呼吸的節奏和散發的蒸汽，還有偏鄉的寂靜。但那次經歷對我產生了淨化的效果，折返時，我的恐懼消失了，我擊敗了那條該死的路。

從那時起，我給自己洗了腦，對「不舒適」產生渴求。如果天空在下雨，我就出門去跑步；每次下雪，我的腦袋就會對我說：**「快穿上該死的跑鞋。」**有時候我害怕得放棄了，也因此必須在問責鏡上面對這件事。但面對那面鏡子、面對自己，激勵了我去克服不舒適的體驗，結果我變得更堅強，而堅強和韌性，幫助我實現了目標。

對我來說，最困難的就是念書，餐桌成了我日日夜夜的自習室。在第二次沒能通過ASVAB後，媽媽意識到我對加入空軍是認眞的，所以幫我找了一位家教，找出適合我學習的方式，那就是「牢記」。我沒辦法光是寫些重點筆記並記住它們，而是必須閱讀一整本課本，並將每一頁抄在筆記本上，然後重複做第二次和第三次。知識就是這樣才能黏在我腦袋裡的鏡子上。不是透過學習，而是透過謄寫、牢記和回想。

我這樣學英文、讀歷史，還寫下並記住了代數公式。如果家教花了一小時來教我，我就必須花六個小時回頭複習那節課的筆記，才有辦法牢記在心。我的個人自習時間表和目標成了問責鏡上的便利貼。你猜猜發生了什麼？我對學習產生了痴迷。

在六個月的時間裡，我的閱讀程度從小學四年級提升至高中四年級，詞彙量突飛猛進。我寫下了數千張單字卡，並花了數小時、數天和數週的時間來複習。面對數學公式，我也做了同樣的事情。部分原因是求生本能。我不可能靠學業成績進大學，而且雖然在高四那年我是籃球校隊的先發球員，但沒一個大學球探知道我的名字。我只知道我他媽的必須離開巴西鎮，而從軍是我最好的機會，爲了去那裡，我必須通過ASVAB。在第三次嘗試時，我達到了空軍的最低標準。

有目標的人生改變了我的一切——至少在短期內是這樣。在高四那年，**學習和鍛鍊給了心智龐大的能量，「仇恨」就像蛻下的蛇皮一樣從靈魂中剝落**。我對巴西鎮種族歧視者的怨恨，這個支配並摧毀我的情緒，從此煙消雲散，因爲我終於想到問題的根源是什麼。

我看著那些讓我感到不自在的人，意識到他們在自己的軀殼裡是多麼不自在。僅僅依據種族來取笑或恐嚇一個他們根本不認識的人，這清楚表明有問題的人是他們，而不是我。但當你缺乏自信，就很容易重視別人的意見，我的問題就是在意**每個人**的意見，卻沒考慮過這些意見是出自什麼樣的腦袋。聽起來很愚蠢，卻是一個很容易掉進去的陷阱，尤其當你是那**唯一的一個**，而且心中缺乏安全感。一旦看出這個關聯，就知道被他們影響情緒是浪費我的時間，因爲如果要在人生中擊敗他們（我也確實要這麼做），那我有太多的事情要做。他們每一次的侮辱或輕蔑，都爲我內心的引擎提供了更多的燃料。

到了畢業時，**我已知道要成功地培養自信，並非來自完美的家庭或天賜的天賦，而是來自個人的責任感**。責任感給我帶來了自尊，而自尊會永遠照亮前進的道路。

對我來說，它永遠照亮了一條走出巴西鎮的道路，但我並沒有全身而退。當你超越一個重大挑戰，感覺就像贏得了一場戰爭，但不要被這種幻象騙了。你的過去、你最深沉的恐懼，就是有辦法先進入休眠狀態，然後以雙倍力量復活，你必須保持警惕。對我來說，空軍揭露了我內心依然軟爛、我還是缺乏安全感。

我的骨頭和心智還不夠堅硬。

挑戰2　問責鏡與便利貼

無論好壞，真實地面對自己，寫下你的目標

是時候審視自己，面對現實了。這可不是什麼「愛自己」的策略，你不能對自己溫柔，善待你的自我；你要做的，是放棄那個自我，邁出「成為真正的你」的第一步！

我在問責鏡上貼了便利貼，我也要求你這麼做。別用數位裝置，在便利貼上寫下你所有的不安、夢想和目標，貼在鏡子上。如果你需要接受更多教育，就提醒自己開始努力念書，因為你不夠聰明！這就是事實。如果照鏡子，鏡中看到一個明顯超重的人，這就說明你他媽真的很胖！扛起責任！在這些時刻不要善待自己，因為我們需要讓毛皮變更豐厚才能改善人生。

無論是職涯目標（辭掉工作、創業）、生活方式目標（減肥、更常活動），還是運動目標（跑第一個五公里、十公里或馬拉松），都需要**老實告訴自己現在在哪、每一天需要為實現這些目標採取什麼必要步驟**。每一步、每一個自我提升的必要點，都應該寫成筆記。這表示你必須做一些研究，並將其全部拆解。例如你想減掉二十公斤，你的第一張便利貼可能寫著「在第

一週減掉一公斤」。一旦達到那個目標，就把紙條拿掉，貼出下一個減去一到兩公斤的目標，直到你的最終目標實現。

無論目標是什麼，都需要對實現目標所採取的小小步驟負責。自我改善需要全身心投入和自律，而每天看到的鏡子則會反映出真相，別再忽視它，而是運用它。如果你有同感，請在社群媒體上發表一張你盯著貼了便利貼的問責鏡的照片，並打上「#canthurtme（#我刀槍不入）」「#accountabilitymirror（#問責鏡）」這些標籤。

第三章

尋找自己的「不可能任務」

一百三十六公斤的蟑螂狙擊手

過了午夜，街上一片死寂。我把皮卡車開進了另一個停車場，熄了火。在一片寂靜中，只能聽到鹵素路燈發出怪異的嗡嗡聲，還有我在檢查另一家連鎖餐廳時，筆尖在紙上的刮擦聲。這是無數連鎖快餐中央廚房中最新的一間，每晚接待的客戶遠比你認爲的還多。這就是爲什麼我這種人會在凌晨出現在這樣的地方——我把寫字板塞到扶手底下，抓起我的裝備，開始補充捕鼠器裡的誘餌。

那些綠色小盒子無所不在。環顧任何一家餐館，你幾乎都會看到它們，藏在眾目睽睽之下。我的工作是替換誘餌、移動或更換它們。有時我會中獎，發現一具老鼠屍體，而這從不讓我吃驚，因爲一聞就會知道有東西死了。

當我抱著加入空降救援隊的夢想報考空軍時，這並不是我報名的任務。那時我十九歲，體重八十公斤；四年後我退役時，體重已經膨脹到將近一百三十六公斤，而且在進行另一種類型的巡邏。在那樣的體重下，光是彎腰往陷阱裡放誘餌就很辛苦。我胖得必須在工作褲的褲襠裡縫上一隻運動襪，這樣在我單膝跪地時褲子才不會裂開。不是在唬爛，我讓人光看就覺得難過。

檢查了餐廳外部後，該進室內冒險了，而裡頭是自成一格的荒野。我有印第安納波利斯這一區幾乎所有餐館的鑰匙，連同警報器密碼。一進去，我就啓動裝滿毒氣的小型銀罐，然後戴上防毒面具。我看起來就像他媽的外星人，面具的雙重過濾器從我的嘴邊伸出來，保護我避開毒氣的侵害。

也避開我自己。

如果說這份工作有哪裡讓我喜歡，就是在深夜工作、在漆黑陰影中進進出出的隱祕本質。出於同樣的原因，我喜歡那個面具。它至關重要，而且不是因爲任何該死的殺蟲劑。我需要它，因爲它讓任何人都看不到我，尤其是我自己。即使偶然在玻璃門或不銹鋼檯面上看自己的倒影，看到的也不是我，而是一個遜爆的塑膠風暴兵，這種人會在出門的時候把昨天吃剩的布朗尼抓在手裡。

這不是我。

有時候，當我開燈、對流理臺和瓷磚地板噴藥時，會看到蟑螂四處逃竄，會看到死老鼠黏在之前設置的黏鼠板上。我把牠們裝袋扔掉，檢查用於捕捉飛蛾和蒼蠅的照明系統，將它們也清理乾淨。不到半小時我就走了，開車去下一家餐館。我每晚要去十幾家餐館，必須在天亮前把每一家都處理好。

也許你覺得這工作聽起來很噁心。事後回想起來，我也覺得噁心，但不是因爲這份工作，這是正當的工作、必要的工作。說起來，在空軍新兵訓練營的時候，我惹了我的第一個教官不高興，她讓我成了廁所女王。我的工作是保持軍營裡的廁所亮晶晶。她告訴我，如果她在任何時候在那個廁所裡發現一點汙垢，這差事的班表就回歸，我得從頭再輪一次。我發揮了自律。能在空軍服役就很開心了，所以我把廁所打掃得乾乾淨淨，食物掉到地板上都能撿起來吃掉的程度。但四年後，那個光是掃廁所就很興奮的人消失了，我什麼感覺也沒有。

大家都說隧道盡頭總有光明，但一旦你的眼睛適應了黑暗就看不到光明了，這就是發生在我身上的事。我麻木了。我對人生感到麻木，對婚姻感到痛苦，我也接受了這個現實，從原本一個想成爲戰士的人，變成了大夜班的蟑螂狙擊手。我只是另一具殭屍，出賣自己在地球上的時間，隨波逐流。

剛從軍隊退伍時，我在聖文森醫院找到了一份工作，從晚上十一點到隔天早上七點當保全，領取最低工資，每個月大約拿七百美元。三不五時，我會看到一輛藝康環境清潔公司的卡車停下來。這裡是滅蟲員定期清掃的地點，爲他打開醫院廚房的鎖是我的工作。有天晚上，我和滅蟲員聊了一會，他提到藝康正在徵人，這份工作附帶一輛免費卡車，而且沒有老闆監督，薪水也比我現在這份多三十五％。我沒考慮到那工作的健康風險，應該說我什麼也沒考慮，直接就接受了他們所提供的東西。我正走在阻力最小的那條「飯來張口」的道路上，任憑骨牌落在我的頭上，它正在慢慢地殺死我。但是「麻木」和「無知」是有區別的。在漆黑的夜晚，沒有太多的干擾讓我分心，我也知道自己已經推倒了第一張骨牌，啓動了讓我成爲藝康職員的連鎖反應。

自信沉沒，恐懼浮現

空軍原本應該是我的出路。那位女教官最終的確把我調去另一個單位，我在這裡成了明

加入童軍訓練營時的照片。

星新兵。我身高一百八十八公分，當時的體重大約八十公斤。那時候的我敏捷又強壯，而我們的部隊是整個新兵訓練營中最好的，我很快就開始接受我夢想工作的訓練：空軍空降救援隊。我們是長著獠牙的守護天使，從天而降，深入敵陣，救走被擊落的飛行員。我是那次訓練中最好的學員之一，也是最擅長伏地挺身、仰臥起坐、踢腿和跑步的人。我只差一分就能成爲榮譽畢業生，但在開始空降救援訓練前，他們沒提到一件事：「水中自信」訓練。這個課程的名字很好聽，但他們會在幾星期的時間內試著溺死你，而我在水中感到非常不自在。

雖然我媽在三年內讓我們擺脫了救濟金和社會住宅，但她還是沒有多餘的錢讓我去上游泳課，我們也總是避開去游泳池。直到十二歲那年參加了童軍訓練營，我才終於接觸了游泳。離開水牛城讓我有機會加入童軍，而童軍訓練營是我獲得所有「專科章」的最佳機會，我需要那些徽章才有機會成為鷹級童軍。有天早上，我試著獲得游泳專科章，這表示得在湖中沿著浮標的路線游大約一．五公里。其他的孩子都紛紛跳進去開始游，如果我想保住面子，就必須假裝知道自己在做什麼，所以我跟著他們進了湖裡。我盡可能用狗爬式，但一直在呑水，所以翻了個身，用我即興發明的蹩腳仰式游完了整個路線，拿到了專科章。

在參加游泳測試以進入空降救援隊時，我需要眞的會游泳。那是計時的五百公尺自由式測驗，但即使當時已經十九歲了，我還是不會自由式。所以，我拖著遲緩沉重的腳步去了巴諾書店，買了本《傻瓜也能學會游泳》，研究書中的圖表，每天在游泳池裡練習。我討厭把臉浸在水裡，但成功地游了一次，然後兩次，不久後，我可以游完一圈了。

我的浮力比不上大多數的泳者，每次停下來，哪怕只是一秒，就會開始下沉，這讓我慌張得心跳加速，而緊張只會讓情況變得更糟。最終，我通過了游泳測試，但「能在水中游泳」和「在水中感到自在」兩者之間是有區別的，而從自在提升到自信又是另一大步，如果你不能像大多數人一樣漂浮，就很難擁有水中自信，有時候它根本不會出現。

在空降救援訓練中，水中自信是十週計畫的一部分，有著讓你「進化」的階段性訓練，旨在測試我們在壓力下在水中的表現如何。對我來說，最糟糕的進化之一叫做「上下律動換氣」。全班分成五人一組，全副武裝，在淺水區從一邊排到另一邊。每個人的背上綁著兩個由鍍鋅鋼製成的八十升氧氣瓶，身上還繫著七公斤的配重帶。我們全身都是重物，這本來也還好，問題是在這個進化訓練中，不准靠氧氣瓶呼吸，而且要從游泳池一公尺深的位置沿著斜坡向後走，進入大約三公尺深的深水區。在這緩慢行走的過程中，我的腦袋充滿了懷疑和負面情緒。

「你他媽的在這裡做什麼？這不適合你！你不會游泳！你是冒牌貨，他們遲早會發現！」

時間感覺變得緩慢，幾秒鐘就像幾分鐘。我的橫膈膜猛地一顫，試圖迫使空氣進入我的肺部。理論上，我知道「放鬆」是所有水下進化的關鍵，但我害怕得不敢放手，下巴和拳頭一樣緊繃，而我努力避免恐慌時，頭不斷地抽痛。我們就定位後，開始上下律動，這表示得從泳池底部向上蹬到水面（不能用蛙鞋踢水），吸一口氣，然後下沉。這在全副武裝的狀態下並不容易，但至少我能夠呼吸，那第一口氣簡直就是救贖。氧氣充滿了我的體內，我開始放鬆，直到教練大喊：「切換！」這表示我們要脫下蛙鞋，拿在手上，藉著手臂用力一推，把自己推出水面。可以用腳去蹬游泳池的地板，但不能踢水，這樣持續做了五分鐘。

在水中自信訓練期間，淺水昏厥和水面昏厥很常見。這是因爲身體承受壓力，限制了氧氣攝入量。手上拿著蛙鞋，我的臉勉強露出水面換氣，而在換氣之前，我一直拚命出力，燃燒體內的氧氣。當你燃燒得太多也太快，大腦就會停止運轉，你就會他媽的昏過去。我們的教官把這稱爲「去見巫師」。隨著時間經過，我可以看到星星在我的周邊視野中顯現，並感覺到巫師正在悄悄靠近。

我通過了那個進化訓練，而且很快地，用手臂或腳使用蛙鞋對我來說變得容易許多。但整個訓練對我而言依然艱鉅，例如最簡單的任務之一：不用手踩水。我們必須讓雙手和下巴高出水面，像攪拌機一樣只用雙腿踩水三分鐘。聽起來沒很久，對大部分的人來說確實很容易，但對我而言，這幾乎是不可能的任務。我的下巴不停地碰到水，這表示時間將歸零，重新計算。在我周圍，同學們如魚得水，他們的腿幾乎沒在動，我的腿則是以最快的速度踩踏，但我在水面上的高度，還是遠遠比不上那些看起來像是有反重力體質的白人男孩。

每一天都是在游泳池裡屈辱度日。別誤會，我並沒有在其他人面前丟臉。我通過了所有的進化測驗，但內心痛苦萬分，每天晚上，滿腦子都想著隔天的任務，害怕得睡不著覺。我的恐懼很快變成了對同學的怨恨，因爲他們在我心目中過關過得很輕鬆，這就讓我回想起自己的過去。

我是單位裡**唯**一的黑人，這讓我想起在印第安納鄉下小鎮的童年，而水中自信的訓練越難，那些過去的黑暗之水就漲得越高，似乎可以把我滅頂。其他同學在睡覺時，那種強烈恐懼和憤怒的混合物在我血管中流動，夜間的胡思亂想變成了一種自我實現的預言——預言著不可避免的失敗，因爲失控的恐懼正在釋放我無法控制的某樣東西：放棄的心態。

在「夥伴呼吸」訓練的六週後，這種感覺達到了巔峰。我們兩兩一組，抓住彼此的前臂，輪流用同一根呼吸管呼吸。與此同時，教官會毆打我們，試圖讓我們和呼吸管分開。一切動作都應該在接近水面的地方進行，但因爲我的浮力是負的，這意味著我在深水區中間會把我的夥伴一起拖下水。他先深吸一口氣，然後把呼吸管遞給我，我則游到水面，呼氣並試圖清除呼吸管裡的水，然後吸一大口氣，再把呼吸管還給他。但教官的干擾讓我們幾乎不可能做到這一點。我通常只能把管子清理一半，而且吸進的水比吸進的空氣更多。從一開始，我就在缺氧的情況下行動，同時努力試著保持在水面附近的位置。

在軍事訓練中，教官的工作是找出學員薄弱的環節，讓他們改進或判定是否退訓，而教官也看得出來我在掙扎。那天在游泳池裡，其中一名教官總是朝著我大喊大叫、毆打我，我則是呼吸困難，徒勞地試著透過一根狹窄的管子大口吸氣來避免去見巫師。我記得當時沉到水下，抬頭看著班上其他人，他們像平靜的海星般浮在水面上，沉著又輕鬆地來回傳遞呼吸管，我則是怒火中燒。今日的我雖然知道教官只是在盡本分，但當年的我心想：**「這混蛋就是不給我機會！」**

雖然我也通過了那次進化測驗，但還有十一次進化訓練和四週的水中自信訓練等著我。這些訓練有其道理，因爲我們以後可能會從飛機上跳進水裡，需要這樣的訓練，我只是不想再受訓了。而在隔天早上，我得到了一條始料未及的出路。

讓恐懼主宰未來的放棄者

幾星期前，我們在體檢時抽了血，醫生發現我體內有「鐮刀型血球性狀」。我沒有患上「鐮刀型血球貧血症」，但我有這種細胞性狀，當時人們認爲這種體質會增加因運動而心臟驟停猝死的風險。空軍不希望我在進化訓練中嗝屁，於是以醫學理由把我踢出了訓練。我假裝很

一九九四年結束空軍新兵訓練營時，我八十公斤。

難接受這個消息，彷彿夢想被剝奪了一樣，還上演了大發雷霆的戲碼，內心其實欣喜若狂。

但幾天後，醫生改變了決定。雖沒有明確地說我繼續受訓是安全的，但他們表示醫學界還不完全了解這個細胞性狀，所以讓我自己決定去留。回去受訓時，士官長告訴我，我已經錯過了太多訓練，如果想繼續，就必須從第一週的第一天開始從頭來過。我要面對的不是少於四週的訓練，而是必須再忍受十週的恐懼、憤怒和失眠。

如果是今天，恐懼、憤怒和失眠之類的東西，根本不會出現在我的雷達上。如果你告訴我，光是想得到一個公平競爭的機會，就必須跑得比其他人更遠也更努力，我會說聲「收到」然後開始跑，但當年的我沒現在這麼成熟。那時候的我雖然身強體壯，但根

一九九九年攝於海灘，我一百三十一公斤。

本沒學會如何主宰自己的心智。

士官長瞪著我，等待我的答覆。我告訴他：「其實呢，士官長，醫生對鐮刀型血球知之甚少，這讓我很不安。」我這麼說的時候，甚至不敢看他的眼睛。

他點點頭，面無表情，在文件上簽了字，讓我永遠退出這個訓練。他注明了我退訓的原因是鐮刀型血球，所以在文件上不是我主動放棄，但我知道眞相。如果當年的我是今天的我，根本不會對鐮刀型血球大驚小怪。沒錯，我體內依然有鐮刀型血球性狀，這種東西不是擺脫得掉的，但當時出現了一個障礙，我就打了退堂鼓。

我被轉去了肯塔基州的坎貝爾堡，告訴朋友和家人我因爲身體因素而被迫退訓，並在與一些特種部隊合作的「戰術空軍管制組」（TACP）服完了四年兵役。我負責深入敵陣的地面部隊和空中支援——例如F-15和F-16那種快速機具——之間的聯絡。和聰明人一起工作是很有挑戰性的，但遺憾的是我從來沒有為此自豪，也看不出其中的機會，因為我知道自己是一個讓恐懼主宰未來的放棄者。

我藉著健身房和廚房餐桌來處理我的羞愧。我開始練舉重，身形越練越大隻，每天就是吃飯、舉重，舉重、吃飯。在空軍服役的最後幾天，體重直逼一百一十五公斤；退役後，肌肉和脂肪繼續增加，直到體重接近一百三十六公斤。我想成為大隻佬，因為大隻佬能隱藏真正的大衛．哥金斯。我把原本八十公斤的自己，塞進擁有二十一吋二頭肌和鬆弛鮪魚肚的軀體裡；我留著濃密的小鬍子，讓所有看到我的人都感到害怕，但內心深處知道自己很孬，那種感覺始終糾纏著我。

在海豹部隊的招募廣告中找到答案

開始能掌控自己命運的那個早上，一開始和其他早晨沒兩樣。時鐘顯示早上七點整時，我在藝康的輪班工作結束了，去連鎖餐廳「牛排與奶昔」的得來速買了一大杯巧克力奶昔。下一站是7-11便利商店，買了一盒Hostess牌的迷你巧克力甜甜圈。我在開車四十五分鐘回家的路上，把這些東西狼吞虎嚥地吃下肚，返回位於印第安納州卡梅爾市一座美麗高爾夫球場旁的漂亮公寓，我跟妻子帕姆還有她的女兒一起住在這裡。還記得必勝客事件嗎？我娶了那個女孩。她爸爸叫我黑鬼，我娶了他的女兒，這說明我是什麼樣的人？

我們其實負擔不起那樣的生活。帕姆甚至沒在工作，但在那些卡債纏身的日子裡，一切都是亂七八糟。我在高速公路上以超過一百一十公里的時速行駛，邊攝取糖分邊聽本地的經典搖滾電臺，這時音響傳來〈寂靜之聲〉，賽門與葛芬柯的歌詞猶如眞理般迴盪。

黑暗，確實是朋友（注：來自〈寂靜之聲〉的第一句歌詞：「哈囉，黑暗，我的老朋友。」）。我在黑暗中工作，對朋友和陌生人隱藏眞實的自我。沒有人會相信我當時多麼麻木和害怕，因爲我看起來像一頭沒人敢招惹的野獸，但我的腦袋不正常，靈魂被太多的創傷和失敗壓垮。我有大把的藉口讓自己當個魯蛇，而我確實也把它們全都用上了。我的人生正在分崩離析，而帕姆應對這個問題的辦法是逃離現場——她的父母仍然住在只有一百一十公里外的巴西鎭，我們大部分的時間都分開住。

我在早上八點左右下班回到家，剛進門電話就響了。我媽打來的，她知道我的作息。

「過來吃你的早餐。」她說。

我的早餐是吃到飽的分量，很少有人能一次吃完。想像一下：八個肉桂捲、六顆炒雞蛋、半磅培根，還有兩碗脆米麥片。別忘了，我才剛剛橫掃了一盒甜甜圈和一杯巧克力奶昔。我根本不必回應，她知道我一定會去。食物是我首選的毒藥，我總能將最後一點碎屑都吸乾淨。

我掛了電話，打開電視，跺著腳走過走廊去淋浴間，在那裡能聽到電視上的旁白透過蒸汽傳來。我聽見了片段：「海軍海豹部隊……世上……最強悍！」我在腰上裹了一條浴巾，衝回客廳。我太大隻了，浴巾幾乎蓋不住我的肥屁股，但我坐在沙發上，三十分鐘一動不動。

電視上的節目描述「海豹部隊基礎水下爆破訓練」（BUD／S）的第二二四訓練班如何通過「地獄週」：這是軍隊中體力要求最高、訓練最艱鉅的一系列任務。我看著那些男人汗流浹背，痛苦地穿過泥濘的障礙道，在柔軟的沙灘上高舉原木奔跑，在冰冷的海浪中瑟瑟發抖。我的頭皮冒出了汗珠，看到其中一些看起來很強壯的人敲鐘退出時，我整個人坐在沙發的邊緣傾身向前。放棄是合理的，剛加入BUD／S的人只有三分之一能熬過地獄週，而在我接受空降救援訓練的時候，不記得自己有像那些人看起來那麼痛苦。他們渾身布滿腫脹處和擦傷，睡眠不足，而且已經站不穩了，我卻很嫉妒他們。

越看下去，就越確定那些苦難當中埋藏著答案，我需要的答案。鏡頭不只一次掃過冒著泡沫的浩瀚大海，每看一次都覺得自己很可悲。海豹部隊跟我是天壤之別，他們有著驕傲、尊嚴，以及那種在烈火中被打趴在地，但一次又一次爬起來繼續奮戰的卓越。他們是你所能想像最堅硬、最鋒利的劍的化身。他們尋求鑄劍之火，承受無比漫長的千錘百鍊，直到變得無所畏懼而且削鐵如泥。他們不只是「有動力」，而是「奮發圖強」。電視上的節目以畢業典禮收尾，二十二名穿著白色軍禮服的驕傲男子並肩站著，然後鏡頭特寫他們的指揮官。

「在一個以『平庸』為標準的社會中，」他說，「人們會強烈地痴迷於那些厭惡平庸、拒絕用傳統標準來定義自己，並尋求超越一般人所認定人類能耐的人，而這正是BUD／S要找的人。這種男子漢會盡其所能找出辦法來完成每一項任務，會隨機應變，並克服任何障礙。」

在那一刻，我覺得指揮官好像是衝著我說話，但節目結束後，我走回浴室，對著鏡子，低頭看著自己。我看起來完全就像體重一百三十六公斤的人，就是老家那些仇視黑人之人嘴裡的廢物：沒受過教育、沒有現實世界的技能、零紀律、前途無亮。如果我能達到「平庸」的程度，對我來說已經是重大的提升。我在人生之桶的底部，沉在渣滓當中，但我在其中浮沉許久之後，第一次清醒了。

早餐時我幾乎沒和媽媽說話，而且只吃了一半的分量，因爲滿腦子想著我沒完成的事情。我原本一直想加入精銳的特種部隊，而在這一身肥肉和層層失敗的背後，這個心願依然存在。現在它又恢復了生機，多虧了一個幸運看到的電視節目，那個節目持續對我產生作用，就像病毒在細胞間移動般，接管了一切。

這成了我無法擺脫的痴迷。幾乎有三個星期，每天早上下班後，我都會打電話給值班的海軍招募員，跟他們說我的故事。我打給了全國各地的辦公室，說我願意搬家，只要他們能讓我接受海豹部隊訓練，而每個人都拒絕了我，大多數都對以前服役過的人不感興趣。本地一個招募辦公室對我感興趣，想親自見我，但我到達那裡時，他們當著我的面捧腹大笑。我實在太肥了，在他們眼裡我只是另一個患有妄想症的冒牌貨。離開時，我也確實覺得自己是個冒牌貨。

在打給所有能找到的招募辦公室後，我撥通了本地海軍預備役部隊的電話，並第一次與史蒂文．沙喬軍士通話。沙喬曾在米拉瑪海軍航空站擔任電工和教官，與多個F－14中隊一起工作了八年，後來加入聖地牙哥的招聘人員，該處就是海豹部隊訓練的地點。他夜以繼日地工作，迅速晉升。他是因爲升官而搬來印第安納波利斯，也爲了能在玉米田中尋找到海軍新兵。

我打電話過去時，他才在印城工作了十天，如果當時是其他人接聽，你大概就不會讀到這本書了。憑著狗屎運和頑固的堅持，我找到了海軍最優秀的招募員之一，他最喜歡的任務是找出鑽石原石——像我這樣服過役，想重新入伍並希望能進特種部隊的人。

我們第一次的通話並沒有很久，他說可以幫我，我應該親自去見他——這句臺詞聽起來很耳熟。我抓起鑰匙，直接開車去他的辦公室，但並沒有抱太大希望。半小時後抵達時，他已經在與ＢＵＤ／Ｓ管理部門通電話。

那個辦公室裡的每個水手（都是白人）看到我都感到驚訝，只有沙喬例外。如果我是重量級，身高一百七十公分的沙喬就是輕量級，但他似乎並沒有因爲我的體積而愣住，至少一開始沒有。他就像推銷員一樣外向又熱情，儘管我看得出來他有點鬥牛犬的個性。他帶我走過走廊，給我稱了重。站在磅秤上時，我瞥見了釘在牆上的體重表——以我的身高來說，海軍允許的最大體重是八十七公斤。我屏住呼吸，盡可能縮小腹，挺起胸膛，徒勞地試圖拖延他給我臺階下的羞辱時刻，但那一刻未曾到來。

「你個子很大。」沙喬微笑搖頭，在他文件夾裡的一張表格上，寫下一百三十五公斤。「海軍有一個計畫，允許預備役中的新兵成爲現役。這就是我們要採取的辦法，這個計畫會在年底淘汰，所以我們需要在那之前讓你升級。重點是，你有一些工作要做，你對此應該也心知肚明。」我順著他的目光看向體重表，又確認了一遍。他點頭、微笑、拍拍我的肩，讓我面對這個事實：我必須在不到三個月的時間裡減掉四十八公斤。

這聽起來像是不可能的任務，卻也是我沒有辭掉工作的原因之一。另一個原因是ＡＳＶＡＢ，那惡夢般的測驗就像科學怪人般復活了。我以前爲了加入空軍曾通過一次ＡＳＶＡＢ，但想獲得ＢＵＤ／Ｓ的資格，我必須拿到更高的分數。兩星期的時間，我白天都在念書，晚上消滅害蟲。而我還沒開始運動，認眞減肥還得等等。

某個週六下午，我參加了考試。隔週的週一，我打給沙喬。「歡迎來到海軍。」他先宣布好消息：我在某些部分考得非常好，現在正式成了預備役人員，但我在「機械理解」上只拿了四十四分，而想符合ＢＵＤ／Ｓ的資格需要五十分，我必須等五個星期後再考一次。

如今，沙喬喜歡將我們的偶遇稱爲「命運」。他說打從我們說話的那一刻，他就能感覺到我的奮發圖強，而且他從一開始就對我有信心，這就是爲什麼我的體重對他來說不是問題，但在那次ＡＳＶＡＢ的考試之後，我對自己充滿了懷疑。所以，也許那天晚上發生的事也是一種命運，或是一種及時到來的神聖干預。

我就不說出發生那件事的餐廳叫什麼名字了，因爲如果這麼做，你再也不會去那兒吃飯，而我還得請律師準備應付官司。你只需要知道，那家餐廳是重災區。我先檢查了室外的陷阱，發現了一隻死老鼠，而在室內，黏鼠板上有更多死老鼠，一隻小的和兩隻大的，還沒丟出去的垃圾裡則有蟑螂。我搖搖頭，在水槽下方跪下，從牆上的一條窄縫往上噴藥。當時不知道的是，我噴到了牠們的巢穴，毒藥襲來時，牠們開始四散。

幾秒內，我就感覺脖子後面有東西在爬。我拍掉牠，接著轉動脖子，看到無數蟑螂從天花板其中一個敞開的面板，像下雨一樣灑在廚房的地板上。我觸動了蟑螂的源頭，也遭遇了在為藝康工作期間所見過最嚴重的蟲害。牠們來得源源不絕，數不盡的蟑螂落在我的肩膀和頭上，隨著牠們的爬竄，地板看起來也像在扭動。

我把毒氣罐留在廚房裡，抓起黏鼠板，衝到外面，我需要新鮮空氣和更多時間來想辦法清除餐廳裡的害蟲。我邊走去垃圾箱扔死老鼠邊考慮有哪些選擇，掀開垃圾箱的蓋子，發現一隻活生生的浣熊對我瘋狂嘶吼。牠亮出黃牙，向我撲來，我砰的一聲關上了垃圾箱。

幹，這搞屁啊！我說真的，我他媽的目睹了什麼？「夠了」？什麼時候才會真的「夠了」？我是不是真的願意讓可悲的現在，變成一團糟的未來？我還要等多久，還要浪費多少年的人生，成天想著上天是否有更偉大的目標在等著我？那一刻我知道，如果不做出決定，不開始走上阻力最大的道路，我將永遠陷在這種精神地獄。

我沒有回到那家餐廳，也沒有收拾裝備，而是發動了卡車，在某個地方停下來買了一杯巧克力奶昔（當時的安慰劑），然後回家。停車的時候，天還是黑的，但我不在乎。我脫下工作服，穿上運動衫，繫上跑鞋。已經一年多沒跑步了，但我上了街，準備跑六、七公里。

結果只撐了不到三百七十公尺。我心跳飛快、頭暈目眩，不得不在高爾夫球場的邊緣坐下來喘口氣，然後慢慢走回家。融化的奶昔正等著安慰我又一次的失敗，我抓起來喝了一口，然後癱倒在沙發上，眼眶泛淚。

我他媽算哪根蔥？生下來就一無是處，從來沒證明過什麼，現在依然一文不值。大衛·哥金斯，海豹部隊？笑死人，這是多大的白日夢，我連沿著門前馬路跑五分鐘都做不到。壓抑了一輩子的恐懼和不安，開始如雨點般落在我的頭上，我瀕臨屈服和永遠放棄的邊緣。就在這時候，我找到了十五年前入手、如今破破爛爛的《洛基》錄影帶，把它塞進機器裡，快轉到我最喜歡的場景：第十四回合。

第一次意識到不是所有身心限制都是真的

《洛基》第一集依然是我最喜歡的電影之一，因爲它講的是一個生活貧困、沒有前途、不學無術的二流拳擊手，就連教練都不想訓練他。但出乎意料地，拳王阿波羅．克里德給了他挑戰冠軍的機會。這是拳擊史上最令人畏懼的戰士，他擊敗了每一個遇到的對手，而洛基唯一想要的，是成爲第一個能跟克里德戰到最後一回合的人。光是能做到這一點，這輩子就能第一次爲自己感到驕傲。

這場戰鬥比任何人預想的都更勢均力敵、血腥激烈，而到了中間回合，洛基受到了越來越多痛擊。他正在輸掉比賽，剛進入第十四回合就被擊倒，但又重新站起，回到擂臺中央。阿波羅像獅子一樣走近，連番揮出犀利的左刺拳，用組合拳把腳步緩慢的洛基打得搖搖欲墜，一記懲罰性的右勾拳命中目標，然後又一拳。他把洛基逼到角落，洛基兩腿發軟，連舉起雙臂防禦的力氣都沒有。阿波羅又一記右勾拳擊中了洛基的腦袋，接著是左勾拳，然後一記凶狠的右手上勾拳，將洛基擊倒在地。

阿波羅高舉雙臂，退到對面的角落，但即使臉朝下趴在擂臺上，洛基也沒有放棄。裁判開始讀秒時，洛基爬向繩索。他的教練米基懇求他別爬起來，但洛基充耳不聞。他先單膝跪起，然後用四肢爬起來。裁判數到六的時候，洛基抓住繩子，站了起來。觀眾歡呼雷動，阿波羅轉身看到他還站著，洛基揮手要阿波羅放馬過來，拳王震驚得肩膀下垂。

戰鬥還沒有結束。

我關掉電視，開始思考自己的人生。我的人生沒有任何奮發圖強和充滿熱忱的時刻，但我知道如果繼續屈服於自己的恐懼和自卑，就等於讓它們永遠主宰我的未來。唯一的選擇，就是試著在那些讓我低落的情緒中找到力量，駕馭並利用它們振作起來，而我就是這麼做了。

把奶昔扔進垃圾桶，繫好鞋帶，我再次上路。首次跑到〇．五公里的時候，腿和肺都感到劇痛，心跳急促，我停了下來。這一次我感受到同樣的痛苦，心臟像發燙的車一樣狂奔，但我繼續跑，痛苦漸漸消失，彎下腰喘口氣的時候，已經跑了一．五公里。

那是第一次意識到，不是所有身體和心理上的限制都是眞的，而且我有「太早放棄」的習慣。我知道需要鼓起每一分勇氣和毅力，才能完成不可能的事。我面對的，將是數小時、數日、數週不間斷的痛苦，必須把自己推向生命的極限，必須接受我可能跑到一半會猝死，因爲這次我不會放棄，無論心臟跳得有多快，無論承受著多大的痛苦。問題是，我沒有作戰計畫可循，沒有藍圖，只能自己畫草圖。

我典型的一天如下：清晨四點半醒來，啃一根香蕉，然後閱讀ＡＳＶＡＢ考試的書籍；五點左右，把那本書帶上健身車，邊流汗念書兩個小時。別忘了，當時我的身體很糟，還無法跑超過一．五公里，所以必須在健身車上盡可能地燃燒卡路里。然後開車去卡梅爾高中，跳進游泳池游兩個小時。之後去健身房進行一連串的訓練，包括臥推、上斜臥推和大量的腿部鍛鍊。鍛鍊大塊肌較爲困難，需要使用較輕的器材多次重複施作，做個五、六組，每組一百到兩百下。然後回到健身車上，再騎個兩小時。

我一直感覺餓，晚餐是每天眞正的一餐，但食物很少。我會吃一塊烤或炒的雞胸肉和一些蔬菜，還有一小撮米飯。晚飯後，再騎兩個小時健身車，然後睡覺、醒來，重來一遍，儘管我自知勝算非常低。我想做到的，就像一個成績都是D的學生去申請哈佛大學，或是走進一家賭場，把所有的錢都押在輪盤的某一個數字上，表現得好像贏錢已成定局。我把一切都賭在自己身上，而且沒有任何保證。

我每天量兩次體重，兩週內減掉了十一公斤。成果隨著不斷磨練而逐漸改善，減去的重量越來越多。十天後，體重減至一百一十三公斤，輕到可以開始做伏地挺身、引體向上，然後我開始拚命跑步。如常地醒來，騎健身車、去游泳和健身，後來也加上三公里、五公里和六．五公里的長跑。我放棄了跑鞋，訂購了一雙貝特斯輕量戰鬥靴，與海豹部隊候選人在接受BUD／S時穿的靴子同款，開始穿著跑步。

沒有捷徑可走

付出了那麼多努力，你可能以爲我晚上會睡得香甜，但我的夜晚其實充滿焦慮。我的胃咕嚕叫，腦子不停地打轉。我會夢見困難的ASVAB考題，而且一想到隔天的自主訓練就難受。我付出太多，但身上幾乎沒有燃料，以至於憂鬱成爲一種自然的副作用。破裂的婚姻正走向離婚之途，帕姆明確地表示，如果我奇蹟般地實現了自己的目標，她和我的繼女不會和我一起搬去聖地牙哥。她們大部分的時間都待在巴西鎮，而當我一個人在卡梅爾時，整個人陷入了混亂。沒完沒了的自暴自棄想法不斷地湧現時，我覺得自己既無價值又無助。

當憂鬱症讓你窒息時，它會遮蔽所有的光，讓你失去希望的依託，只看到黑暗。對我來說，度過難關的唯一方法就是擺脫憂鬱症。我必須反轉它，並說服自己，所有的自我懷疑和焦慮，都證明了我將不再過著漫無目的的人生。也許我的任務確實不可能完成，但至少人生又有了他媽的任務。

有些夜晚情緒低落時，我會打電話給沙喬。他總是很早就進辦公室，很晚才離開。我沒有向他吐露憂鬱症，因爲不想讓他對我產生疑慮。我藉著通話給自己打氣，告訴他我減掉了多少公斤、付出了多少努力，他提醒我繼續爲ASVAB做準備。

收到。

我有《洛基》的電影原聲帶，會聽其中的那首〈奮戰到底〉來振奮自己的士氣。在長途騎車和跑步時，我腦子裡響起號角聲，想像自己經歷BUD／S、潛入冷水中，戰勝了地獄週。我如此期望，如此希望，而當我的體重降到一百一十三公斤時，我對海豹部隊資格的追求不再是白日夢。我有一個眞正的機會去達成大多數人，包括我自己，認爲不可能的事情。

儘管如此，還是有些時候糟糕透了。有一天早上，在體重低於一百一十三公斤的不久後，我量了體重，發現只比前一天瘦了〇．五公斤。還有太多的體重需要減掉，不能讓減重過程停滯不前。我在跑十公里、游泳三公里的時候，滿腦子只想著這件事。到達健身房進行平時的三小時訓練時，我感到筋疲力盡、渾身痠痛。

完成幾組一百多次的引體向上後，我又回到橫桿上，開始了沒有次數限制重複的動作。剛開始進行時，目標是十二次，但當第十次將下巴伸過橫桿時，雙手痠痛得像在燃燒。幾個星期以來，「退縮」的誘惑一直存在，我總是拒絕了它，但那天實在痛得太劇烈，因此在第十一次引體向上後，我屈服了，跳下來，結束了訓練，引體向上就差了一下。

我一直想著那一下，還有那〇．五公斤的體重，試圖把它們趕出腦海，但它們就是不願意放過我。它們在我開車回家的路上嘲笑我，在我吃一片烤雞肉和一塊清淡無味的烤馬鈴薯時，也和我一起坐在廚房餐桌旁。我知道除非做點什麼，否則那天晚上鐵定睡不著，所以我抓起鑰匙。

「你走捷徑，就他媽的注定失敗。」開車回健身房的路上我大聲對自己說，「你沒有捷徑可走，哥金斯！」

我重新做了整套的引體向上。少做一次引體向上，我就要重做兩百五十次，類似的情況後來持續發生。每當我因爲餓了或累了而在跑步或游泳時偷工減料，總會回去重做並更嚴厲地怪罪自己，只有這樣才能管住我的心魔。無論哪種方式都會有痛苦，我必須二選一：選擇當下的身體痛苦，還是天天痛苦地想著引體向上少做一下、游泳少游一圈、在馬路或小徑上少跑〇·五公里，最終讓我失去畢生難得的機會。這是很簡單的選擇題，在試圖成爲海豹部隊的這條路上，我沒有把任何環節交給運氣。

在ASVAB測驗前夕，離訓練還有四個星期，達到標準體重不再是煩惱。我已經減到九十八公斤，也比以往任何時候更敏捷強壯。我每天跑十公里，騎自行車三十多公里，游泳超過三公里，這一切都是在嚴冬期間進行。我最喜歡的路線是沿著「蒙農步道」跑十公里，這是一條瀝青鋪成的自行車兼步行道，穿過印第安納波利斯的樹林，是自行車騎士、推著嬰兒推車的家庭主婦、週末勇士和老年人的領域。在那時候，沙喬已經給了我海豹部隊的預備命令，包括了在BUD／S第一階段要完成的所有訓練，我也很樂意將分量加倍。我知道通常有一百九十名士兵參加典型的海豹部隊訓練，但大約只有四十人能完成所有的訓練。我不想僅僅成爲那四十人之一，更想成爲那四十人當中的第一。

但我必須先通過該死的ASVAB。我幾乎一有時間就抱著課本，如果沒在訓練，就會在廚房餐桌旁背誦公式，並再三複習數百個詞彙。隨著運動訓練順利進行，我將所有的焦慮都像迴紋針黏在磁鐵般地聚集在ASVAB上。這將是我在爭取海豹部隊資格的到期日之前，最後一次考試的機會。我不是很聰明，而且根據過去的學業成績看來，實在沒有充分理由相信我能以夠高的分數得到海豹部隊的資格。如果考試不及格，夢想就會破滅，我會再次漫無目的地隨波逐流。

考試是在印城的班傑明哈里森堡的一間小教室裡進行。大約有三十個人參加，都很年輕，大多剛從高中畢業。我們每個人坐在一部老式的桌上型電腦前。在過去的一個月裡，考試已經數位化了，而我對電腦一竅不通，覺得自己連操作這該死的機器應該都辦不到，更別提作答。但後來事實證明，考試的電腦程式其實連傻瓜都會用，我才因而靜下心來。

ASVAB有十個部分，我一直輕鬆地過五關斬六將，但答到「機械理解」這個部分，才是見眞章的時刻。不到一個小時後，我將會大略知道這陣子是不是一直在自欺欺人，還是確實具備成爲海豹部隊隊員的基本條件。每當被某個題目難倒時，我就會在答案卷上畫個破折號。那個部分大約有三十題，而在考試結束時，我至少其中十題是用猜的。我必須猜對其中幾題，否則就注定出局了。

完成最後一部分後，螢幕上的訊息要我把所有答案傳到試場前面監考員的電腦，那裡會立即顯示分數。我從螢幕旁邊偷窺，看到他坐在那裡等著，於是移動了滑鼠游標，按鈕點擊，然後離開了房間。我帶著緊張的心情在停車場來回走了幾分鐘，才終於鑽進我的本田雅哥，但我沒有發動引擎，我沒辦法就這樣離開。

在駕駛座上坐了十五分鐘，茫然地望向遠方。沙喬至少要過兩天才會打電話告訴我成績如何，但我未來之謎的答案已經解開了，我清楚知道它在哪裡，也必須知道真相。我冷靜下來，走了回去，來到算命先生（監考員）面前。

「你得告訴我，我在這該死的考試上拿到幾分，老兄。」我說。

他抬頭看著我，顯得驚訝，但沒有屈服。

「很抱歉，孩子。政府就是這樣，他們做事有一套系統。」他說，「規矩不是我訂的，我也不能改變它們。」

「長官，你不知道這個考試對我還有我的人生意味著什麼。它意味著一切！」

他看著我濕潤的眼睛，大約看了五分鐘，然後轉向他的機器。

「我這麼做真的違反了所有的規定。」他說，「你姓哥金斯吧？」我點點頭，在他尋找檔案時，繞到他的座位後面。「有了。恭喜你，你拿了六十五分，很好的分數。」他指的是我的整體成績，但我在乎的不是這個，一切都取決於我能否在最關鍵的部分拿下五十分。

「我在機械理解上拿了幾分？」他聳個肩，點擊並滾動畫面，然後我看到了。我現在最喜歡的數字在他的螢幕上閃閃發光：五十。

「讚！」我歡呼，「讚！讚！」

教室裡還有小貓兩三隻在考試，但這是我這輩子最快樂的時刻，我沒辦法控制自己，不斷地扯開嗓門高喊：「讚！」我的反應差點害監考員從椅子上摔下來，教室裡每個人都盯著我，好像我瘋了一樣。真希望他們知道我那段日子有多瘋狂！那兩個月裡，我把所有的生命都獻給了這一刻，現在當然要好好享受它。我朝車子奔去，又尖叫了幾聲。

「FUCK YEAH！」

開車回家的路上，我打給媽。除了沙喬之外，她是唯一一個見證我蛻變的人。「我他媽做到了！」我告訴她，眼裡含著淚水。「我他媽做到了！我要成爲海豹了。」

沙喬隔天進辦公室後得知了消息，打了電話給我。他已經寄出我的招聘包裹，然後剛剛才得知我被錄取了！聽得出來他爲我高興，也爲他在我們第一次見面時就在我身上看到的潛力成眞，而感到自豪。

但那些日子並不是天天都很快樂。我的妻子以暗示的方式對我下達了最後通牒，現在我必須做出決定：放棄我努力爭取的機會，維持婚姻，或是離婚去嘗試成爲一名海豹。最後，我的選擇與我對帕姆或她父親的感覺沒有任何關係。順道一提，他有向我道歉。重點是我是誰、我想成爲誰。我是自己心智中的囚徒，而這是讓我掙脫束縛的唯一機會。

我以任何海豹部隊候選人應有的方式慶祝了勝利：拚命鍛鍊身體。第二天早上和接下來的三個星期，都在游泳池裡度過，身上綁著一條七公斤重的腰帶。我在水下游五十公尺後，接著在水下沿著整個游泳池走動，兩手各拿著一塊磚，而且全程不換氣。這一次，水別想擊敗我。

完成後，我會再游個兩、三公里，然後去母親家附近的池塘。別忘了，這裡是印第安納州，位於美國中西部，而且還是十二月。樹木光禿裸露，屋簷掛著水晶般的冰柱，白雪覆蓋大地，但池塘還沒有完全結冰。我穿著迷彩長褲、棕色短袖T恤和靴子，涉入冰冷的水中，躺下來看著灰色的天空。隨時可能造成體溫過低的冰水沖刷著我，疼痛難忍，我他媽愛死這種感覺。幾分鐘後，我離開池塘，開始跑步，水在靴子裡攪動，內衣裡進了沙子。不消幾秒，我的T恤就結凍到了胸口，褲管口也結冰了。

我跑進蒙農步道。蒸汽從鼻子和嘴裡湧出，我呻吟著繞過快走和慢跑的人。他們是平民百姓，當我像洛基在費城市中心那樣加速衝刺時，他們紛紛轉過頭看。我盡全力狂奔，從一個不能再定義我的過去，奔向一個不確定的未來。我只知道會有痛苦，但也會有目標。

而且，我知道我準備好了。

挑戰3　跨出舒適圈

無論大小，馬上去做你覺得不喜歡或不舒服的事

讓你的心智長出強韌繭皮的第一步，是定期走出你的舒適圈。再次翻出日記，寫下所有不喜歡做或覺得不舒服的事情，尤其是那些你知道對你有好處的事。

現在去做其中一件，做完之後再做一次。

在接下來的篇章，我會要求你在某種程度上複製剛剛閱讀的內容，但你沒有必要找到屬於自己的「不可能的任務」並迅速地完成它。重點**不是立即改變你的人生，而是一點一點地推進**，並使這些改變持續下去。這意味著你必須深入到微觀層面，每天都做一些讓你很難受的事，哪怕只是整理床鋪、洗碗、燙衣服之類的小事，或每天在天亮前起床跑三公里；一旦感覺舒適後，拉長到五公里，然後十公里。如果這些你都做了，去找一些你沒做的事情。生活中絕對有被我們忽略或可以改進的領域，去發現你的。我們經常選擇專注於自己的強項而不是弱點，利用這段時間，把你的弱點變成強項。

做那些讓你不舒服的事情（即使是小事），會讓你變得堅強。**感到不舒服的次數越多，就會變得越堅強**，很快就能在壓力大的情況下，與自己進行更有成效的「我做得到」的對話。

拍下你在「不適圈」的照片或影片，發表到社群媒體上，描述你在做什麼、為什麼這麼做，也別忘了加入主題標籤「#discomfortzone（#不適圈）」「#pathofmostresistance（#阻力最大的路）」「#canthurtme（#我刀槍不入）」「#impossibletask（#不可能的任務）」。

第四章

收割對手的靈魂

歡迎來到地獄週

第一枚爆震手榴彈在近距離爆炸，從那一刻起，一切都以慢動作瓦解。前一分鐘我們還在休息室裡放鬆、閒扯淡、看戰爭片，爲我們知道即將到來的戰鬥打氣。然後第一聲引發了另一聲的爆炸，突然間「肖郎」皮特出現在我們面前，扯開嗓門尖叫，臉漲得通紅，右太陽穴的血管抽動。他尖叫時，眼睛瞪得老大，全身都在顫抖。

「突圍！突圍！突圍！快！快！快！」

就如同計畫那樣，我們這組的船員魚貫地衝向門口。外面，海豹部隊正手持M60機槍，向黑暗中一些看不見的敵人發射。這狀況是我們等了一輩子的夢魘：將定義或殺死我們的清醒惡夢。腦子裡所有的念頭都叫我們趴下，但在那一刻，「移動」是我們唯一的選擇。

機槍掃射所發出的重複低音穿透了我們的五臟六腑，近距離爆炸的橙色光暈帶來了一種暴力美的震撼，當我們聚在「磨床」（注：用於基礎水下爆破訓練的一塊混凝土瀝青地面，學員們在這裡進行各種操練）上等待命令時，心臟急促地跳動。這確實是一場戰爭，但不是在某個外國海岸上進行。像在生活中進行的大多數戰鬥一樣，這場戰爭將在我們自己的心智中獲勝或失敗。

肖郎皮特踩過坑坑窪窪的瀝青地面，額頭上滿是汗水，他步槍的槍口在霧濛濛的夜裡冒著熱氣。「各位先生，歡迎來到地獄週。」他這次口氣很平靜，帶有加州衝浪者般的招牌歌唱拖腔。他上下打量我們，就像捕食者盯著獵物。「看著你們受苦，是我的榮幸。」

噢，我們確實要受苦。肖郎設定規則，下令我們進行伏地挺身、仰臥起坐、踢腿、弓箭步交互跳，還有俯衝式伏地挺身。在這期間，他和其他教官用冰水沖洗我們，從頭到尾都在咯咯笑。我們得把這些動作重複無數次，做完一組再來一組，訓練看不到盡頭。

同學們靠得很近，每個人站在一塊印有青蛙腳印的圖案上（注：磨床的地板上繪有兩百五十對青蛙腳的圖案，間距相等），守護神俯瞰著我們：一座蛙人的雕像，渾身布滿鱗片，像是來自深海的外星生物，腳和手都有蹼，有著鋒利的爪子，還有他媽的六塊腹肌。在它的左手邊，就是惡名遠播的銅鐘。打從結束蟑螂任務回到家的那天早上，被電視上海豹部隊的節目吸引，這裡就是我一直在尋找的地方：磨床，一塊流淌著歷史和苦難的瀝青地面。

基礎水下爆破訓練（BUD／S）爲期六個月，分爲三個階段。第一階段是體能訓練，第二階段是潛水訓練，學習如何在水下移動，如何部署隱蔽的閉路潛水系統，這套系統不會排放氣泡，並能將我們吐出的二氧化碳回收爲可呼吸的空氣。第三階段是陸戰訓練。然而，一般人想像中的BUD／S，只到第一階段，因爲那是狠操新兵的前幾週，直到班級從大約一百二十人減少至二十五到四十人，這些人擁有閃閃發亮的堅硬脊柱，而且更配得上海豹部隊的三叉戟。這個軍徽告訴全世界：「老子不是你們惹得起的。」

要做到這一點，BUD／S教官將訓練學員超越自己原本認知的極限，挑戰他們的男子氣概，並堅持要他們達到力量、耐力和敏捷性的客觀體能標準。這些標準會有測驗，在前三週的訓練中，其中一些項目是攀爬一條十公尺長的垂直繩索，在不到十分鐘的時間內完成一個像是

《極限體能王》障礙的八百公尺長路線，並在三十二分鐘內在沙地上跑完六．五公里。但如果你問我，我覺得那一切都是小菜一碟，遠比不上第一階段的嚴厲考驗。

地獄週更是完全不同，彷彿中世紀酷刑，而且來得很快，在訓練的第三週就引爆了。在這一週裡，我們的肌肉和關節劇烈疼痛，日日夜夜都生活在一種過度換氣的焦躁感覺中，覺得呼吸脫離了生理節奏，覺得收縮的肺臟就像帆布袋被惡魔緊緊握在手裡那樣，持續一百三十個小時。這是一個超越肉身的考驗，也是心和人格的試煉。最重要的是，它會揭露你的心態，而這正是它的目的。

這一切都發生在科羅納多島上的海軍特種作戰司令部，該島是南加州一個旅遊勝地，隱藏在細長的洛馬岬，爲聖地牙哥碼頭和太平洋之間提供了屛障。但即使是加州的金色陽光也沒辦法美化磨床，我爲此感謝上帝，我就喜歡它醜不啦嘰的樣子。那塊痛苦瀝青就是我想要的一切。不是因爲我喜歡受苦，而是因爲我需要知道自己是否擁有配得上這裡的能耐。

事實上，大多數的人都沒有。

地獄週開始時，至少已有四十人退出了。他們退出時被迫走到銅鐘前敲三下，然後把自己的頭盔放在水泥地上。敲鐘的習俗最早是在越戰時期引入的，因爲太多人在訓練的進化過程中放棄，直接回軍營。鐘鈴原本是用來追蹤那些人的方式，但從那以後，它變成了一個男人在承認自己決定放棄時，必須執行的一種儀式。對放棄者來說，鐘聲就是句號；但對我來說，每一聲都像是進展。

我一直不怎麼喜歡肖郎，但沒辦法對他的做法表示抗議，他和其他教官的職責就是去蕪存菁。此外，被他挑毛病的未必是體格最差的，他經常找我麻煩，還有塊頭比我大的傢伙。即使體格較小的一些傢伙也強悍得像種馬，現場這一海票猛男中，有些人是來自加州衝浪海灘的藍領和有錢人，有幾個和我一樣來自玉米地帶，還有很多來自德州的牧場。每個班都有來自德州偏遠地區的硬漢，沒有哪個州比德州更喜歡給男人灌輸「加入海豹部隊」的夢想，一定是因爲德州人在燒烤裡加了什麼東西吧。但肖郎並沒有特別偏愛哪個地區的人，無論我們來自何方、是誰，他都像我們無法擺脫的影子一樣揮之不去。他對我們嘲笑、咆哮，或當著我們的面低聲嘲諷，試圖鑽進並瓦解某個人的大腦。

儘管如此，地獄週的第一個小時其實還挺有趣的。突圍時瘋狂的爆炸聲、槍聲和叫喊聲，會讓你根本無法想著即將到來的夢魘。腎上腺素飆升，因爲你知道自己正在完成神聖戰士傳統中的成人儀式。同學們環顧磨床，興奮得幾乎頭暈目眩，心想：「讚啦，我們眞的來到地獄週了，操他媽的！」啊，但現實就是遲早會往每個人的牙齒上踢一腳。

「你們這樣也叫鍛鍊？」肖郎皮特朝非特定對象問道，「這大概是我們訓練過最沒用的一批人，你們這些男人簡直是在給自己丟臉！」

他愛死這部分的工作。他跨過我們中間，靴子印在我們匯集的汗水、唾液、鼻涕、眼淚和鮮血上。肖郎很嚴厲，幾乎所有教官都這樣，因爲他們是海豹部隊的隊員，光是這點就使他們高人一等。「跟老子在經歷地獄週的時候相比，你們這些小男孩連我的護襠都舉不動，這點千眞萬確。」

肖郎從旁走過時，我對自己笑了笑，繼續進行訓練動作。他的體格像美式足球的尾衛，靈活又強壯，但他在地獄週期間眞的就是神兵利器？長官，我他媽的非常懷疑，長官！

他引起了他的上級（第一階段負責人）的注意。那傢伙絕對是狠角色，話不多，但他也不必開口就是了。身高一百八十五公分，散發超越體格的強烈氣勢，而且這傢伙虎背熊腰——我說的是像鋼鐵一樣緊緊包裹著的一百公斤的肌肉，不開玩笑。他看起來像一隻銀背大猩猩，又像帶來痛苦的教父，一直在靜靜地盤算，在心裡寫著筆記。

「長官，一想到這些張開的陰道，會在這星期像愛發牢騷的小母狗一樣哭泣退出，我的老二就硬了。」肖郎說。銀背猩微微點頭時，肖郎盯著我。「噢，而且你們一定會退出，」他輕聲說，「我確信這點。」

肖郎以這樣輕鬆的語氣發出威脅時，聽起來就更可怕，但他更常瞪大雙眼，眉毛扭曲，面紅耳赤，發出從腳趾到禿頂凝聚力量的淒厲咆哮。進入地獄週的一小時後，他跪下來，臉離我不到三公分，在我又完成一組伏地挺身時大聲怒吼：

「衝浪去！你們這些可悲的糞便！」

那時我們已經在BUD／S待了將近三星期，多次跑過四．五公尺長的護堤，它將海灘與以煤渣磚組成的諸多辦公室、更衣室、營房和教室分隔開來。我們通常是仰躺在淺灘上，全身軍裝，在沙子裡打滾——直到從頭到腳都被沙子覆蓋——然後衝回磨床，渾身滴下大量的鹽水和沙子，這增加了在橫桿上引體向上的難度。這個儀式叫做「沾水沾沙」，他們想讓我們的耳朵、鼻子和身上每一個孔洞裡都有沙子，但這一次我們面臨的，是一種稱爲「衝浪酷刑」的大魔王挑戰。

按照指示，我們像空手道師父一樣咆哮著衝進海浪。我們穿著軍服，胳臂挽著胳臂，涉水進入衝浪區。在這個無月之夜，海浪怒濤洶湧，幾乎高過頭頂，發出滾滾雷鳴，接連三、四次翻騰，冒出泡沫。海浪抽打我們，冷水使我們的蛋蛋蜷縮，並從我們的肺裡奪走呼吸。

這時是五月初的春天，科羅納多島附近的海洋溫度在攝氏十五到十七度之間。我們在水中一同上下律動，如珍珠項鏈般的一串漂浮腦袋掃視著海平線，希望能看見任何可能會把我們拖下水的大浪，看誰能最先發現，並通知大家有大浪襲來，這樣就能及時潛入水中。大約十分鐘後，肖郎命令我們返回陸地。處於失溫狀態邊緣，我們從衝浪區爬出來並立正站好，讓醫生檢查體溫是否過低。這個過程會循環重複幾次。天空被塗成橙色和紅色，夜幕降臨，氣溫急劇下降。

「向太陽說再見吧，各位先生。」銀背猩說。他要我們對夕陽揮手告別，這個象徵性的動作，是要我們承認一個不太想接受的事實：我們即將嘗到凍到骨子裡的滋味。

一個小時後，我們又回到了六人一船的隊伍中，後面傢伙的蛋蛋貼著前面傢伙的屁股，大家緊緊地擠在一起取暖，但這麼做毫無用處。大夥在那片海灘上凍得骨頭咯咯作響，牙齒打顫，鼻子不停地抽動，這種狀態顯示了精神瀕臨崩潰，大夥的心智才剛開始接受「痛苦才正要展開」這個現實。

「我為什麼在這裡？」

即使在地獄週之前的第一階段最艱難的日子裡，當大量的繩索攀爬、伏地挺身、引體向上和踢腿折磨你的心靈時，還是能找到出路。因爲你知道，不管這有多難受，那天晚上會回家，和朋友一起吃晚飯、看場電影，也許還能跟哪個女人打炮，然後睡在自己的床上。重點是，即使在悲慘的日子裡，你還是能把「逃離眞實的地獄」當成寄託。

相較之下，地獄週沒有提供這種寄託。尤其在第一天，我們站了一個小時，胳臂挽著胳臂，面朝太平洋，在海浪中進進出出幾個小時。在這期間，我們獲得的恩惠是在軟沙上衝刺來熱身——他們通常會要我們在頭頂上抬著堅固的橡皮艇或一根原木，但任何暖意（如果眞的有）也總是很短暫，因爲他們每隔十分鐘就會叫我們回到水裡。

第一個晚上，時鐘似乎運轉得特別慢，因爲寒意澈底滲入我們的骨髓，連跑步都沒辦法暖起來。不會再有炸彈，不會再有槍擊，也幾乎沒有人大喊大叫；相反地，一種令人毛骨悚然的寂靜消磨我們的意志，而顯得死氣沉沉。在海裡，不小心吞下的海水在腸子裡翻騰，我們每個人所能聽到的只有頭頂的海浪，還有牙齒打顫的聲響。

當你感到那麼冷、壓力那麼大的時候，大腦會無法理解接下來的一百二十多個小時，無法理解五天半的不眠不休。沒有任何辦法能有系統地破解這個謎題，這就是爲什麼每個試圖成爲海豹部隊員的人，在第一次接受衝浪酷刑時都會問自己一個簡單的問題：

「我爲什麼在這裡？」

每當我們在午夜瀕臨失溫、被捲進巨浪的時候，「我爲什麼在這裡？」這句無辜的提問，就會在旋轉的腦海中冒出來，因爲沒有人**必須**成爲海豹。我們並不是他媽的被**徵召入伍**成爲海豹隊員是一種選擇，而這個很容易回答的提問在激烈的戰鬥中揭示的是：我們留在訓練中的每一秒也是一個選擇，這使得成爲海豹隊員的整個想法，看起來像是受虐狂。這是自願的折磨，而這對理性的腦袋來說毫無意義，這就是爲什麼「我爲什麼在這裡？」這句話會讓那麼多人失去鬥志。

教官當然知道這一切，這就是爲什麼他們早就停止了大吼大叫。相反地，隨著夜幕降臨，肖郎皮特像一個關心我們的大哥哥一樣安慰我們。他提供了熱湯、熱水淋浴、毯子，還開車送我們回營房。這是他爲放棄者設置的誘餌，而且他已經收割了一大堆頭盔，收割了那些因爲無法回答這個簡單問題而屈服之人的靈魂。我懂。如果今天才星期天，而你知道要撐到五天後的星期五，且這輩子從來沒有這麼凍過，很容易相信自己輸定了、贏不了了。已婚的男人心想，我現在明明可以在家裡，抱著我美麗的老婆，而不是在這裡顫抖受苦；單身的男人心想，我現在明明可以去釣馬子。

那種閃閃發亮的誘惑很難忽視，但這是我第二次接受BUD／S早期階段的訓練了。我在第二三〇訓練班嘗到了地獄週的滋味，沒有成功，但也沒有放棄。我因爲左右肺片都感染了肺炎，而被迫停止訓練就醫。我三次違抗了醫生的命令，試著繼續戰鬥，但他們最終強迫我回到軍營，之後把我放進第二三一班，從訓練第一週的第一天從頭來過。

我的第二次BUD／S課程開始時，肺炎還沒有完全康復，肺裡仍然充滿黏液，每次咳嗽都撼動著胸腔，聽起來就像耙子在刮肺泡的內部。不過，這次我更有勝算，除了已經做好準備，也因為和我同船的船員都是一群狠咖。

BUD／S的船員是按高矮組成，因為一旦地獄週開始，這些人會一起扛著船去任何地方。然而，單憑體型並不能保證你的隊友會很強悍，我們的人是一群與社會格格不入的怪咖。

例如我這個為了接受海豹部隊訓練，不得不減掉四十五公斤並參加兩次ASVAB考試的滅蟲者，幾乎一秒被送回了訓練的第一天。同隊的還有已故的克里斯．凱爾。你大概聽說過他，他是海軍歷史上最致命的狙擊手，威名遠播，讓聖戰士懸賞八萬美元要他的項上人頭，而他在做為海豹第三隊的一員時，成了受他保護的海軍陸戰隊員當中的傳奇人物。他因英勇的軍事行為而贏得了一枚銀星和四枚銅星勳章，離開軍隊後寫了《美國狙擊手》這本書，後來改拍成了由大明星布萊德利．庫柏主演的賣座電影。但在和我們一起受訓的時候，他只是個平凡的德州競技牛仔，沉默得要死。

隊上的另一人是比爾．布朗，又名「怪胎布朗」。大多數人只叫他怪胎，他討厭這個外號，因為他一輩子都被當作怪胎對待。在很多方面，他就是白人版的大衛．哥金斯。他在南澤西的河邊小鎮度過辛苦的童年，街坊年紀較大的孩子們因為他顎裂的外貌與學習緩慢而欺負他，這就是「怪胎」這個綽號的由來。他多次爲此打架，最終在青年看守所被關了六個月。十九歲時，他已經獨自住在貧民窟，靠在加油站工作維持生計。這樣下去行不通，他沒有外套也沒有車，去哪裡都是靠著一輛生鏽的十速自行車，凍得蛋蛋都快掉下來。一天下班後，他在一間海軍募兵辦公室停留，因爲他知道自己的人生需要結構和目標，也需要一些保暖的衣物。他們告訴他關於海豹部隊的事，他很感興趣，但不會游泳。和我一樣，他自學了游泳，經過三次嘗試後，終於通過了海豹部隊的游泳測試。

很快地，布朗進了BUD／S，「怪胎」的綽號也隨之而來。他在體能訓練表現得很好，也順利通過了第一階段，但在課堂上的表現就遜色很多。海豹部隊的潛水訓練對智力和體力的考驗一樣艱鉅，他勉強通過，但在距離成爲BUD／S畢業生不到兩週的時候，在最後一次陸戰進化訓練時，他沒能在「武器實務」這個計時測驗中將武器及時重新組裝。布朗是完成了武器重組，但超時了，最後以失敗告終，退出了BUD／S。

但他沒放棄。不，怪胎布朗哪兒也不去。在他和我一起進入第二三一班之前，我就聽說過他的故事。他對成爲海豹懷著怨念，我也立刻喜歡上這傢伙。他堅強得要命，正是我願意與之並肩作戰的那種人。我們第一次將小艇從磨床抬到沙灘上時，我確保我和他是最前面的兩個人，因爲這裡是船最重的位置。「怪胎布朗，」我喊道，「咱倆將成爲二號船隊的支柱！」他看了過來，我瞪了回去。

「他媽的別那樣叫我，哥金斯。」他咬牙道。

「那你千萬別給我離開位置，孩子！你和我，站最前面，他媽的一整個星期！」

「收到。」他說。

人生中的一切都是心理遊戲

我從一開始就負責帶領二號船隊，而讓我們六個人通過地獄週是我唯一的目標。每個人都乖乖聽我吩咐，因爲我已經證明了自己，而且不僅僅是在磨床上。在地獄週開始之前的那幾天，我想到一個點子：我們需要從教官那裡偷走地獄週的行程表。一天晚上，我們在兼作休息室的教室裡閒聊時，我把這個想法告訴了船員們。我的話被置若罔聞，幾個人哈哈大笑，但其他人都沒理我，只是繼續鬼扯淡。

我明白爲什麼，因爲這提議根本不合理。我們怎麼可能偷得到他們的行程表？就算偷到了，「知道接下來有什麼苦頭吃」不是只會讓情況變得更糟？如果被逮到呢？這樣做的回報值得我們冒這個險嗎？

我認爲值得，因爲我嘗過地獄週的滋味。布朗和其他幾個人也嘗過，我們知道在面對著你認爲不可能熬得過的痛苦和疲憊時，會多麼容易考慮「放棄」。當你知道你不能睡覺並且短期內不會有任何緩解時，一百三十個小時的痛苦就跟一千個小時沒兩樣。而且我們還知道另一件事：地獄週是一場心理遊戲。教官利用我們的痛苦來揭穿我們的眞面目，不是爲了找到體能最強的運動員，而是爲了找出最堅強的心智。放棄者在明白這一點的時候，通常爲時已晚。

人生中的一切都是心理遊戲！每當被生活中大大小小的戲劇事件淹沒時，我們就會忘記：**「無論痛苦多麼劇烈、折磨多麼難受，所有壞事終究會結束。」**在我們把自己的情緒和行爲的控制權交給他人的那瞬間，這種遺忘就會發生，尤其在痛苦達到巔峰時。在地獄週，退出的人感覺自己就像在跑步機上跑步，難度調到最高，而且摸不到控制面板。然而，無論他們是否想通這個事實，那依然是讓他們上當的錯覺。

進入地獄週時，我知道是我把自己放在這裡、我想在這裡，而且我擁有贏得這場該死的比賽所需的一切工具，這讓我有熱忱堅持下去，並爲這場體驗負起責任。這種心態讓我全力以赴、違反常規，隨時隨地爲自己尋找優勢，直到結束的號角在週五下午響起。對我來說，這就是戰爭，敵人是我們的教官，他們已經公然告知想打垮我們，讓我們退出！把他們的行程表記在腦子裡，記住接下來會發生什麼事，這會讓我們覺得時間過得比較快，更重要的是還會爲我們帶來勝利。這會讓我們在地獄週期間，在那些混蛋折磨我們的時候，有一些寄託。

「喂，各位，我不是開玩笑的，」我說，「我們需要那份行程表！」

我可以看到肯尼・畢格比，第二三二班唯二的另一個黑人，在房間的另一頭揚起一眉。他在我第一次接受訓練時是我的同學，在進入地獄週之前受了傷，現在也回來重新受訓。「我靠，」他說，「大衛・哥金斯又回去扛原木了。」

肯尼露齒而笑，我捧腹大笑。醫生們試圖把我從我的第一次地獄週拉出來的時候，他就在教官辦公室裡旁聽。當時正在進行一場原木體能訓練，我們的船員一同把原木搬到海灘上，渾身濕透，沾滿鹽巴和沙子。我肩扛著一根原木奔跑，嘔出血來。帶血的鼻涕從鼻子和嘴裡流出來，教官們三不五時抓住我，要我在附近坐下，因爲他們認爲我隨時可能嗝屁。但每次他們一轉過身，我又回到了隊伍當中，繼續去扛原木。

那天晚上，肯尼一直在無線電上聽到同樣的制止之詞。「我們必須把哥金斯拉出來。」一個聲音說。

「收到，長官。我們立刻讓哥金斯坐下。」另一個嗓音劈啪作響。片刻後，肯尼會再次聽到無線電發出嗚叫：「我靠，哥金斯又回去扛原木了。重複，哥金斯又回去扛原木了！」

肯尼超喜歡說這個故事。他身高一百七十八公分，體重七十七公斤，體格比我小，而且不在我們的船隊裡，但我知道可以信任他。事實上，沒有任何人比他更能勝任。在第二三一班期間，肯尼被指派負責打掃教官辦公室，這意味著他可以自由進出。那天晚上，他小心翼翼地進入敵人的領土，從一疊文件中取出行程表，複印了一份，然後把正本放回原處，神不知鬼不覺。就這樣，在這輩子最重要的心理遊戲開始之前，我們就拿下了第一場勝利。

當然，「知道某事即將來臨」只是戰鬥的一小部分，畢竟折磨就是折磨，而在地獄週，克服它的唯一方法就是經歷它。透過一個眼神或幾個字，我確保我們的人在任何時候都付出最大的努力。當我們站在海灘上，把船舉過頭頂，或來回舉起又放下原木時，我們都是全力以赴；而在衝浪酷刑中，當我們涉水進入太平洋時，我會哼著電影《前進高棉》中最悲壯、最史詩般的曲子。

我總是在電影中找到激勵。《洛基》激勵我實現了參加海豹訓練的夢想，但《前進高棉》會幫助我和同僚船員在地獄週的黑暗夜晚找到鬥志，當教官嘲笑我們的痛苦，說我們有多廢，並一次又一次命令我們走進高到頭部的海浪時。〈弦樂柔板〉是《前進高棉》中我最喜歡的場景之一的配樂，在我們周圍籠罩著刺骨霧氣時，我大聲歌唱，像電影中的伊萊亞斯中士被越共槍殺時那樣張開雙臂。我們都在第一階段一起看過那部電影，我的滑稽舉動產生了雙重效果：激怒了教官，但也激勵了我的團隊。在痛苦和精神錯亂中尋找片刻歡笑，讓這整個超現實的體驗發生了翻天覆地的變化，讓我們對自己的情緒有了一些控制。我再重複一次：這完全是一場心理遊戲，我他媽的一點也不想輸。

收割對手的靈魂，翻轉遊戲

但這場遊戲中最重要的部分，是教官在船員之間安排的比賽。BUD／S中幾乎所有的項目都是比賽，讓我們扛著小艇或原木沿著海灘來回奔跑。我們有划槳比賽，甚至有該死的O形路線，扛著小艇或原木穿梭於障礙物之間。我們會在狹窄的橫梁上、旋轉的圓木上、繩索橋上保持平衡時扛著它們，或是把小艇或原木拋過高牆，扔在九公尺高的貨物網旁邊，然後要爬上該死的網子。獲勝的隊伍每次得到的獎勵幾乎都是休息，而失敗的隊伍得到的，則是肖郎皮特的額外折磨。他們被命令在濕沙上做幾組伏地挺身和仰臥起坐，然後做護堤衝刺，身體因疲憊而顫抖，感覺就像是失敗之後的失敗。肖郎也會讓他們知道這一點。他在尋找放棄者時，會當著他們的面大笑。

「你們太可悲了。」他說，「我希望你們他媽的退出，因爲如果允許你們上戰場，你們會害死大家！」

看著他斥責我的同學，給了我雙重感覺。我不介意他盡本分，但他是個惡霸，我向來討厭惡霸。自從我回到BUD／S，他就一直找我麻煩，我很早就決定要讓他知道他沒辦法影響我。在一陣陣衝浪酷刑之間，當大多數人站在一起蛋蛋貼屁股地取暖時，我站在一邊。其他人都在打顫，我卻抖都沒抖一下，我看得出來他對此有多不爽。

在地獄週期間唯一擁有的奢侈品，就是伙食，我們吃得像國王。想像一下：歐姆蛋、烤雞肉和馬鈴薯、牛排、熱湯、義大利肉醬麵、各式各樣的水果、巧克力布朗尼、汽水、咖啡……族繁不及備載。問題是，我們從受訓地點去食堂和回來的路上都得用跑的，來回各一．五公里，還得扛著那艘九十公斤重的小艇。離開食堂的時候，我總是趁教官不注意時，把一個花生醬三明治塞在沾滿沙子的潮濕口袋裡，然後在海灘上吃掉。某一天，吃過午餐後，肖郎決定讓我們跑超過一．五公里。在通過四分之一路程的標記時，看他加快步伐，我們就知道他根本沒打算直接帶我們回磨床。

「你們這些孩子最好給我跟上！」一名船員落後時，他大喊。我查看我的隊員。

「我們一定要跟上這個王八蛋！把他給氣死！」

「收到。」怪胎布朗說。他說到做到，而從星期天晚上開始，他就和我一起站在小艇的前部（最沉重的兩個點），且變得越來越強壯。

肖郎讓我們在柔軟的沙灘上跑了大概七公里。他也拚命想擺脫我們，但我們就像他的影子一樣形影不離。他改變節奏，上一秒還在衝刺，然後就蹲下來，兩腿張開，抓抓卵蛋，做了「大象走路」的伸展操，接著以慢跑的速度大步奔跑，然後又開始在海灘上進行另一場短距離衝刺。這時候，離我們最近的小艇在後面四百公尺外，但我們緊緊跟著他，甚至擦碰到他的腳後跟。我們模仿他的每一步，拒絕讓這個惡霸因爲我們的失敗而獲得任何滿足。他也許擺脫了其他小隊，但他沒擺脫掉二號船隊！

地獄週是魔鬼的歌劇，像漸強的曲子般持續增強，在週三的折磨中達到高潮，一直持續到週五下午結束爲止。到了週三，我們每個人都筋疲力盡、遍體鱗傷，整個身體就像一顆特大號樹莓，流著膿和血。我們在精神上成了殭屍。教官要我們做簡單的舉艇動作，每個人都拖拖拉拉，連我的同僚船員也差點舉不動那艘船。與此同時，肖郎、銀背猩以及其他教官也在密切觀察，一如既往地尋找弱點。

我當時眞的恨死那些教官。他們是我的敵人，我受夠了他們試圖鑽進我的大腦。我瞥了布朗一眼，這是他整個星期以來第一次顯得有些顫抖，所有船員都是。媽的，我也覺得難受極了，膝蓋腫得像葡萄柚那麼大，邁出的每一步都讓我的神經痛得要命，這就是爲什麼我一直在尋找能給自己加油打氣的東西。我鎖定了肖郎皮特，我受夠了這個王八蛋。教官們看起來泰然自若，我們走投無路，而他們有我們需要的東西：能量！是時候翻轉遊戲，在精神上戰勝他們了。

那天晚上當我們還在操練，而他們結束舒適的八小時輪班打卡回家時，我希望他們滿腦子想著二號船隊。他們和老婆睡覺時，我想糾纏著他們，想澈底占據他們的腦海，把他們嚇得甚至硬不起來。對我來說，這就跟拿刀子插進他們的老二一樣致命。所以我部署了一個過程，我現在稱之爲「收割靈魂」。

我轉向布朗，問道：「你知不知道我爲什麼叫你怪胎？」他看著我，那時我們正放下船，然後又把它舉到頭頂，就像用備用電池供電的生鏽機器人。「因爲你是我這輩子見過最強悍的男子漢之一！」他咧嘴笑。「你知不知道我要對那些王八蛋說什麼？」我用手肘指向聚在海灘上的九名教官，他們正在喝咖啡瞎扯淡。「我認爲，他們該把自己的老二剁下來幹自己的屁眼！」比爾點點頭，瞇眼看著我們的施虐者，而我轉向其他船員。「現在，我們把這艘破船高高拋起，讓他們看看咱們是誰！」

「眞他媽讚，」比爾說，「就這麼幹！」

幾秒內，我的整個團隊都恢復了活力。我們不再只是把船舉過頭頂然後用力放下，而是把它拋向半空中，在頭頂接住它，把它放低，觸碰地上的沙子，然後又把它拋到高處。效果立竿見影而且不容否認，我們的痛苦和疲憊消失了，每一次重複都讓我們變得更強壯更迅速，每一次把船拋上去，我們都高呼：

「**二號船隊，刀槍不入！**」

那就是我們對教官表達「操你媽」的方式，而當我們重振雄風時，得到了他們所有的關注。在世上最艱苦的訓練、最艱難的一週、最痛苦的一天，二號船隊以閃電般的速度前進，嘲笑著地獄週。教官臉上的表情說明了一切。他們目瞪口呆，彷彿正在目睹一種前所未見之事。有些人別過眼，似乎有些尷尬，只有銀背猩看起來很滿意。

了解形勢、了解自己、了解對手

地獄週的那個晚上之後，我已經無數次運用了「收割靈魂」的概念。收割靈魂就像一張門票，讓你找到自己的儲備力量並重振雄風。它是可以用來贏得任何比賽或克服每一個人生障礙的工具。你可以用它來贏得棋賽，或在辦公室的政治遊戲中戰勝對手。它可以幫助你在工作面試中脫穎而出，或在學校取得優異成績。沒錯，它也可以用來克服各種形式的體能挑戰，但請記住，這是你在自己內心裡玩的遊戲。除非是參加體育比賽，否則我並不是建議你試圖壓制某人或打垮他們的精神；事實上，對方根本不需要知道你在玩這個遊戲。這是一種策略，可以讓你在職責要求時做到最好，這是一場你對自己玩的心理遊戲。

收割某人的靈魂，意味著你獲得了戰術的優勢。人生的重點就是尋找戰術優勢，這就是爲什麼我們偷了地獄週的行程表，爲什麼要在那次賽跑中擦碰肖郎的腳後跟，以及爲什麼我在衝浪酷刑中誇張地哼著《前進高棉》的主題曲。這些事件都是在做出反抗行爲，藉此賦予我們自己力量。

但反抗不一定是收割某人靈魂的最佳方法，這完全取決於你所處的形勢。在BUD／S期間，如果你尋找這樣的優勢，教官不會介意，只要你表現得很好，他們會尊重你這麼做。但你必須做好功課，了解你所處的形勢、你何時何地可以突破界限，還有你什麼時候應該乖乖聽從指示。

接下來，在戰鬥前夕盤點自己的身心狀況，列出你的不安全感和弱點，以及對手的。例如，如果你被欺負了，而且你知道自己在哪方面能力不足或缺乏安全感，有個辦法可以化解欺負你的人可能對你進行的任何侮辱或抨擊：你可以和他們一起嘲笑自己，這會削弱他們的力量。**如果你不再把他們的所作所爲往心裡去，他們就不再持有任何王牌**。感受就只是感受。另一方面，對自己有安全感的人不會欺負別人，而是會照顧其他人。所以如果你被欺負，就知道是對方心裡有問題，而你可以安撫對方的這些問題。**有時候，擊敗霸凌者最好的方法其實是幫助他們**。如果你在心理棋盤上能提前他們兩、三步，就能控制他們的思考過程，而如果這麼做，你就在他們沒有意識到的情況下，收割了他們該死的靈魂。

我們那些海豹教官就是欺負我們的惡霸，但他們沒意識到我在那一週玩的遊戲，是爲了讓二號船隊保持鋒利，他們也不需要知道。我想像他們對我們在地獄週的功績感到心神不寧，但我不確定，這是我用來維持精神優勢並幫助我們的船員獲勝的策略。

同樣地，如果你爲了一個升官的機會而與某個對手競爭，而且知道自己在哪裡有不足之處，可以在面試或接受評估之前改善自己。在這種情況下，嘲笑自己的弱點並不能解決問題；相反地，你必須主宰它們。與此同時，如果你知道對手的弱點，可以將它們轉化爲你的優勢，但這些都需要做功課。再次強調：**了解所處的形勢，了解自己，也最好詳細地了解對手**。

一旦身處白熱化的戰鬥中，重點是「願意留在戰場上」。如果你面對的是一項艱鉅的體能挑戰，必須先打敗自己的心魔，然後才能收割對手的靈魂。這表示要爲回答「我爲什麼在這裡？」這個簡單的問題做答題排練。如果你知道那一刻即將到來，並準備好了你的答案，將有能力做出瞬間決定，以忽略你虛弱的精神層面，繼續前進。要知道你爲什麼在這場戰鬥中，得以留在戰鬥中！

而且永遠不要忘記，**所有情緒和身體上的痛苦都是有限的！**它們遲早都會結束。花至少一、兩秒鐘的時間對痛苦微笑，看著它消退。如果你能做到這一點，就可以把這些時間串聯在一起，撐得比對手認爲你能堅持的時間更久，這或許就足以讓你恢復精力，重振雄風。「重振雄風」這種事尙無科學共識，一些科學家認爲這是腦內啡充斥神經系統的結果，另一派則認爲這是氧氣的爆發，可以幫助分解乳酸，以及肌肉需要的肝醣和三酸甘油脂，有些人則說這完全是心理作用。我所知道的是，當我們在感到挫敗時付出更多努力，才能在地獄週最痛苦的夜晚獲得全新的力量。一旦有了新一波的雄風推動你，就很容易擊垮對手並收割其靈魂。困難的部分是如何達到那個境界，因爲**通往勝利的門票，往往歸結於你在感覺最糟糕的時候，發揮出最好的一面。**

向內心的野獸汲取力量

在舉船項目上做出精采的表現後，全班同學獲得了恩賜：在一座搭在海灘上的綠色軍用大帳篷裡睡一個小時，裡頭還配備了軍用床。這些床架雖然沒有床墊，但我們感覺就像躺在豪華的棉雲床上，因爲大家一躺下就全都癱了。

噢，但肖郎沒打算放過我。他讓我整整睡了一分鐘，然後弄醒我，帶我回到海灘上進行一對一的約會。他終於看到一個鑽進我腦海的機會。我一個人踉蹌地走向水邊時失去方向感，但寒冷讓我清醒了過來。我決定享受額外一小時的私人衝浪酷刑。水高到齊胸時，我又開始哼唱〈弦樂柔板〉，這次更大聲，大到那混蛋在海浪拍打聲中還是聽得到我的聲音。那首曲子給了我生命！

我來參加海豹訓練是爲了看看自己是否堅強得屬於這裡，結果在心裡發現了一頭前所未見的野獸。從那時起，每當生活出現問題時，我都會向這頭野獸汲取力量。離開那片海的時候，我以爲自己堅不可摧。

眞希望這是事實。

地獄週對每個人都造成了傷害，那天晚一點，離地獄週結束還有四十八小時的時候，我去醫務室檢查，在膝蓋上注射了托拉多（一種非類固醇消炎藥），以減輕腫脹。回到海灘上時，船員們已經出海進行划槳訓練，海浪拍打，狂風呼嘯。肖郎轉頭看著銀背猩：「我們該拿這個王八蛋怎麼辦？」

這是他第一次顯得猶豫，厭倦了試圖打敗我。我準備好要上場，準備好迎接任何挑戰，但肖郎不想再應付我，他準備給我一個溫泉假期。這時我知道我比他撐了更久，我收割了他的靈魂，但銀背猩有其他想法。他遞給我一件救生衣，並在我的帽子後面繫上了化學燈。

「跟著我。」他衝上海灘時說道。我追上，我們向北跑了整整一．五公里。那時候，在海霧和海浪中幾乎看不到船隻和搖擺的燈光。「好了，哥金斯，現在游泳出去，找到你那艘該死的船！」

他擊中了我最深的不安全感，刺穿了我的自信，我震驚無語。那時候，我的水性還可以，衝浪酷刑並沒有嚇到我，因爲我們離岸邊不遠；但在開闊的水域，在暴風雨中失溫地游離海岸將近一公里，去一艘根本不知道我正在接近他們的船上？這聽起來像是給我宣判了死刑，而我並沒有爲這種事做好準備。但有時意想不到的事情會像混亂一樣降臨，而在沒有任何警告的情況下，即使我們當中最勇敢的人，也必須準備好承擔似乎超出自身能力範圍的風險和任務。

對我來說，在那一刻，重點是我想如何被人記住。我原本可以拒絕命令，也不會惹上麻煩，因爲我當時沒有「游泳夥伴」（在海豹訓練中，你要游泳的時候必須和一個游泳夥伴一起），他很明顯地要我做一些非常不安全的事情。但我也知道，我參加海豹訓練的目標不僅僅是通過測驗、拿到三叉戟。對我來說，這是一個與群雄競爭，讓自己脫穎而出的機會。所以，即使我在洶湧海浪中看不見出海的船隻，也沒有時間浪費在恐懼上，我根本沒得選擇。

「你還在等什麼，哥金斯？給我游出去，而且別搞砸了！」

「收到！」我大叫著衝進海浪中。麻煩的是，綁著浮力背心，膝傷未癒，加上穿著靴子，我幾乎沒辦法游泳，也幾乎不可能在海浪中潛入水下。我不得不拚命游過白浪，而因爲我的頭腦正處理著太多變數，大海似乎比以往任何時候都更冷。我吞了好幾加侖的水，大海好像撬開了我的下巴，淹沒了五臟六腑，而每吞一口，恐懼就放大一分。

我當時不知道的是，在陸地上，銀背猩正爲了在最壞情況下進行營救做準備。我當時不知道的是，他以前從沒把其他人放在同樣的處境中。我當時不知道的是，他在我身上看到了一些特別的東西，而就像任何強大的領導者一樣，他想看看我能走多遠，但他當時緊張兮兮地看著我頭上的燈光在水面上律動。他是在最近的一次談話中才向我全盤托出，但在那時候，我只是試著活下去。

我終於渡過海浪，又游了八百公尺，才意識到有六艘船壓在我的頭上，因爲超過一公尺高的風浪而搖搖晃晃地進出我的視野。他們根本不知道我在那裡！我身上的燈光很微弱，在海中我什麼也看不見。我一直等著其中一艘從浪尖上衝下來，把我整個人碾成肉醬。我唯一能做的，就是像一隻嘶啞的海獅一樣在黑暗中狂吠。

「二號船隊！二號船隊！」

我的隊友竟然聽到了我的聲音，這眞是個小小的奇蹟。他們把小艇轉過來，怪胎布朗用他的大手抓住我，把我像珍貴的漁獲一樣拖了上去。我躺在船中央，閉上眼睛，整個星期以來第一次渾身發抖，我冷得沒辦法壓制顫意。

「媽的，哥金斯，」布朗說，「你一定瘋了！你還好嗎？」我點一下頭，控制住了自己。我是那艘船的隊長，不能讓自己示弱。我繃緊全身每一塊肌肉，顫抖也立刻減慢、停止。

「這就是前線領導該有的模樣。」我說，像一隻受傷的鳥一樣咳出鹽水。我沒法長時間板著臉，我的船員也做不到，他們清楚知道那場瘋狂的游泳不是我的主意。

隨著地獄週繼續進行，我們進入了「爆破坑」，就在科羅納多島著名的銀線海灘附近。爆破坑裡填滿了冰冷的泥漿，上面灌滿冰冷的水，有一座繩索橋——其實只是兩條分開的繩索，一條用腳踏，一條用手抓——橫跨於整個坑洞的兩端。每個人都必須一一渡橋，教官們則是拚命搖晃繩索，試圖讓我們摔下來。保持這種平衡需要巨大的核心肌力，但我們每個人都筋疲力盡，束手無策。況且，我的膝蓋狀況還是一團糟——事實上，傷勢變得更糟了，每十二小時就需要注射一次止痛針。但當我的名字被叫到時，我爬上了那條繩索，教官開始搞事時，我收緊核心肌群，使盡全力抓緊繩索。

九個月前，我的體重達到一百三十五公斤，甚至跑不了四百公尺。當時，在夢想著能擁有一種不同的生活時，以為只要度過地獄週，就會是我這輩子最大的榮譽；即使沒能從BUD／S畢業，光是熬過地獄週就意義非凡。但我不只熬過來而已，我即將以全班第一的成績完成地獄週，而且這是我第一次知道，自己是個硬漢。

以前因為專注於失敗而什麼都不敢嘗試，現在，我願意接受任何挑戰。我從小就怕水，尤其是冷水，但最後一刻站在那裡，我真希望大海、狂風和淤泥能再冷一些！我的身體完全改變了，這是能在BUD／S中取得成功的重要原因，但帶我通過地獄週的是心智，而我才剛剛開始汲取它的力量。

當教官們像一頭機械公牛似地盡最大努力想把我甩下繩索橋時，我就是這麼想著。我堅持不懈，在繩索上移動的距離不輸給第二三一班上的任何人，直到自然之力勝出，我旋轉著掉進了冰冷的泥漿。我擦去眼睛和嘴巴上的泥巴，當怪胎布朗扶我起來時，我瘋狂大笑。沒過多久，銀背猩就走到了坑邊。

「地獄週完成！」他對在淺灘裡瑟瑟發抖、還留下來的三十人喊道。我們每個人都遍體鱗傷，腫脹僵硬。「你們做得非常好！」

一些傢伙開心得尖叫，其他人則含淚跪地，感謝上帝。我也凝視著蒼穹，把怪胎布朗拉過來擁抱一下，並與我的隊員擊掌。其他船隊都有人被淘汰，但二號船隊沒有！我們沒失去任何人，而且贏得了每一場比賽！

登上返回磨床的軍用巴士時，我們還在慶祝。回到磨床後，每個人都得到一份大披薩、一瓶一千九百毫升的開特力運動飲料，還有我們肖想已久的棕色T恤。披薩美味得就像來自天堂的嗎哪（注：《聖經》故事中摩西及其子民在沙漠中得到的神賜食物），但T恤意義更為重大。剛來BUD/S的時候，每天都穿著白色T恤；一旦你熬過了地獄週，就可以換成棕色T恤。這象徵著我們提升到了更高的水準，而這輩子幾乎天天都嘗到失敗後，我確實覺得自己到了一個新的境界。

我試著像其他人一樣享受這一刻，但膝蓋已經兩天感覺不對勁，我決定去看軍醫。在離開磨床的路上，我看向右手邊，看到將近一百頂頭盔排成一排。它們是那些敲了鐘的人留下的，從蛙人雕像旁邊一直延伸到辦公室。我注意到其中幾頂頭盔上的名字——是我欣賞的幾個傢伙。我知道他們的感受，因爲在空降救援班畢業時，我並不在場。那段回憶掌控了我很多年，但在經歷了一百三十個小時的地獄後，它無法再定義我。

那天晚上，每個人都被要求去看軍醫，但我們的身體太過腫脹，很難分辨是受傷還是痠痛。我只知道右膝重創了三次，需要拐杖才能走動。怪胎布朗走出醫務室時，全身布滿瘀傷；肯尼走出來的時候幾乎毫髮無傷，也沒有跛腳，但全身痠痛。值得慶幸的是，下一次的進化訓練是「步行週」，我們有七天的時間吃喝、恢復，然後再次面臨考驗。時間雖然不多，但足以讓大多數成功留在第二三一班的瘋狂混蛋們康復。

至於我？當他們拿走我的拐杖時，腫脹的膝蓋根本沒有好轉，但我也沒時間自怨自艾。第一階段的樂趣還沒有結束，步行週之後是「打繩結」訓練，這聽起來好像沒什麼，但遠比預想的糟糕，因爲這個特殊訓練是在游泳池底部進行，同一批教官會盡最大努力淹死我這個瘸子。

彷彿魔鬼一直在觀看這整場秀，耐心地等中場休息結束，現在他最喜歡的壓軸大戲正要上場。在BUD／S捲土重來的前一天晚上，當我整晚輾轉反側時，我能聽到魔鬼的話語，在我緊張的大腦中迴盪。

他們說你喜歡受苦，哥金斯。他們說你自以爲是個硬漢。享受你在地獄的長期逗留吧！

挑戰4　以卓越扭轉局面

在你身處的環境中找到目標對手，超越他、讓他臣服

想想你現在所處的競爭環境。你的對手是誰？是老師或教練？還是老闆或一個麻煩的客戶？無論他們如何對待你，你都有一個方法不僅能贏得他們的尊重，還能扭轉局面，那就是「做出卓越的表現」。

這可能意味著在考試上獲得優異的成績、擬一份理想的提案，或突破銷售目標。不管是什麼，我希望你在學業成績或案子上比以往更努力。**完全照他們的要求去做，無論他們認為什麼標準才是理想的結果，你的目標都應該是超越它**。

如果教練在正式比賽的時候不讓你上場，那就在訓練時拿出優異的表現。拿自己跟隊上最強的成員做比較，然後好好展現你的能力。這意味著你必須在場外花時間提升自己，觀看影片來研究對手有哪些習慣、記住他們的動作、在健身房訓練。你必須讓教練注意到你。

如果是你的老師，那就開始交出高水準的作業吧。在作業上投入一些額外的時間，寫老師

根本沒要求的論文或報告給他看！提早進教室、多問問題、專心聽課，向老師展示你是誰、你想成為什麼樣的人。

如果你面對的是老闆，那就該花更多時間在工作上。比他提早進辦公室、在他下班後你再下班，確保他看到你的努力，並在交付成果時超越他最大的期望。

無論和誰打交道，你的目標都是讓他們看到你實現了他們自己永遠做不到的事。你要讓他們想著你有多神奇，利用他們的負面想法，用你所擁有的一切能力來交出亮眼成績。收割他們的靈魂！之後，發表到社群媒體上，打上標籤：「#canthurtme（#我刀槍不入）」「#takingsouls（#收割靈魂）」。

第五章

創造裝甲心智

第一次不再將自己視為受害者

「你的膝蓋看起來滿糟的，哥金斯。」

還用你說嗎，醫生大人？距離步行週只剩兩天，我來做後續檢查。醫生捲起我的迷彩褲，輕輕捏了右膝蓋骨，疼痛襲上心頭，但我不能表現出來，因爲我在扮演一個角色。我是傷痕累累，但還算健康的BUD／S學員，準備好戰鬥，所以我連眉頭都不能皺一下。我已經知道右膝完蛋了，只靠左腿再撐過五個月訓練的可能性很低，但如果再次重新接受訓練就意味著得再次忍受地獄週，這我實在吃不下去。

「腫脹並沒有消退多少。你現在感覺怎麼樣？」

這個醫生也在扮演一個角色。海豹候選人跟海軍特種作戰司令部大多數的醫務人員之間，達成了一種「不問不說」的協議。我不打算向醫生透露任何事情（這麼做只會讓他的工作更輕鬆），他也不打算採取謹慎的做法，扯斷我的夢想。他抽手，我的疼痛消失了。我咳了幾下，肺炎又一次在肺裡嘎嘎作響，直到我感覺到他的聽診器在皮膚上揭露的冰冷眞相。

自從地獄週結束以來，我一直在咳出棕色的黏塊。一開始的兩天，日夜躺在床上，把黏塊吐進一個開特力的瓶子裡，像收集五分錢硬幣一樣存起來。我幾乎無法呼吸，也無法動彈。我也許在地獄週表現得像個狠咖，但那件事已經過去了，我不得不面對魔鬼（和那些教官）也給我打下了烙印的事實。

「沒事的，醫生，」我說，「只是有點僵硬。」

我需要的是時間。我知道如何克服痛苦，身體也幾乎總是做出了良好表現。我一點也不想因為膝蓋在痛而放棄，膝蓋遲早會好。醫生開了減輕肺部阻塞和鼻塞的藥，並給了一些用於膝蓋的美林止痛藥。兩天之內，呼吸有所改善，但我的右腿還是無法彎曲。

這會是個問題。

在我以為BUD/S可能淘汰我的各種方式中，從來沒考慮過「打繩結」會是其中一個。話說回來，這裡可不是他媽的童子軍，而是在水池四．五公尺深的區域進行的水中打繩結訓練。雖然游泳池不再像以前那樣給我帶來致命的恐懼，但因為我的浮力是負的，我知道**任何**游泳池的訓練都可能讓我嗝屁，尤其是那些需要踩水的。

甚至在地獄週之前，我們就已經在游泳池裡接受了測試。我們必須對教官進行模擬救援，並在沒有蛙鞋的情況下，一口氣在水下游五十公尺。這趟游泳訓練是以大步入水開始，接著整個人翻一圈，以化解任何慣性。然後，我們不是蹬牆推動身子，而是沿著泳道游到這座二十五公尺長的游泳池盡頭，到達後我們被允許踢牆，循原路游回來。游完五十公尺時，我站起來大口喘氣，心臟狂跳，直到呼吸放慢，意識到自己其實已經通過了一系列複雜水下訓練的第一項。這些訓練的宗旨，是教我們如何在水下屏住呼吸時保持泰然自若。

打繩結訓練是該系列的下一個環節，重點不是我們打各種結的能力，也不是計算我們能閉氣多久。當然，這兩種技能在兩棲行動中都能派上用場，但這次演習主要是測試我們在不適合人類生活的環境中應對多種壓力的能力。我當時雖然健康狀況不算好，但還是滿懷信心地參加了訓練。當我開始踩水時，事情發生了變化。

訓練就是這樣開始的：八名學員在游泳池排成一排，像打蛋般移動手和腿。這在我雙腿健全時已經夠難了，現在因爲右膝沒辦法動，被迫只用左腿踩水。這使得難度和心跳飆升，進而消耗了體力。

每個學員在進行這項訓練時都有一名教官看著，肖郎皮特他特別要求盯著我。我很明顯地在掙扎，而肖郎和他受傷的自尊心渴求一點報復。我的右腿每轉一圈，疼痛的衝擊波就像煙火一樣炸開。即使肖郎盯著我，我也沒辦法隱藏痛楚。看到我面容扭曲，他笑得就像聖誕節早上拆禮物的孩子。

「打個方結！然後打個稱人結！」他喊道。我踩水累得喘不過氣，但肖郎才不管我死活。「動作快，媽的！」我大吸一口氣，彎下腰，踢水進入水底。

這次訓練總共有五種結要打，每個學員都被要求抓住一條二十公分長的繩子，在池底一次打一種結。我們被允許每打完一種結就能上去換氣一次，但也可以一口氣打幾種結，甚至所有的五種。教官會喊出我們要打什麼結，但步調取決於每個學員。他們不允許我們使用浮潛蛙鏡或一般蛙鏡，而在獲准浮出水面之前，教官必須先豎起大拇指以批准每個打好的結，如果他們不批准，我們就必須重新來過；而如果在獲得批准前就浮出水面，這就意味著失敗和打包回家。

回到水面後，任務之間也沒有休息或放鬆的時間。踩水是一秒都不能停的，這對獨腳人來說意味著心跳加速，血液中的氧氣不斷燃燒。翻成白話：潛水操他媽的非常不舒服，而且極有可能在水中昏厥。

我在打繩結時，肖郎透過臉上的浮潛蛙鏡瞪著我。大約三十秒後，他批准了我打的兩種結，我們浮出水面。他呼吸自如，我卻大口喘氣，像一條疲倦的濕狗。膝蓋痛得讓我覺得額頭冒出了汗珠，當你在沒有加熱的游泳池裡還能大汗淋漓，就知道你的狀況有多糟。我氣喘吁吁、體力不濟想退出，但退出這項訓練就表示得完全退出BUD／S，我絕不允許。

「哎呀！眞糟糕，你受傷了嗎？哥金斯。你的屄裡進了沙？」肖郎問，「我敢打賭，你絕對沒辦法一口氣打完剩下的三個結。」

他一臉冷笑，彷彿在挑釁我。我知道規矩，沒人規定我一定要接受他的挑戰，但這會讓肖郎樂不可支，我無法忍受。我點個頭，繼續踩水，推遲下潛，直到脈搏恢復平穩，能深吸一口滋養全身的空氣。肖郎哪可能讓我慢慢來？我每次張嘴，他就往我臉上潑水，刻意讓我更加緊張，這是教官在學員開始恐慌時使用的一種策略，讓我們根本沒辦法呼吸。

「現在就給我下去，否則就不合格！」

我沒時間了。在下潛之前試著吞下一些空氣，但只吃到一口肖郎潑來的水，所以我在潛入池底時肺裡根本沒有氧氣，幾乎是空的，這意味著在下潛時會很痛苦，但我在幾秒內就打好了第一個結。肖郎故意慢慢地檢查我的作品，我的心臟像高警訊的摩斯密碼一樣跳動，感覺到它在胸腔裡撲通地跳，彷彿試圖破胸而出，飛向自由。肖郎盯著繩線，翻轉過來，用眼睛和手指仔細觀察，然後慢動作豎起大拇指。我搖搖頭，解開繩子，打下一個結。他再次仔細檢查時，我的胸腔灼痛，橫膈膜收縮，試圖迫使空氣進入我空空如也的肺部。膝蓋的疼痛程度是十級，我開始眼冒金星。這多重壓力讓我像疊疊樂一樣搖搖欲墜，我覺得快昏過去了。如果眞的發生這種情況，我將被迫得依靠肖郎抓上岸，讓我醒來。眞的能相信這個人會這麼做嗎？他討厭我。如果他根本懶得救我？如果體力消耗殆盡，連人工呼吸都沒辦法喚醒我呢？

那些永遠不會消失、有毒的簡單疑問在我的腦子裡打轉。我爲什麼在這裡？我明明可以放棄，再次讓自己舒適，又何必在這裡受苦？爲什麼要爲了一個他媽的打繩結訓練冒著昏厥甚至死亡的風險？我知道如果屈服並衝出水面，我的海豹生涯將就此結束，但在那一刻我想不通我他媽的幹麼在乎。

我看著肖郎。他豎起雙手的大拇指，臉上掛著大大的竊笑，就像在看一場該死的喜劇表演。他對我受苦所表達的快感，讓我想起年少時期感受過的所有欺凌嘲諷，但與其扮演受害者，讓負面情緒耗盡我的體力，迫使我浮出水面，失敗退訓，一道新的光芒彷彿在腦海中閃耀，讓我能翻轉劇本。

時間停止了，因爲第一次意識到自己一直是從錯誤的角度看待一生，及所經歷的一切。沒錯，經歷過的所有虐待和被迫克服的負面心態都在挑戰著我，但在那一刻，我不再將自己視爲惡劣環境的受害者，而是將我的人生視爲最究極的訓練場。經歷的劣勢讓我的心智長出了強韌繭皮，讓我為與肖郎皮特在水池裡的那一刻做好了準備。

我記得在印第安納州那間健身房的第一天。當時我手掌的皮肉很軟，很快就被橫桿弄得破皮，因為雙手不習慣握住鋼材。但隨著時間經過，在重複舉重了數千次後，手掌長出了厚厚的繭皮來形成保護層。同樣的道理也適用於心態，除非你經歷過虐待和霸凌、失敗和失望之類的困境，否則你的心智將永遠柔軟脆弱。**人生經歷，尤其是負面的經歷，能幫助心智長出繭皮。但繭皮要沿什麼方向生長，這取決於你。**如果在成年後還選擇將自己視為環境的受害者，那塊繭皮就會變成怨恨，讓你不敢接觸陌生環境。它會讓你過於謹慎和不信任，而且可能對這個世界過度憤世嫉俗；它會讓你害怕改變，讓人們很難接觸你的心，但你的心智其實依然脆弱。我在年少時期就是那種人，但在我第二次經歷地獄週後，變成了一個全新的人。在那時候，我已經克服了太多可怕的狀況，並且保持開放的心態，準備好迎接更多挑戰。我保持心胸開放的能力，代表了願意為自己的人生奮戰，這讓我能承受痛苦的冰雹，並用它來讓我原本的受害者心態長出繭皮。我的受害者心態已經不見了，埋在層層汗水和硬肉底下，我的恐懼也開始長出繭皮。這種認知給了我在再次戰勝肖郎皮特時所需要的心理優勢。

為了讓他知道他再也沒辦法傷害我，我回以微笑，於是害怕自己瀕臨昏厥的恐懼感消失了。突然間，我充滿了活力。疼痛也消失了，覺得自己可以在水下待一整天。肖郎在我眼中看到了這一點，我悠哉地打完了最後一個結，從頭到尾瞪著他。他用手示意我動作快點，因為他自己的橫膈膜開始收縮了。我終於完成時，他快速地對我做出批准的動作，然後踢向水面，急切地想換氣。我則是慢慢來，也來到水面，看著他氣喘吁吁，我卻是出奇地放鬆。之前在空軍空降救援訓練期間，在那個緊要關頭，我屈服了；但這一次，我在水中贏得了一場大戰。這是一場重大勝利，但戰爭還沒有結束。

利用長繭的心智突破極限

通過繩結訓練後，我們有兩分鐘的時間爬到泳池平臺上，穿好衣服，然後回到教室。這兩分鐘對第一階段來說通常是充足的，但我們當中很多人（不僅僅是我）還沒從地獄週完全恢復過來，所以動作比不上平時那種閃電般的速度。除此之外，在度過了地獄週後，第二三一班就經歷了一些態度的調整。

地獄週的宗旨，是向你展示「人類的能力其實遠超出你原本所知」。它打開你的心智，看到人類潛能的眞正可能性，隨之而來的是你心態的改變。你不再害怕冷水或整天做伏地挺身，意識到無論他們對你做什麼，永遠無法打垮你，所以你不會急於達到他們隨意設下的期限。你知道如果沒達標，教官會教訓你，意思就是伏地挺身、沾水沾沙，任何增加疼痛和不適程度的事情，但對我們這些還沒被淘汰的粗人來說，我們的態度是：要殺要剮悉聽尊便！我們都不再害怕教官，做事也都慢慢來，而他們非常不爽這種態度。

我在BUD／S時看過很多懲罰，但那天遭受到的，將成爲歷史上最嚴厲的懲罰之一。我們做伏地挺身，直到再也撐不起身子，然後他們叫我們翻過來做踢腿。每踢一下對我來說都是折磨，我痛得不停地放下腿。我在示弱，而一旦示弱，教官就會緊咬不放！

肖郎和銀背猩輪流來修理我。我從伏地挺身到踢腿再到熊爬，直到**教官自己**也累了。每次彎曲膝蓋做熊爬時，我都能感覺到膝關節在移動、漂浮和卡住，這讓我痛得要死。因爲動作比平常慢，我知道自己被打垮了。那個簡單的問題又冒出來了：爲什麼？我想證明什麼？退出似乎是明智的選擇。「平庸」的舒適感聽起來像是甜蜜的解脫，直到肖郎在我耳邊尖叫。

「動作再快點，王八蛋！」

再一次，一種奇妙的感覺席捲我全身。這次我想著的不是超越他。我正處於我這輩子最痛苦的一刻，但幾分鐘前我在游泳池獲得的勝利又回來了。我終於向自己證明了我是一個像樣的水手，屬於海豹部隊。這對一個這輩子從沒上過游泳課、水中浮力係數爲負數的孩子來說，眞的很令人興奮。而我之所以能來到這裡，是因爲我投入了努力。游泳池曾經是我的剋星，儘管在角逐海豹資格時游泳能力已經比以前好得多，但水中訓練還是讓我壓力很大，所以我每星期至少有三次，會在一天的訓練結束後再去游泳池游泳。我翻過四．五公尺高的柵欄，就爲了在開放時間結束後偷溜進去。除了學業方面，BUD／S當中沒有什麼比游泳訓練更讓我害怕，但憑著投入時間和努力，我克服了這種恐懼，在壓力來臨時在水下做出更好的表現。

肖郎和銀背猩狠操我的時候，我想到「專注於任務的強韌心智」的神奇力量，這種想法變成了一種占據我身體的感覺，讓我繞著泳池爬的動作快得像熊一樣。我簡直不敢相信我在做什麼，劇痛消失了，那些在腦海中揮之不去的疑問也消失了。我的表現比以往更勇猛，突破了承受傷痛和疼痛的限制，並透過強韌心智達到了重振雄風的境界。

做完熊爬後，我又開始做踢腿，而且還是不痛！半小時後，我們離開游泳池時，銀背猩問我：「哥金斯，你是嗑了什麼藥，怎麼突然變成超人？」我只是微笑著離開了水池。我當時不想說什麼，因爲那時候，我還不明白現在所明白的。

就像利用對手的能量來獲得優勢，在激戰中依靠長滿繭皮的心智也能改變你的思考方式。記住經歷過什麼以及它如何強化了你的心態，就能擺脫負面的思想循環，幫助你繞過那些軟弱的、「我想放棄了」的瞬間衝動，如此一來就能克服障礙。當你像我那天在泳池那樣，利用一個長繭的心智來持續對抗痛苦，這能幫助你突破你的極限，因爲如果接受「痛苦是一個自然的過程」，並拒絕屈服和放棄，你就會啓動一套改變荷爾蒙流動的交感神經系統。

交感神經系統就是你的「戰或逃」反射。它就在表面之下冒泡，而當你像我小時候那樣迷茫、壓力過大或苦苦掙扎時，你心智中的這個部分就會負責掌管一切。我們都嘗過這種感覺，有些早晨你最不想做的事就是跑步，但跑了二十分鐘後，你會感到活力充沛，而這就是因爲交感神經系統。我發現，你能隨時汲取這種力量，只要知道如何管理自己的心智。

當你沉迷於消極的自言自語時，「交感神經系統的反應」這份禮物將遙不可及；相反地，如果你能管理那些伴隨著最大努力的痛苦時刻——方法是想起你經歷過什麼才走到這一刻——就更能堅持下來，並選擇戰鬥而不是逃跑，這將使你能夠使用伴隨著交感反應而來的腎上腺素，越戰越勇。

工作和學業上的障礙，也可以透過你的繭皮心智來克服。在那些情況下，克服一個特定的爆發點不太可能產生交感反應，但它會讓你有動力去克服對自身能力的任何懷疑。無論手上的任務是什麼，你總是有可能產生懷疑；每當你決定追逐某個夢想或設定某個目標，也很可能會想出「成功率爲什麼會很低」的所有原因，這可以歸咎於人類心智的演化線路。但你不需要讓懷疑踏進駕駛艙！你可以允許懷疑坐在後座，但如果把它放在駕駛座上，那注定失敗。只要記住以前也經歷過困難，但總是倖存下來再次戰鬥，就能改變你頭腦中的對話。這會讓你能控制並管理懷疑，專注於完成任務所需的每一步。

聽起來很簡單吧？但並不簡單。很少有人會試著去控制自己的想法和了解懷疑如何冒出來，絕大多數的人都是心智的奴隸。在「掌握思考過程」這方面，大多數人甚至連第一步都沒有踏出去，因爲這是一項永無止境的苦差事，不可能每次都做得對。一般人每小時會產生兩千至三千個想法，也就是每一分鐘就有三十到五十個想法！這些射門當中，有一些會鑽過守門員的防守，這是無可避免的，尤其當你的日子過得太平安順遂的時候。

「體能訓練」是學習如何管理思考過程的完美熔爐，因爲在鍛鍊時，你的注意力更可能單一集中，對壓力和疼痛的反應是即時並可衡量的。你是像嘴上說的那樣眞的有努力付出並取得個人最佳成績，還是放棄了？這個決定很少是因爲體能，而且幾乎是對「管理自己心智」的能力的考驗。如果鞭策自己克服每個障礙，並利用這種能量來保持強勁的步伐，就更可能打破自己的紀錄。誠然，這有時候比較容易做到，有時候沒辦法，而且時間、分數或紀錄本來就不重要，但**「在最想放棄的時候做出最大努力」**之所以重要，是因爲這可以幫助你讓心智長出繭皮。這就是爲什麼你必須在你最缺乏動力的時候，把工作做到最好；這就是爲什麼我喜歡BUD／S中的體能訓練，至今依然如此。體能挑戰強化了我的心智，讓我能爲人生任何挑戰做好準備，而它也會給你帶來同樣的幫助。

但無論你把它運用得有多好，繭皮心智可沒辦法治療骨折。在步行回到BUD／S基地的路上，勝利的感覺消失了，能感覺到我對自己造成的傷害。眼前還有二十週的訓練，還有幾十個進化，我卻連走路都有困難。雖然我想否認膝蓋的疼痛，但我知道自己完蛋了，所以還是跛著腳直接去看醫生。

看到我的膝蓋時，醫生一個字也沒說，只是搖搖頭，讓我去做X光，結果顯示膝蓋骨裂開。在BUD／S中，當預備役人員受了傷、需要很長時間才能痊癒時，他們會被送回家，而這就是我的遭遇。

我拄著拐杖回到營房，士氣低落，在收拾行李準備離開時，我看到一些在地獄週期間退出的人。第一次看到他們的頭盔在銅鐘下排成一排時，我爲他們感到難過，因爲我知道放棄的空虛感；但面對面地看到他們，讓我想起失敗是人生的一部分，而現在我們每個人都必須繼續前進。

我並沒有主動退出，所以我知道他們會邀請我回來，但我不知道這是否表示我得第三次經歷地獄週。我也不知道我在經歷兩次重新訓練後，還有沒有強烈的意願在未必能成功的情況下，通過另一場痛苦颶風。看看受傷紀錄，我怎麼可能知道？離開BUD／S基地時，我比以往有著更多自我意識，也更能控制自己的心智，但未來還是一樣充滿不確定。

放棄的代價是一輩子置身煉獄

飛機總是讓我產生幽閉恐懼症，所以我決定坐火車從聖地牙哥去芝加哥，這讓我有整整三天的時間想事情，但腦子裡一團亂。在火車上的第一天，我不知道自己是否還想成爲海豹部隊隊員。我已經克服了很多，擊敗了地獄週，意識到了繭皮心智的力量，並克服了對水的恐懼。也許我對自己已經了解得夠多了？我還需要證明什麼嗎？在火車上的第二天，我考慮了我能報名的所有其他工作。也許我應該往前走，去當個消防員？這是一份超帥的工作，也是能讓我成爲另一種英雄的機會。但在第三天，當火車進入芝加哥時，我溜進了跟電話亭差不多大的廁所裡，向問責鏡報到。**你眞的是這麼想的嗎？你確定你準備好放棄海豹之夢，成爲一名平民消防員？**我盯著自己看了五分鐘，然後搖搖頭。我不能撒謊，我不得不大聲告訴自己眞相。

「我很害怕。我害怕再次經歷那些痛苦，我害怕第一週的第一天。」

那時我已經離婚了，但前妻帕姆在火車站接我，開車送我回我媽在印第安納波利斯的住處。帕姆還住在巴西鎭，我在聖地牙哥的時候一直有跟她保持聯絡，而在火車站月臺上的人群中看到對方後，在舊習使然下，那晚我們一起躺在床上。

整個夏天，從五月到十一月，我都待在中西部，療傷並復健膝蓋。我仍然是預備役軍人，但還沒決定是否重返海豹訓練。我研究了海軍陸戰隊，也摸索了幾個消防隊的申請流程，但我終究是拿起電話，準備打給BUD／S基地，他們需要我最終的答案。

我坐在那裡，拿著電話，想著海豹訓練的苦難。媽的，每天光是往返食堂吃三餐就得一共跑將近十公里路，還不包括訓練性質的跑步。我想著那些游泳和划船，頭上頂著沉重的小艇和原木，整天在護堤的另一邊；我想起漫長的仰臥起坐、伏地挺身、踢腿和O形路線；我記得在沙子裡打滾，日日夜夜皮破血流的感覺。這些回憶是一種身心體驗，我感受到深入骨髓的寒冷。正常人會放棄，他們會說「媽的算了，跟我沒緣分」，拒絕再折磨自己一分鐘。

但我天生就不正常。

撥通電話時，負面情緒像憤怒的影子一樣升起，忍不住心想，我被放在這個地球上就是爲了受苦。爲什麼我的心魔、命運、上帝或撒旦就是不放過我？我厭倦了試著證明自己，厭倦了讓心智長出繭皮。在精神上，我已經被磨得筋疲力盡，但與此同時，被磨得筋疲力盡就是成爲男子漢的代價，而且我知道就算我放棄，那些感覺和想法並不會就此消失。放棄的代價，將是一輩子置身於煉獄，我會天天想著自己沒有奮戰到底。被擊倒並不可恥，可恥的是你往擂臺扔毛巾認輸，而如果我生來就是要受苦，那我還不如大口吞下這顆苦藥。

培訓官歡迎我回去，並確認了我將從第一週的第一天重新開始受訓。果不其然，我的棕色T恤必須換成白色的，而且他多了一則好消息跟我分享。「只是跟你說一聲，哥金斯，」他說，「這將是我們最後一次讓你接受BUD／S訓練。如果你受傷，事情就結束了，我們不會再讓你回來。」

「收到。」我說。

第二三五班將在短短四星期後集合。我的膝蓋還沒完全復原，但我最好做好準備，因爲最終的考驗即將開始。

掛斷電話的幾秒後，帕姆打來說她需要見我。時機剛剛好，我又要離開這座小鎮了，而且希望這次是永遠離開，我必須向她坦白。我們一直很享受彼此的陪伴，但這對我來說總是暫時的。我們結過一次婚，但依然是不同的人，有著完全不一樣的世界觀，這點並沒有改變。我的一些不安全感也顯然沒有改變，因爲它們讓我總是回到我熟悉的地方。何謂「瘋狂」？就是一遍又一遍地做同樣的事卻期待不同的結果。我們之間的關係永遠行不通，現在也該這麼說出來了。

她先說出她的消息。

「我那個沒來。」她邊說邊衝進門，手裡拿著一個棕色紙袋。「一直沒來。」她消失在浴室裡的時候，顯得既興奮又緊張。我躺在床上瞪著天花板，能聽到紙袋沙沙作響，有個包裝被撕開。幾分鐘後，她打開浴室的門，手裡拿著驗孕棒，臉上露出燦爛的笑容。「我就知道，」她咬著下唇，「聽著，大衛，我懷孕了！」

我慢慢站起來，她使盡全力擁抱我，她的興奮讓我心碎。事情不該是這樣發展，我沒準備好。我的身體依然破碎，我欠下三萬美元的卡債，而且還只是個預備役軍人。我沒有自己的住處，也沒有車。我不穩定，而這讓我很沒有安全感。況且，我根本不愛這個女人——當我凝視著她身後那面問責鏡時，這就是我對自己說的話。那面永不說謊的鏡子。

我移開視線。

帕姆說要回家告訴父母這個消息。我送她到門口，然後倒在沙發上。在科羅納多，我覺得自己已經接受了該死的過去並從中找到了一些力量，但在這裡又再一次被吸進水底。現在不僅僅是關於個人和成爲海豹的夢想，還有一個家庭要考慮，這讓賭注變得更大了。如果這次又失敗，不只意味著我在情緒和經濟上歸零，也會把我的新家庭帶到那樣的境地。

媽媽回到家時，我把一切都告訴了她。當我們談話時，大壩決堤了，我的恐懼、悲傷和掙扎從身上傾瀉而出，我雙手抱頭啜泣。

「媽，從我出生到現在，我的人生就是一場惡夢，一個越來越糟的夢魘。」我說，「我越是努力，我的人生就變得越難。」

「這我沒辦法否認，大衛。」媽媽知道地獄的滋味，也不想哄我，她從來都不想哄我。

「但我也很了解你，知道你會找到辦法度過難關。」

「我必須這麼做，」我邊說邊擦淚，「我別無選擇。」

她讓我一個人獨處。我整晚坐在沙發上，覺得自己被剝奪了一切，但我還在呼吸，這意味著必須找到繼續前進的方法，必須把懷疑給劃分開來，找到力量相信我的命運絕不只是當個疲憊不堪的海豹退訓學員。通過地獄週後，我覺得自己變得堅不可摧，但不到一星期我就歸零了。我的等級其實根本沒有提升。我依然什麼屁也不是，而如果想修復那破碎的人生，我就必須變得更強大！

在那個沙發上，我找到了一個方法。

那時候，我已經學會如何對自己負責，知道可以在激戰中收割一個人的靈魂。我克服了許多障礙，並意識到每一次經歷都使心智長出層層繭皮，讓我能接受任何挑戰。那一切讓我以爲自己已經處理了昔日的心魔，但其實並沒有。我只是無視了它們。對父親虐待我的記憶、對所有那些叫我「黑鬼」的人的記憶，並沒有因爲獲得了幾次勝利而煙消雲散。那些時刻深深植根於潛意識之中，我的根基因此出現裂痕。在人類身上，人格就是你的根基，當你在一個糟糕的根基上建立了一堆成功，但也堆積了更多的失敗，你的「自我」的結構就不會健全。想培養出一顆「裝甲心智」——一種強韌又堅硬到刀槍不入的境界的心態——你需要找到所有恐懼和不安全感的根源。

我們大多數人都把失敗和邪惡的祕密掃進地毯底下，但遇到問題時，地毯會被揭開，黑暗再次出現，淹沒我們的靈魂，並影響那些會決定我們性格的決策。我的恐懼從來不僅僅是關於水，對第二三五班的焦慮也不是因爲第一階段的痛苦，它們從伴隨了我一生的感染傷口中滲出，否認它們就等於否認我自己。我是自己最大的敵人！想追殺我的不是這個世界，不是上帝，也不是魔鬼，而是我自己！

我在拒絕我的過去，因此也在拒絕我自己。我的根基、人格是由「自我拒絕」定義而成，我所有的恐懼，都來自我身爲「大衛．哥金斯」所懷抱的那種根深柢固的不安。即使已經達到了「不再在乎別人怎麼看我」的境界，我仍然很難接受自己。

任何身心健全的人，都可以想出他們人生中原本可以有不同走向的二十件事。他們可能在那些事情上沒有得到公平競爭的機會，或是選了阻力最小的道路。如果你是少數幾個承認這一點的人之一，而且想撫平那些傷口、強化人格，那麼只能回顧過去，與自己和解，方法是面對這些事件和所有的負面影響，接受它們是你人格中的弱點。**只有認清並接受自己的弱點，才會停止逃避過去。之後，這些事件可以更有效地當成燃料，讓你變得更好，變得更強大。**

那晚，在我媽的沙發上，當月亮在夜空中畫出弧線時，我面對著自己的心魔。我面對自己，不能再逃避我爸，必須接受他是我的一部分，他說謊、欺騙的人格對我的影響比我願意承認的更大。那晚之前，我都跟別人說老爸已經死了，而不是說出我真實的身世；即使在海豹訓練營裡，我也撒了這個謊，我知道爲什麼。當你被打倒的時候，不會想承認你被打得滿地找牙，因爲這麼做不會讓你覺得很有男子氣概，所以最簡單的方法就是忘記它，繼續過日子，假裝它從未發生過。

但我不能再這樣自欺欺人。

想繼續前進，「重新梳理人生」對我來說變得非常重要，因爲當你用細齒梳整理你的經歷並查看問題從何而來時，會在忍受痛苦和虐待中找到力量。透過「接受特倫尼斯．哥金斯是我的一部分」，就能自由地把我的身世當成燃料。我意識到，每一次差點要了我命的虐童事件都讓我變得格外堅強，像武士刀一樣鋒利。

沒錯，上天給了我一手爛牌，但那天晚上我開始把它想像成「揹著二十公斤重的背包跑一百五十公里」。即使其他參賽者的體重都只有六十公斤而且肩無重擔，我還能參加那場比賽嗎？一旦擺脫那些累贅，我能跑多快？我當時根本還沒想過超級馬拉松，但對我來說，人生就是賽跑，越是盤點，就越意識到自己爲即將到來的爛事做好了充分準備。人生把我投入火中，又把我拉出來，不斷地錘擊我，而跳回BUD／S的大鍋裡，在一年裡第三次感受地獄週，將讓我在「痛苦」這個科系獲得博士學位。我即將成爲有史以來最鋒利的劍！

接受冰冷的真相

我帶著使命感來到第二三五班，在第一階段大部分的時間裡很少說話。第一天，班上有一百五十六人。我仍然在前面帶隊，但這次的目標不是帶領任何人度過地獄週。膝蓋依然痠痛，我必須爲了通過BUD／S而使盡渾身解數。所有賭注都押在接下來的六個月，我也清楚知道熬過去會有多困難。

舉個例子：夏恩·多布斯。

多布斯在佛羅里達州的傑克遜維爾長大。他克服了一些和我一樣的心魔，來到班上時心裡有根刺。我立刻看出他是菁英，天生的運動員，幾乎每次跑步都處於領先位置，跑過幾次後就以八分三十秒的驚人速度完成了O形路線。他也知道自己是個狠咖，但正如道家所說的，知者不言，而言者什麼屁都不懂。

在地獄週開始的前一天晚上，他對第二三五班的人大肆批評。磨床上已經擺了五十五頂頭盔，他確信自己最終會成爲少數幾個畢業生之一。他說知道誰會挺過地獄週，還講了他知道誰會退出的一大堆幹話。

他完全不知道自己犯了一個典型的錯誤：把自己和班上的其他人做比較。他在進化訓練中擊敗他們，或在體能訓練中超越他們時，爲此非常自豪，這增強了他的自信和表現。在BUD／S中，這類行爲很常見也很自然，這都是被海豹部隊吸引的大男人主義者競爭天性的一部分，但他沒意識到的是，在地獄週期間你需要一支牢固的船隊才能生存，這表示得依靠同僚而不是打敗他們。他大言不慚的時候，我注意到了：他不知道等待著他的是什麼，也不知道睡眠不足和寒冷會把他修理得多慘，但他很快就會知道。在地獄週一開始的幾個鐘頭，他表現得不錯，但在進化訓練和計時跑中驅動他擊敗同學的動力，在海灘上也同樣出現。

多布斯身高約一百六十二公分，體重八十五公斤，結實得就像消防栓，但由於身高較矮，所以被分配進一支教官們戲稱爲「藍色小精靈」、由小個子組成的船隊。事實上，肖郎皮特甚至要他們在小艇的前端畫了「精靈老爹」的圖案，就爲了嘲弄他們。我們的教官就是這種風格，他們會想盡方法打垮你，而這招在多布斯身上奏效了。他不喜歡跟他認爲比自己更矮更弱的人在一起，並把這種情緒發洩在隊友身上。第二天，他在我們眼前碾壓自己的同僚，占據了小艇或原木前端的位置，並以驚人的速度奔跑。他沒有和他的船員商量、保留一些體力，而是全力以赴。我最近聯絡了他，他說他清楚記得那些，彷彿只是上星期的事。

「我當時對自己的船員磨刀霍霍，」他說，「我故意讓他們難堪，彷彿如果迫使他們退訓，那就成了我頭盔上的擊殺標記。」

到了週一早上，他在這方面有了成效。兩個隊員退出了，這意味著四個小個子必須靠自己扛小艇和原木。他承認自己在那個海灘上與心魔爭鬥，他的根基有裂痕。

「我是一個愛磨斧頭，但缺乏安全感而且自卑的人。」他說，「而我的自負、傲慢和不安全感，讓我的人生變得更艱難。」

翻成白話：他的心智，以他從未經歷過的方式崩潰了。

週一下午，我們去海灣游泳，他從水裡出來時受了傷，很明顯地幾乎沒辦法走路，而且心智已瀕臨崩潰邊緣。跟他對視了一眼，我看得出來他也在問自己那些簡單的問題，但找不到答案。他看起來很像我在空降救援訓練時的樣子，試著尋找出路。從那時起，多布斯就成了整個海灘上表現最差的人之一，而這給他造成了重大打擊。

「那些被我歸類爲連蠕蟲都不如的人，都表現得遠比我優秀。」他說。

很快地，他的船員只剩下兩個人，所以他被調去另一支船隊，那些人的身高比較高，把小艇舉到頭部高度時，他甚至搆不到船。對自己的體型和過去所有的不安全感，朝他全面襲來。

「我開始覺得自己不屬於那裡。」他說，「我在基因上處於劣勢，感覺就像原本有超能力，但現在已經失去。我身處內心一個從沒去過的地方，而且沒有路線圖。」

想想他當時的境況。這個人在BUD／S的前幾週表現出色，出身貧寒，是一名非凡的運動員。他在一路上有太多可以依靠的過往經驗，心智早已長出了厚厚的繭皮，但因爲他的根基有裂痕，在面對重大挑戰時，失去了對心智的控制，成了自我懷疑的奴隸。

週一晚上，多布斯向醫生報告說他的腳有問題。他確信自己遭受了應力性骨折，但他脫下靴子時，腳並沒有想像中那樣腫脹或青一塊紫一塊，而是看起來非常健康。我會知道這件事，是因爲我當時也在體檢，就坐在他旁邊。看到他茫然的眼神，我就知道不可避免的事情即將發生。那是一個人在交出靈魂後的表情——我在退出空降救援訓練時，也有同樣的眼神。讓我能和夏恩·多布斯產生一輩子交情的原因是：在他放棄之前，我就知道他會放棄。

醫生開了美林止痛藥，讓他回去繼續受苦。記得當時看著夏恩繫好靴子，好奇他最終會在什麼時候崩潰。就在這時，銀背猩開著卡車出現，停下車，喊道：「這將是你們這輩子最寒冷的夜晚！」

我和我的船員一起扛著小艇前往惡名昭彰的「鋼鐵碼頭」時，瞥向身後，看到夏恩坐在銀背猩溫暖卡車的後座。他投降了，幾分鐘後，他會敲三下鐘，然後放下頭盔。

在多布斯看來，這只是地獄週其中一個惡夢。當時下了一天一夜的雨，這表示你永遠沒辦法暖和起來，永遠渾身濕透。此外，某個負責人想出一個絕妙的主意：學員不該像國王一樣在食堂吃飽喝足，相反地，我們幾乎每一頓都只能吃冰涼的野戰口糧。他們認爲這能給我們更大的考驗，讓我們更像置身於眞實世界的戰場。這也意味著完全沒有休息，而缺乏足夠的卡路里，任何人都很難找到體力來熬過痛苦和疲憊，更別說保暖。

沒錯，這很痛苦，但我他媽的愛死這種日子。看到一個男子漢被摧毀靈魂卻又重新站起來，克服路上的每一個障礙，這種野蠻之美讓我精神抖擻。在第三次度過地獄週的時候，我知道人體可以承受到什麼程度，知道我能承受什麼，而這給了我活力。與此同時，我的雙腿感覺不對勁，從第一天起右膝就一直傳來劇痛。到目前爲止，疼痛是我至少還能再忍受幾天的事情，但是「我受傷了」這個念頭，是我必須從腦海中驅逐出去的。我走進了一個黑暗的地方，那裡只有我、痛苦和折磨。我沒有專注在同學或教官身上，而是完全變成了穴居人。爲了度過這該死的難關，我願意死。

不是只有我這麼想。週三深夜，距離地獄週結束還有三十六小時的時候，悲劇襲擊了第二三五班。我們在泳池裡進行了一種稱爲「毛毛蟲游泳」的進化訓練：每個學員都仰面游泳，雙腿固定在他人的上半身，彼此之間形成鏈條，必須默契十足地用手划水才能游泳。

我們在游泳池集合。當時只剩下二十六個人，其中一個名叫約翰·斯科普。斯科普先生身高一百八十八公分，體重一百公斤，體型健美，但他從訓練一開始就生了病，整個星期都在進出醫務室。我們二十五人立正站在游泳池的平臺上，各個渾身腫脹、擦傷、流血，而他坐在池邊的樓梯上，在寒冷中發抖。他看起來像是凍僵了，但一股熱浪從他的皮膚上滾滾而來，他的身體就像一個全速運轉的散熱器，我在三公尺外都能感覺到。

我第一次經歷地獄週時雙肺發炎，知道會有哪些症狀和感覺。他的肺泡，或者說氣囊，充滿了液體，而他無法清除液體，所以幾乎無法呼吸，這加劇了他的症狀。肺炎如果持續惡化，就可能變成肺水腫，有可能致命，而他離那種狀況已經不遠。

果然，在毛毛蟲游泳的過程中，他雙腿一軟，像灌了鉛的洋娃娃一樣迅速墜入池底。兩名教官立即跳進去救他，現場一片混亂。他們命令我們離開水池，沿著柵欄排成一排，背對游泳池，這時醫務人員正在努力搶救斯科普先生。我們聽到了整個過程，知道他的生還機率正在持續下滑。五分鐘後，他還是沒有呼吸，教官命令我們回更衣室。斯科普先生被送去醫院，我們奉命跑回教室。當時我們還不知道，但地獄週已經結束了。幾分鐘後，銀背猩走進來，冰冷地宣布了消息。

「斯科普先生死了。」他打量了一下房間。對我們這些將近一星期沒睡覺也沒休息、處於刀刃上的人來說，他這番話就像給了我們每個人一記重拳。銀背猩根本不在乎。「這就是你們所處的世界。他不是第一個，也不會是最後一個在你們這種工作上死去的人。」他看著斯科普先生的室友說：「摩爾先生，別偷他的東西。」然後就離開了房間，彷彿這只是另一個糟透的一天。

我感到悲傷、反胃和解脫。斯科普先生的死讓我悲傷又難受，但我們都爲熬過了地獄週而鬆了一口氣，而且銀背猩處理此事的方式很簡單，沒說廢話。我記得當時心想：「如果每個海豹部隊隊員都像他一樣，那麼這絕對是適合我的世界。」這眞的是所謂的五味雜陳。

其實，大多數平民不明白的是，你需要一定程度的冷酷無情，才能完成我們日後要去執行的任務。想在一個殘酷的世界活下去，必須接受冷血的眞相。我並不是說這樣很好，不一定爲此感到自豪，但特種部隊就是一個冷酷無情的世界，需要冷酷無情的心智。

一個人能承受多少痛苦？

地獄週提前三十六小時結束了。磨床上沒有披薩或棕色T恤儀式，但在原本的一百五十六人當中，有二十人成功了。我再一次成了少數人當中的一員，再一次全身腫得像「品食樂」的吉祥物「麵團人」，拄著拐杖，還要進行接下來二十一週的訓練。我的右膝髕骨雖然完好，但兩條小腿骨都有細小裂痕。更慘的還在後面。因爲被迫提前結束地獄週，教官們很火大，所以只讓步行週維持了四十八小時。從所有標準來看，我畢業的機會再一次顯得渺茫，我完蛋了。移動腳踝時，小腿隨之牽動，我會感到灼痛，這是一個非常大的問題，因爲在BUD／S的訓練中，一星期通常需要跑將近一百公里——想像一下用兩條布滿裂痕的小腿骨做這件事。

第二三五班的大多數人都住在科羅納多的海軍特種作戰司令部基地，我則住在大約三十公里外的一間月租七百美元、有黴菌問題的套房型公寓，與懷孕的妻子和繼女住在一起。在她懷孕後，帕姆和我再婚，我買了一輛新的本田休旅車（這讓我欠下大約六萬美元的債務）。我們三人開車從印第安納遷往聖地牙哥，重新開始家庭生活。我剛剛才在一個日曆年內第二次完成地獄週，她準備在我畢業前後生下我們的孩子，但我的腦袋和靈魂都沒有感到快樂。怎麼可能有？我們住在一間幾乎負擔不起的破公寓裡，而且我的身體再次崩潰了。如果熬不過來，我就會連房租都付不起，得從頭開始，另謀出路。我不能也不允許讓這種事發生。

第一階段的訓練回歸地獄模式的前一晚，我剃了光頭，凝視著自己的鏡中倒影。近兩年來，我一直承受著極度的痛苦，現在又回來繼續自討苦吃。我成功了幾次，卻在失敗中被活埋。那天晚上，唯一讓我能繼續前進的，是知道所經歷的一切都讓我的心智長出了繭皮。問題是，繭皮有多厚？一個人能承受多少痛苦？我有用斷腿跑步的能耐嗎？

隔天早上，我三點半就醒了，開車去基地，一瘸一拐地走到我們存放裝備的籠子前，癱坐在長椅上，把背包丟在腳邊。這裡內外都黑得像地獄，而且只有我一個人，翻找潛水包時，能聽到遠處滾動的海浪。壓在潛水裝備下面的，是兩卷膠帶。抓住它們時，我只能難以置信地搖頭微笑，因爲知道我的計畫是多麼瘋狂。

我小心翼翼地在右腳套上一隻厚厚的黑色筒襪。脛骨一摸就痛，甚至踝關節輕輕動一下就會傳來劇痛。接著，將膠帶繞在腳後跟上，向上繞過腳踝，再回到腳後跟，最後向下移動到腳掌，再向上移動到小腿，直到整條小腿和腳都被緊緊裹住。這還只是第一層，接著我穿上另一隻黑色筒襪，用同樣的方法綁住腳和腳踝。完成的時候，腳上已經套了兩層襪子和兩層膠帶，而一旦繫好靴子，腳踝和脛骨就受到了保護和固定。我心滿意足地抬起左腳，如法炮製，一個小時後，兩條小腿感覺就像陷入了軟石膏中。走路還是會痛，但腳踝活動時所感受到的痛苦已經可以忍受了，至少我這麼認爲。等我們開始跑步，我就會知道答案。

那天第一次的跑步訓練，就是我的烈火試驗，我盡可能用髖屈肌來跑步。一般跑步時，是讓腳和小腿帶動節奏，但我必須顛倒過來。我需要集中所有注意力來隔離每一個動作，並從髖部以下的位置產生動作和力量。在最初的三十分鐘裡，我感受到這輩子前所未有的劇痛。膠帶劃破了皮膚，踩踏地面所造成的衝擊波，讓骨裂小腿疼痛難忍。

而這只是即將持續痛苦五個月中的第一次跑步。我眞的能日復一日地撐下去嗎？我想過放棄。如果失敗就是我的未來，而且我必須澈底重新考慮我的人生，那這樣撐下去的意義何在？爲什麼要拖延不可避免之事？我腦袋有問題？每一個想法都歸結到同一個古老的簡單問題上：爲什麼？

「保證失敗的唯一方法就是立刻退出，王八蛋！」我對自己說。在壓垮心智和靈魂的痛苦喧囂中，我默默地尖叫。「承受痛苦，否則這將不僅僅是你的失敗，也是你家人的失敗！」

我想像「如果眞的熬了過來」會有什麼感覺，如果我能忍受完成這個任務所必須經歷的痛苦。這讓我又多撐了八百公尺，直到更多痛苦像颶風一樣在我體內席捲。

「健康的人都很難撐過BUD／S，而你正用一雙斷腿承受！還有誰像你這麼瘋狂？」我問。「還有誰敢用一條斷腿跑一分鐘，更別提兩條斷腿？只有哥金斯做得到！你已經跑了二十分鐘，哥金斯！你是他媽的機器！從現在跑到最後一刻的每一步，只會讓你變得更強悍！」

最後這句話像密碼一樣破解了謎題。我的繭皮心智是前進的門票，在跑了四十分鐘時，發生了一件不可思議的事：疼痛開始消退，膠帶鬆弛了，所以沒有咬進皮肉，而且肌肉和骨頭恢復了一些溫暖，能承受一些衝擊。疼痛在這一整天中來來去去，但變得更容易控制；就算疼痛確實出現，我也告訴自己，這證明了我多麼堅強，我正在變得更爲堅強。

日復一日，同樣的儀式不斷上演。我早早抵達訓練營，用膠帶纏住腳，忍受三十分鐘的極度疼痛，說服自己撐下去，然後活了下來。這可不是那套「假裝你很厲害，直到你眞的變得很厲害」的狗屁。對我來說，每天都參加訓練，願意讓自己經歷這樣的痛苦，這點本身就不可思議。教官也因此獎勵了我，他們提議把我的手腳綁起來，扔進游泳池裡，看我能不能游四圈。不，他們不是「提議」，而是「堅持」。這是他們喜歡稱之爲「防溺技術」進化訓練的一部分——我比較喜歡把它稱作「受控制的溺水」！

雙手雙腳被反綁，我們唯一能做的就是海豚踢，而不像班上一些經驗豐富的游泳運動員——他們看起來就像游泳健將麥可·費爾普斯的孿生兄弟——我的海豚踢就像是一個靜止的搖搖木馬，根本提供不了多少推力。我不斷窒息，掙扎著想靠近水面，把頭伸到水面上呼吸，卻只是沉下去，再用力踢水，徒勞地試圖尋找動力，我有事先爲此練習過。有幾個星期，我都去游泳池游泳，甚至嘗試穿潛水短褲，看看能否藏在制服底下，提供一些浮力。但潛水短褲讓我看起來像是在緊貼卵蛋的水下爆破隊短褲下穿著尿布，而且沒有任何幫助。不過，這些練習確實讓我對溺水的感覺感到自在，讓我能忍受並通過那個測試。

我們在第二階段（又名潛水階段）進行了另一次殘酷的水下進化。這項訓練也涉及到踩水，聽起來總是很簡單，但爲了這次訓練，我們揹上了兩支灌滿氧氣的八十升氧氣瓶和一條七公斤的配重帶。我們有穿上蛙鞋，但用蛙鞋踢水增加了腳踝和小腿的疼痛指數和壓力，而因爲要入水，我沒辦法用膠帶固定住腳，只能忍受疼痛。

之後，我們必須仰面游五十公尺，而且不能沉下去；然後翻身，趴著游五十公尺，一樣不能下沉，儘管全身都是沉重裝備！我們不被允許使用任何漂浮裝置，而保持頭部向上造成頸部、肩部、髖部和下背部的劇烈疼痛。

那天從游泳池裡傳出的聲音讓我永生難忘。我們絕望地試圖保持漂浮和呼吸，因此發出了夾雜恐懼、沮喪和體力勞動的混合聲響。我們發出咕嚕聲、吆喝聲、呼吸困難聲，還聽到帶有喉音的掙扎聲和尖銳的嘯叫聲。幾個人沉到池底，解下身上的配重帶，掙脫氧氣瓶，任憑瓶子撞到池底，然後匆促游到水面上。

只有一個人在第一次嘗試時通過了那次進化。每一項進化訓練，我們只有三次機會，我也用光了所有三次機會才通過那次考驗。在最後一次的嘗試中，我專注於做出平緩流暢的剪刀式踢腳，再次使用那過度勞累的髖屈肌，勉強通過了測驗。

進入第三階段，來到聖克利門蒂島的陸戰訓練基地時，我的雙腿已經痊癒了。我知道可以順利畢業，但不因爲這是最後一回合，就表示會很容易。在位於銀線海灘的BUD／S主要基地裡，你會看到很多旁觀者投以好奇的目光。各階級的軍官都會停下來觀看訓練，這意味著有人會在教官的身後窺視。在島上，則只有你和他們，他們可以肆無忌憚地修理你，而且毫不留情。這就是爲什麼我愛死這座島！

一天下午，我們分成兩人或三人組成的小隊，建造幾個與植被融爲一體的藏身點。當時已經接近結訓日，每個人都擁有完美體格，而且無所畏懼。我們對建造藏身點的細節變得草率，教官們很火大，於是把每個人都叫到山谷裡，來一頓經典的狠操。

這包括伏地挺身、仰臥起坐、踢腿和「八拍健身操」（一種高難度的波比跳）。但首先要我們跪下來徒手挖洞，洞要大到能把我們自己埋到脖子以上，而且在洞裡躺到教官滿意爲止。我嘻皮笑臉地挖洞時，一名教官想出一種創意十足的新辦法來折磨我。

「哥金斯，站起來。你太喜歡挖洞。」我笑著繼續挖，但他很認眞。「我叫你起來，哥金斯，你太樂在其中了。」

我站起來，走到一邊，看著我的同學在接下來的三十分鐘繼續受苦。從那時起，教官就不再把我納入他們的狠操之中。全班被要求做伏地挺身、仰臥起坐或沾水沾沙時，他們總是把我排除在外。我爲自己終於打破BUD/S全體教官的意志而感到自豪，但我也懷念那些酷刑，因爲我認爲它們是讓我的心智長出繭皮的機會。但現在，我不再能參與其中。

考慮到磨床是許多海豹訓練的中心舞臺，因此畢業典禮在這裡舉行也有其道理。學員的家屬特地搭機趕來參加。父親和兄弟挺起胸膛，母親、妻子和女友打扮得美豔動人。第二三五班的畢業生穿著白色禮服，聚集在一面飄揚在海風中的巨大美國國旗下面時，那塊柏油地上沒有疼痛和痛苦，而是充滿了微笑。我們右邊是惡名昭彰的銅鐘，有一百三十名同學敲了那座鐘，退出了可說是最具挑戰性的軍事訓練。典禮上宣讀了我們每個人的名字，承認我們的努力。叫到我的名字時，我媽眼裡充滿了喜悅的淚水，但奇怪的是，除了悲傷之外，我沒有任何感覺。

我和我媽在BUD/S的畢業典禮上。

在磨床上，以及後來在「McP酒吧」（海豹部隊在科羅納多市中心最喜歡的酒吧），隊友與各自的家人合影時，臉上洋溢著自豪的笑容。在酒吧裡，音樂大聲播放，每個人都喝醉了，大吵大鬧，就像剛贏得了什麼大獎。老實說，這讓我很惱火，因爲我很遺憾看到BUD／S結束。

在最初決定成爲海豹時，我在尋找一個要麼徹底摧毀我，要麼讓我變得堅不可摧的競技場。BUD／S提供了這個競技場。它向我展示了人類心智的能耐，以及如何駕馭它來承受前所未有的痛苦，讓我能學會實現我從未想過可能實現的事情，例如用斷腿奔跑。畢業後，我要繼續尋找不可能的任務，因爲雖然成爲海豹部隊歷史上第三十六位非洲裔美國人BUD／S畢業生確實是一項成就，但我要克服萬難的旅程才剛剛開始！

挑戰 5 觀想

先在腦海中將成功的目標具體化，以此感覺推進自己

是時候「觀想」了！我之前說過，一般人每小時會產生兩千至三千個想法，與其專注於你無法改變的爛事，不如試著在腦海中看到你可以改變的事情。選擇你在路上碰到的任何一個障礙，或設定一個新目標，並在腦海中看到你克服它或實現它。在從事任何具有挑戰性的活動之前，我會先在腦海中看到自己成功的模樣、有什麼感覺。我每天都會想著那個畫面，而在訓練、比賽或承擔任何我選擇的任務時，這種感覺會推動我前進。

然而，觀想並不僅僅是想著某種獎盃儀式的白日夢——無論是真實或隱喻的獎盃。你也必須想像可能出現的挑戰，並判斷你在它們出現時要如何解決這些問題。如此一來，就能在旅途中盡可能做好準備。現在當我參加賽跑時，我會先開車把整個賽道走一遍，在腦海中看到自己獲得成功，也看到潛在的挑戰，這有助於我控制自己的思考過程。**你不可能為一切做好準備，但如果你提前進行戰略性觀想，就能盡可能做好準備。**

這也意味著準備好回答那些簡單的問題。你為什麼要這麼做？是什麼促使你想取得這一成就？你用作燃料的那些黑暗面從何而來？是哪些事情讓你的心智長出繭皮？當你撞上痛苦和懷疑之牆時，需要確保這些答案就在手邊。想撐過難關，你必須引導你的黑暗面，從中汲取力量，並依靠你的繭皮心智。

別忘了，觀想永遠無法代替「努力」，你不能把謊言具象化。我用來回答簡單問題並贏得心理遊戲的所有策略之所以有效，是因為我投入了努力。這不僅僅是「意志力戰勝萬難」。每一天都把痛苦安排在你的日子裡，這需要堅持不懈的自律，但如果這麼做，你會發現在痛苦的另一端等待著你的是另一種人生。

這個挑戰不一定是身體上的，勝利也並不總是意味著獲得了第一名，它也可能表示你終於克服了某種終生的恐懼或過去讓你投降的任何其他障礙。不管是什麼，請告訴這個世界你的故事，描述你如何創造你的「#armoredmind（#裝甲心智）」，以及它帶你去了哪裡。

第六章

品味過去的微小勝利

零準備就上陣的超馬菜鳥

這場比賽的狀況比我想像好得多。叢雲密布，擋住了太陽散發的熱量，停靠在聖地牙哥碼頭的帆船隨著緩緩流動的潮水晃動，我的步伐也一樣平穩。儘管雙腿感覺沉重，但想到前一天晚上我仍持續在鍛鍊，這也在預料之中。況且，當我只花了一個小時左右，就完成了這場二十四小時比賽的第九圈，也就是第九哩（注：一哩約等於一．六公里），雙腿肌肉似乎沒那麼緊繃了。

就在這時，我看到聖地牙哥的競賽主管約翰．梅茲在起跑線盯著我。他舉著白板，告訴每個參賽者他們在整場比賽中跑了多久、現在第幾名。我排在第五名，這顯然讓他感到疑惑。我對他簡短地點個頭，向他保證我知道自己在做什麼，現在第五名是理所應當的。

他看穿了我的演技。

梅茲是個老兵，總是彬彬有禮，說話溫和，好像沒有多少事能讓他感到慌亂。而他也是個經驗豐富的超級馬拉松運動員，曾七次完成一百哩的賽事或拿到冠軍（注：超級馬拉松固定距離的賽事常見的有五十公里、一百公里、五十哩、一百哩，本書在馬拉松相關部分的描述，會視狀況保留臺灣讀者較不熟悉的英制單位「哩」），並且在五十歲的時候達到了個人最好的成績：在二十四小時內跑完一百四十四哩！這就是爲什麼他對我擔憂的眼神，讓我很在意。

我查看手表，它和戴在胸口的心率監測器同步，螢幕顯示我的心率正處於最佳狀態：

「145」。幾天前，在海軍特種作戰司令部基地遇到了BUD／S的老教官——銀背猩。大多數的海豹隊員會在輪休時輪流擔任教官，我曾和銀背猩一起工作。當我跟他提到「聖地牙哥一日賽」時，他堅持要我戴上心率監測器來調整自己的步調。一提到體能的表現和恢復之類的事情，銀背猩就成了科技阿宅，我看著他寫下一些公式，轉頭對我說：「把脈搏跳動維持在一百四十到一百四十五之間，你就會處於黃金狀態。」第二天，他給了我一個心率監測器作爲比賽禮物。

如果你想畫出一條賽道，把海豹隊員像核桃一樣碾開，嚼碎後再吐出來，那麼聖地牙哥的「好客點」完全不符合資格，因爲這裡地形太過簡單，簡直到了祥和的程度。聖地牙哥美麗的碼頭散落於使命灣，這裡一年四季都是遊客。這條路幾乎完全是光滑的瀝青路面，非常平坦，除了一條大約兩公尺長的短斜坡，斜度就像一般的郊區住家車道。路邊是修剪過的草坪、棕櫚樹和遮蔭樹。好客點非常吸引人，下午經常能看到身障人士和正在進行復健的人推著助行器在那裡散步，但在約翰．梅茲用粉筆畫出了一條「輕鬆的」一哩路線後，這條路就成了毀滅我的地方。

早該知道我的崩潰即將來臨。我在二〇〇五年十一月十二日上午十點開始跑步時，已經半年沒跑超過一哩，但看起來很健壯，因爲我一直都有去健身房。那年早些時候，我以海豹部隊第五分隊隊員的身分駐紮伊拉克時，重新開始了嚴格的舉重訓練，而唯一的有氧運動就是每星期在橢圓機上練二十分鐘。重點是，我的心血管健康狀況絕對是個笑話，我卻還以爲嘗試在二十四小時內跑完一百哩是個絕妙的主意。

好吧，這確實是個糟糕的想法，但我認爲可行，因爲在二十四小時內跑完一百哩，每哩只需要不到十五分鐘。如果是這樣，我用走的也能走那麼快。問題是，我沒有用走的。比賽開始的號角響起時，我拔腿狂奔，衝到了隊伍的前面。如果你參賽的目標就是輸得慘兮兮，那你就該學我這麼做。

況且，我在賽前也不算有好好休息。比賽的前一天晚上，我在下班離開基地的路上，經過海豹部隊第五分隊的健身房，像往常一樣瞄了一眼，只是想看看誰在裡面訓練。銀背猩正在裡頭熱身，喊了我一聲。

「哥金斯，」他說，「咱們他媽的舉重去！」我發笑，而他瞪著我。「其實呢，哥金斯，」他走向我，「維京海盜在準備襲擊一個村莊之前，在他媽的樹林裡紮營，在他們用他媽的鹿皮和糞便製成的該死的帳篷裡，坐在篝火旁，你認爲他們會說，嘿，我們喝點該死的花草茶然後早點睡，還是比較可能會說，去他媽的，咱們要喝些蘑菇做成的伏特加，喝得爛醉如泥，這樣隔天早上他們宿醉頭痛、怒氣沖沖的時候，就更處於適合殺人的心情？」

只要他願意，銀背猩隨時可以變成一個很搞笑的王八蛋，他看得出我有所動搖，正在做選擇。一方面，這個人永遠是我的教官，是少數幾個仍然強悍，依然自我鍛鍊，依然每天實踐海豹精神的教官之一，我總是想讓他對我刮目相看，而在第一次參加一百哩賽事的前一天晚上舉重，絕對會給這個受虐狂留下深刻印象。此外，他那番話讓我覺得還眞他媽有點道理。我需要讓自己的腦子做好投入戰爭的準備，舉重就是我的開戰宣言：「放馬過來，我準備好迎接所有的痛苦和慘烈！」但老實說，誰他媽的會在跑一百哩之前做這種事？

我難以置信地搖搖頭，把包扔到地上，開始舉重。隨著揚聲器發出的重金屬音樂響起，兩個大老粗湊在一起狂操肌肉。我們這次鍛鍊集中在腿部，包括多組深蹲和一百四十三公斤的硬舉；讓腿休息的期間，我們臥推了一百零二公斤。這是一次真正的舉重訓練，之後我們並排坐在長椅上，看著自己的股四頭肌和腿筋顫抖。這原本眞他媽有趣……直到變得不好笑。

在那之後，超級馬拉松至少在某種程度上成了主流，但在二〇〇五年，大多數的超馬比賽（尤其是聖地牙哥一日賽）對我來說相當晦澀難懂，都是新鮮事。一般人想到超馬時，會想到穿越偏遠荒野的越野賽而不是賽道賽，不過在聖地牙哥一日賽中，有一些認眞的跑者。

這是全美二十四小時錦標賽，來自全國各地的運動員都希望能贏得一座獎盃、登上領獎臺，以及獲得小小的兩千美元「贏家全拿」的現金獎勵。不，這不是一場依靠企業贊助的鍍金賽事，而是美國超馬國家隊和日本隊之間團體競爭的場地。雙方派出四男四女，各跑二十四小時。該領域最頂尖的個人運動員之一稻垣女士也來自日本，比賽一開始和我並駕齊驅。

那天早上，銀背猩帶著老婆和兩歲的兒子來爲我加油。他們和我的新婚妻子凱特擠在一旁——我在幾個月前和凱特結了婚，那是在我與帕姆第二次離婚的兩年多後。他們看到我的時候，忍不住笑得彎下腰，不僅僅因爲銀背猩還沒從前一天晚上的鍛鍊中恢復過來，我卻在這裡試圖跑一百哩，也因爲我看起來跟這裡十分格格不入。前不久，我和銀背猩說起這件事的時

我和稻垣女士在聖地牙哥一日賽。

候，他想起那一幕還是忍不住發笑。

「所以超馬運動員有點怪，對吧？」銀背猩說，「那天早上，在那麼多看起來像大學教授、每天吃穀麥的瘦竹竿當中，有一個看起來像美式足球後衛的大隻黑人在賽道上奔跑，打著赤膊，渾身肌肉賁張。我當時想起我們在幼稚園唱的那首歌……『其中有一個東西跟其他的不一樣』——看到一個美式足球後衛和一大堆瘦小的書呆子一起跑步，這就是我腦海中浮現的歌。別誤會，那些跑者是很堅強的狠角色，我不會否認這一點，但他們對營養之類的狗屁都非常嚴苛，你卻只是穿上一雙鞋就直接說咱們出發吧！」

他說得沒錯。我根本沒怎麼考慮我的比賽計畫。比賽前一天晚上，我去了沃爾瑪，買了一把摺疊椅，比賽當天可以讓我和凱特坐在上面休息。我還買了比賽那天需要補充的能量：一盒麗茲餅乾和八瓶蛋白質飲料。我沒喝多少水，甚至沒有考慮電解質或鉀水平是否處於平衡，也沒吃新鮮水果。銀背猩出現的時候，給我帶了一包巧克力甜甜圈，我在幾秒內就把它們全吃光了。說真的，我那天完全是即興發揮，不過在第十五哩的時候，我還是排在第五位，和稻垣女士保持同步，梅茲則是變得越來越緊張。他跑向我，跟在我旁邊。

「你應該慢下來，大衛，」他說，「調整好你的步伐。」

我聳肩。「放心啦。」

沒錯，我在那一刻確實感覺還行，但我的虛張聲勢在某種程度上也是一種辯解機制。我知道如果從那一刻開始規畫比賽步調，將是一項浩大的工程，大得讓我難以理解，就好像要我跑到天涯海角，感覺不可能做到。在我看來，「策略」就是那一刻的敵人，而我需要專注在當下。翻成白話：在超馬這件事上，我是菜鳥中的菜鳥。

梅茲沒追問，但一直密切關注著我。

比賽進入第四小時的時候，我跑了二十五哩，依然排在第五名，和新認識的日本朋友步調一致。銀背猩早就回去了，我的啦啦隊只剩下凱特。我每跑過一哩都會看到她，她坐在那張摺疊椅上，給我喝一口蛋白質飲料，微笑著鼓勵我。

我以前只跑過一次馬拉松，那時駐紮在關島。那是一場非正式的比賽，我和另一名海豹隊員一起跑在臨時畫出來的賽道上，但我當時的心血管狀態很好。現在，我正朝著二十六點二哩的標記前進，這是我這輩子第二次跑這麼長的距離，而且這次還沒事先訓練。當我到達那裡時，意識到自己已經跑出了我熟悉的範圍。時間還剩下二十個小時，我差不多**還有三場馬拉松要跑**，這對我來說是無法理解的測量單位，沒有傳統的里程碑可供參考，我眞的正在跑向天涯海角。就是在這時候，開始覺得我的結局可能會很慘。

梅茲一直試著幫我。我每跑一哩，他都會跑過來詢問狀況如何，而在個性使然下，我告訴他一切都在掌控之中、我早就弄清楚了一切。這是眞的。我弄清楚的是，約翰．梅茲那些警告都是事實。

沒錯，疼痛越來越眞實。我的股四頭肌在顫動，腳擦傷流血，而那個簡單的問題又一次從我的大腦前額葉冒了出來：「爲什麼？爲什麼不事先訓練就跑一百哩？我爲什麼要這樣對自己？」問得好，尤其是參加聖地牙哥一日賽的三天前，我根本沒聽說過這個比賽。但這一次，我的答案不一樣。我在這裡，並不是爲了對付心魔，也不是爲了證明什麼。我來此的目的，比大衛．哥金斯要大得多——這場戰鬥是爲了以前和未來在我身旁倒下的戰友，以及他們在遭遇不幸後留下的家人。

至少在跑到第二十七哩的時候，我是這樣告訴自己的。

海豹部隊史上最嚴重的行動失敗

六月，我在亞利桑那州尤馬市的美國陸軍自由落體學校上課的最後一天，聽到了「紅翼行動」的消息，那是在阿富汗偏遠山區一次注定失敗的軍事行動。在一個名為薩瓦塔羅的地區，一個親塔利班的武裝勢力正在不斷壯大，而紅翼行動是一項四人偵查任務，負責蒐集該勢力的情報，如果行動成功，蒐集到的情報將有助於在未來幾週內為更大規模的進攻制訂戰略。參加行動的四個人我都認識。

丹尼·迪茲和我一起參加過BUD／S的第二三一班，跟我一樣在受傷後再次受訓入伍。麥可·墨菲是那次任務的負責人，之前和我一起參加過第二三五班。馬修·阿克塞爾森曾參加我在畢業時的「呼呀班」（注：Hooyah Class，海豹部隊畢業時的傳統儀式），馬克斯·盧崔則是我在剛參加BUD／S訓練時認識的。

訓練開始前，每一個即將參加BUD／S訓練的班級都會舉辦一場派對，而且一定會邀請正在接受BUD／S訓練的同學。這麼做是為了盡可能從棕衣人身上榨取情報，因為你永遠不知道什麼技巧能幫你度過一場至關重要的進化測驗，而這可能會決定你能畢業還是失敗。馬克斯身高一百九十三公分，體重一百零二公斤，和我一樣在人群中很顯眼。我也是個大塊頭，那時九十五公斤，他主動來找我攀談。在某些方面，我們是一對怪異的組合：他是來自德州牧場的鐵斧硬漢，我則是來自印第安納州玉米田的自虐狂。他聽說我是跑步好手，而他自己不擅長跑步。

「哥金斯，你有什麼撇步能教我嗎？」他問道，「因為我跑步實在遜斃了。」

我知道馬克斯是個硬漢，但他的謙虛讓他很容易跟人親近。幾天後他畢業了，我們在他指揮的呼呀班上，意思就是我們是他們被允許指揮的第一批人。秉持著海豹部隊的傳統，他們命令我們去沾水沾沙。這是海豹部隊的成人禮，我很榮幸和他共度了這一刻。從那以後，我有很長的時間沒見過他。

我從第二三五班畢業時，以爲又遇到了他，但我遇到的是他的孿生哥哥摩根．盧崔，他和馬修．阿克塞爾森是我呼呀班第二三七班的同學。我們原本是可以來一次因果報應，修理這群學員，但我們在畢業後，並沒有命令他們班去沾水沾沙，而是自己穿著白色軍禮服泡在海浪中！

這跟我有點關係。

成爲海豹後，你要麼上戰場執行任務，指導其他海豹隊員，要麼在學校裡學習或提高你的技能。軍事學校的所有項目我們都要學習，所以相較於一般士兵，我們進軍事學校的次數會更多。但在我接受BUD／S訓練期間，我們並沒有學習自由落體，而是接受降落傘會自動展開的「引張帶跳傘」訓練。在那時候，你得被選中才能進入美國陸軍自由落體學校。在我被分派的第二個排結束後，我被選入了「綠隊」，這是進入海軍特種作戰開發群的訓練階段之一，是海豹部隊中的一個精銳部隊，而我必須獲得自由落體的資格才能加入，這同時也要求我必須盡可能與懼高症直球對決。

二〇〇五年，我們在北卡羅來納州布雷格堡的教室和風洞開始訓練，也就是在那裡，我與摩根再次見面。在一個四．五公尺高的風洞中，我們飄浮在壓縮空氣形成的氣床上，學習如何保持正確的身體姿勢，如何左右移動和前進後退。只要手掌稍微動一下，你的全身就會移動，因此很容易旋轉失控，這可不是好事。不是每個人都能掌握這些微妙的技巧，而成功者在訓練一週後就會離開布雷格堡，前往尤馬市仙人掌地區的一個小機場，開始實地跳傘。

在攝氏五十三度的沙漠炎炎夏日，整整四個星期，我和摩根一起訓練、相處。以極限速度從高空墜向地面，腎上腺素和恐懼會狂飆，但在C130運輸機上從三千八百公尺到五千八百公尺的高度跳了幾十次之後，這種感覺就不再那麼強烈了。每次跳傘時，我都會忍不住想起史考特．吉倫，那名空降救援兵在高空跳傘失敗後倖存下來，我在還是高中生時遇到他，受到啓發而走了這條路。對我來說，他是那片沙漠中永恆的存在，也是一個警示故事，他證明了任何一次跳傘都可能出現嚴重的差錯。

第一次從高空跳出飛機時，感受到的只有極度的恐懼，眼睛無法從高度計上移開。我沒辦法喜歡上跳傘，因爲恐懼堵塞了思路，滿腦子只想著我的傘體會不會打開，也因此，我錯過了自由落體的驚險刺激、地平線上的美麗群山，以及開闊的天空。但隨著漸漸習慣跳傘的風險，對這種恐懼的容忍度也隨之增加。風險一直都在，但我已經習慣了這種不適，不久後還能在跳傘中處理多項任務，而我也享受這個時刻。七年前，我在快餐廚房和敞開的垃圾箱裡消滅害蟲，現在我他媽的在天上飛！

在尤馬市的最後一項任務，是全副武裝進行午夜跳傘。我們揹著二十二公斤重的背包，身上綁著一枝步槍，戴著用於自由落體的氧氣面罩。然後也配備了化學燈，這是必需的，因爲當

C130的後艙門打開時，周圍一片漆黑。

我們什麼都看不到，但還是跳進了那片無月的天空，八個人排成一排，一個接一個。我們原本應該形成一枝箭頭，而在穿過現實世界的風洞，在上帝的宏偉設計中占據一席之地時，我能看到的只有閃爍的燈光，在墨池般的天空中宛如彗星。天風襲捲時，我的護目鏡起了霧。我們墜落了整整一分鐘，當在大約一千兩百公尺的高度打開降落傘時，原本的刺耳風聲從龍捲風般的聲響變成了詭異的寂靜，周圍靜得能聽到自己胸腔裡的心跳聲。這種感覺眞他媽的幸福，而當安全著陸時，我們獲得了自由落體的資格！然而我們不知道的是，同一時間在阿富汗的山區，馬克斯和他的團隊陷入了一場生死攸關的全面戰鬥，後來成了海豹歷史上最嚴重的事件。

尤馬市的優點之一，就是手機訊號很差。我不太喜歡傳簡訊或打電話，所以這給了我四星期的平靜。當你從任何一所軍校畢業時，做的最後一件事是清理班級使用過的所有區域，必須乾淨到好像你們從沒去過那裡。我的清潔小隊負責打掃浴室，而這裡湊巧是整個尤馬市少數幾個收得到手機訊號的地方之一，我一走進去就聽到手機爆發連串聲響。關於紅翼行動失敗的簡訊如潮水般襲來，我讀的時候難過得靈魂都碎了。摩根當時還沒聽到任何相關消息，所以我走到外面找到他、告訴了他，我必須這麼做。馬克斯和他的團隊全數失蹤，並被推定陣亡。摩根點個頭，思索了一下，然後說：「我弟沒死。」

摩根比馬克斯早七分鐘出生。他們從小形影不離，第一次分開超過一天，是在馬克斯加入海軍的時候。摩根選擇上大學，之後才入伍，而在馬克斯度過地獄週期間，摩根自己也試著一直不睡覺，以在精神上表示支持。他想要也需要分享那種感覺，但地獄週是沒辦法被模擬的，你必須經歷過才能知道，而那些倖存下來的人被永遠改變了。事實上，在馬克斯度過地獄週之後、摩根自己也成爲海豹之前的那段時間裡，是兩兄弟之間唯一存有情感距離的時期，這說明了那一百三十個小時的力量，以及帶來的情緒壓力。而在摩根眞正經歷這一切後，兩人的關係又恢復正常了。他們倆的背上分別刺了半幅三叉戟紋身，只有當他們並排站在一起，紋身才變得完整。

摩根立即出發前往聖地牙哥，想弄清楚到底發生了什麼事。他還是沒聽到任何關於這次行動的一手消息，但回到文明世界、進入基地臺範圍後，他的手機也被大量消息淹沒。他將租來的汽車開到時速一百九十公里，直接衝向科羅納多的基地。

摩根和他弟弟所處小隊中的所有人都很熟，阿克塞爾森是他在ＢＵＤ／Ｓ的同學。而隨著越來越多消息傳來，大多數人都清楚知道摩根的弟弟不會被發現還活著。我也以爲他死了，但你也知道雙胞胎彼此間的神祕羈絆。

「我當時知道我弟還在世上，還活著。」二〇一八年四月，我們再次聯繫時，摩根這樣告訴我。「我那時候一直都這麼說。」

我打電話給摩根，談到過去的時光，詢問他在這輩子最難受的那個星期有何感想。他從聖地牙哥飛到他們家族位於德州亨茨維爾的牧場，在那裡每天兩次收到最新消息。摩根說，數十名海豹戰友上門表示支持，而在那漫長的五天裡，他和家人每晚哭著入睡。對他們來說，知道馬克斯可能還活著，而且孤身一人在敵對地區，是一種折磨。當五角大廈的官員出現時，摩根明確對他們表示：「馬克斯可能受了傷，情況一團糟，但他還活著。要麼你們去找到他，要麼我自己去！」

紅翼行動出了嚴重差錯，是因爲活躍在那些山區的親塔利班聖戰士遠比預期的多，而一旦馬克斯和他的團隊被當地村民發現，他們就是四個人對抗一支裝備精良的民兵，人數在三十人到兩百人左右（關於那支親塔利班部隊規模的報告各不相同）。我們那四個夥伴承受了火箭推進榴彈和機槍的火力，奮力戰鬥。光是四個海豹戰士就能上演一場精采表演，我們每一個人的戰力相當於五名正規軍，他們四人也確實讓敵人感覺到他們的存在。

戰鬥是在海拔兩千七百公尺以上的山脊線進行，在那裡，他們的通訊出了問題。當他們最終突破敵方包圍，向特種作戰司令部的指揮官說明情況時，一支由海豹部隊、海軍陸戰隊和美國陸軍第一六〇特種作戰航空團組成的快速反應部隊集結了，不過因爲缺乏交通工具，延遲了數小時。海豹部隊的一個特點，就是我們沒有自己的交通工具。在阿富汗，我們搭的是美國陸軍的便車，而這延誤了救援。

那支隊伍最終坐進了兩架契努克運輸直升機和四架攻擊直升機（兩架黑鷹和兩架阿帕契），飛往薩瓦塔羅。兩架契努克帶頭，在逼近山脊時，遭到小型武器攻擊。儘管受到猛攻，第一架契努克還是在盤旋，試圖在山頂卸下八名海豹隊員，但他們成了龐大的目標，逗留太久，結果被一枚火箭推進榴彈擊中。那架直升機旋轉失控，撞到山上爆炸了，機上人員全數遇難。剩下的直升機逃離現場，而當他們帶著地面部隊返回時，發現留在現場的每個人，包括馬克斯在紅翼行動中的三名隊友，都已死亡，只有馬克斯還活著。

馬克斯身中數槍，失蹤了五天，被照顧和庇護他的阿富汗村民救下，後來在二〇〇五年七月三日被美軍發現。他成了那次任務唯一的倖存者，該任務奪走了十九名特種戰士的生命，其中包括十一名海豹。

你應該聽過這個故事。馬克斯據此寫了一本暢銷書《孤獨的倖存者》，該書後來改拍成由馬克．華伯格主演的賣座電影《紅翼行動》。

為留下來的人而戰

在海豹部隊遭遇有史以來最嚴重的戰損之後，我在尋找一種方法來爲遇難者的家人做出貢獻。因爲發生這樣的悲劇後，家庭開銷的帳單可沒有因此停止送上門。遇難者留下的妻小需要滿足基本需求，之後孩子也會需要大學學費，我想盡己所能提供幫助。

在這事件發生的幾星期前，我花了一個晚上在網路搜索世界上最艱難的跑步比賽，最終找到了一場名爲「惡水超級馬拉松」的賽事。我以前從沒聽過超級馬拉松，而惡水是超馬運動員的超馬。它的起點是位於海平面以下的加州死亡谷，終點則是惠特尼山登山口，一個位於海拔兩千五百五十二公尺高的步道起點。還有，比賽是在七月下旬舉行，那時的死亡谷可不只是全美海拔最低的地方，也是最熱的地方。

看到那場比賽的影像出現在電腦螢幕上，我既害怕又興奮。地形看起來非常惡劣，跑者臉上痛苦的表情讓我想起在地獄週看到的畫面。在那之前，我一直認爲馬拉松是耐力賽的巔峰，現在我發現它還有幾個級別。我把相關情報記錄下來，想著以後再研究研究。

然後紅翼行動事件發生了，我發誓要跑惡水超馬來爲「特種作戰戰士基金會」籌集資金。該基金會是一個非營利組織，成立於一九八〇年，當時有八名特種作戰戰士於伊朗的著名營救人質行動中死於直升機失事。這些陣亡將士的家庭一共有十七名孩童，倖存的軍人承諾確保每個孩子都有錢上大學，而他們的努力延續至今。在任何死亡事件發生後的三十天內，例如紅翼行動那樣，基金會勤勉的工作人員會向倖存者的家屬伸出援手。

「我們就像愛管閒事的阿姨。」執行董事伊迪．羅森塔爾表示，「我們成爲他們人生的一部分。」

基金會支付孩子幼稚園和小學期間的私人家教費用，安排孩子參觀大學，並舉辦同儕支持小組。他們幫助孩子申請學校，購買課本、筆記型電腦和印表機，如果成功錄取任何學校，則幫忙支付學費，當然也包括食宿費。他們也會送學生去職業學校，志向由孩子自己決定。在我寫下這段文字時，有一千兩百八十名孩童受到該基金會的幫助。

這是一個了不起的組織，讓我考慮到他們。於是在二〇〇五年十一月中旬某天早上七點，我打電話給惡水超馬的賽事總監克里斯．科斯特曼。我試著自我介紹，但他嚴厲地打斷了我。

「你知不知道現在幾點啊！」他厲聲道。

我把電話從耳邊拿開，盯著它看了一會兒。那時候，平日的早上七點，我已經在健身房鍛鍊了兩個鐘頭，準備展開接下來一整天的工作，而這傢伙還在睡覺呢。「收到，」我說，「我會在洞勾洞洞（九點）再打給你。」

第二通電話並沒有順利多少，但至少他知道我是誰了。我和銀背猩討論過惡水，他也已經給科斯特曼發了一封推薦信。銀背猩參加過鐵人三項比賽，也曾以隊長身分帶領一支小隊參加「生態挑戰賽」，還帶過幾名通過奧運會預選賽的運動員做ＢＵＤ／Ｓ訓練。在寫給科斯特曼的電子郵件中，他說我是他見過「意志力最強的最佳耐力運動員」，把我這個靠自己打拚的孩子放在他的菁英名單上，這對我來說意義超級重大，至今仍然如此。

但對科斯特曼來說，這連屁都不如，他完全無動於衷。那種無動於衷只可能來自現實世界的經歷。他在二十歲時參加了「橫跨美國」自行車賽；在接任惡水賽事總監之前，他在冬天的阿拉斯加跑了三場一百哩的比賽，並完成了一場鐵人三項，以七十八哩的跑步收尾。一路走來，他親眼目睹數十名被認爲「偉大」的運動員，在超馬的鐵砧下崩潰。

一大堆「週末勇士」總是在訓練幾個月後就報名參加並完成馬拉松，但「馬拉松跑步」和「成爲超馬運動員」之間的差距要大得多，而惡水是超馬宇宙的絕對巔峰。二〇〇五年，美國大約舉辦了二十二場一百哩的賽事，但沒有一場比賽像惡水超馬那樣結合了高海拔和酷熱。爲了舉辦比賽，科斯特曼必須獲得五個政府機構的許可和協助，包括美國國家森林局、美國國家公園管理局及加州公路巡警局，他知道如果允許哪個新手在盛夏參加這種地獄難度的比賽，那傢伙可能會死，而他舉辦的賽事將從此消失。所以如果他要讓我參加惡水比賽，我就必須贏得參賽資格，因爲如果贏得參賽資格，至少會讓他安心一點，知道我可能不會在死亡谷和惠特尼山之間，在一堆熱氣騰騰的野生動物屍堆中倒地猝死。

銀背猩在他那封電子郵件中試圖說明，因爲我忙於海豹部隊的工作，所以參加惡水所需的先決條件——曾經完成至少一場一百哩比賽，或一場至少跑完一百哩的二十四小時賽事——應該被免除。如果我能參賽，銀背猩向他保證我一定會跑進前十名，但科斯特曼根本懶得理我們。多年來，有許多成績優秀的運動員請求他免除那些要求，包括一名馬拉松冠軍和一名相撲冠軍（你沒看錯），他都未曾動搖。

「我的特點之一，是我對每個人都一視同仁。」我再次打給科斯特曼時，他這樣對我說。「想參加我們的比賽，就必須符合一定的標準，這就是規矩。不過呢，這個週末聖地牙哥將舉行一場二十四小時賽，」他說下去，語調裡充滿諷刺，「你先去跑個一百哩，然後再打給我。」

科斯特曼看穿了我，正如他懷疑的那樣，我毫無準備。我想跑惡水這件事並不是謊言，也計畫爲此進行訓練，但即使有機會參賽，我也必須在極短的時間內準備好跑完一百哩。如果我在嚷著要幫助海豹同袍之後卻選擇不參賽，這將證明什麼？證明我只是另一個在星期三早上太早打電話給他的冒牌貨。這就是爲什麼我在三天後就參加了聖地牙哥一日賽。

只知道拒絕放棄

跑了五十哩後，我再也跟不上稻垣女士了，她像一隻該死的兔子一樣在前面蹦蹦跳跳，我則在神遊狀態中繼續戰鬥。疼痛像波浪一樣襲捲了我，大腿感覺就像灌了鉛，它們越重，我的步伐就越扭曲。我扭動髖部來保持雙腿移動，並對抗地心引力，將腳從地面勉強抬離一公釐。啊，沒錯，我的腳。我的骨頭感覺越來越脆，腳趾已經敲了鞋尖將近十個小時。儘管如此，我還是繼續跑，速度不快，姿勢也很難看，但繼續前進。

我的小腿是下一張倒下的骨牌。踝關節的每一次微妙旋轉感覺就像電擊療法，如同毒液流過我的脛骨骨髓。這讓我回想起在第二三五班用膠帶固定腳踝的日子，但這次我沒帶任何膠帶。況且，如果我停下來，哪怕只是幾秒鐘，要再次邁步奔跑幾乎是不可能的。

又跑了幾哩後，肺部開始痙攣，胸腔發出震顫聲，吐出棕色黏液。氣溫降低了，我開始喘不過氣。霧氣聚集在鹵素路燈周圍，將燈光繞上電光彩虹，給整個活動帶來了一種超現實的感覺。又或許，那個超現實世界裡只有我一個人，而在那裡，痛苦是母語，是與回憶同步的語言。

每一次劇烈咳嗽，都讓我想起我的第一堂BUD／S課。我又回去扛該死的原木了，踉蹌向前，肺臟在流血。我能感覺到並看到那一切再次發生。我在睡覺嗎？我是不是在作夢？我睜大眼睛，揪住耳朵，拍打自己的臉，逼自己醒來，然後摸摸嘴唇和下巴，查看是否沾染鮮血，卻只發現半透明的唾液、汗水和鼻涕從我的鼻子裡流下來。銀背猩猩嘴裡的那些頑固書呆子現在就在我周圍繞著圈子跑，指指點點，嘲笑現場的「唯一」，這群人當中唯一的黑人。他們眞的在嘲笑我嗎？我又看了一眼。超越我的每個人都很專注，都在自己的痛苦地帶，他們甚至沒有看到我。

我正逐漸失去與現實的聯繫，因爲心智正在向內摺疊，從靈魂深處挖出黑暗的情緒垃圾，帶來巨大的身體痛苦。翻成白話：我所承受的痛苦，達到了只有那些以爲物理和生理學定律不適用於他們的智障，才會嘗到的邪惡程度。像我這樣自大的混蛋，自以爲能安全地挑戰極限，就只因爲經歷了幾次地獄週。

沒錯，我是經歷過地獄週，但**今天這件事**是我以前從沒做過的。我從沒在零訓練的情況下跑一百哩。人類史上有誰嘗試過這麼蠢的事嗎？這眞的能做到嗎？那個簡單的疑問捲土重來，在我的大腦螢幕上像跑馬燈一樣閃過，該死的念頭泡泡從皮膚和靈魂底下漂浮出來。

爲什麼？爲什麼？你他媽的爲什麼還要這樣對待自己?!

我在六十九哩處上了斜坡（那條兩公尺長的坡道，斜度就像一般的住家車道）。這麼淺的斜度會讓任何經驗豐富的越野跑者捧腹大笑，但它使我的膝蓋彎曲，讓我像打進空檔的送貨卡車一樣向後搖晃。我踉蹌地伸手撐地，差點跌倒，花了十秒才走完這段距離。每一步都像被橡皮筋綁住一樣沉重，將疼痛的衝擊波從腳趾傳到眼球後面。我劇烈咳嗽，內臟絞痛，快倒下了。我他媽的活該倒下。

到了第七十哩，我沒辦法再向前邁出一步。凱特在終點線附近的草地上擺好了我們的摺疊椅，當我搖搖晃晃地走向她時，看見她化作三道疊影，六隻手向我抓來，引導我在摺疊椅上坐下。我暈眩脫水，缺乏鉀和鈉。

凱特是護理師，我也受過急救訓練，便在腦海中把自己的狀況確認過一遍，知道血壓可能低得危險。凱特脫掉了我的鞋子，我的腳痛可不是夏恩．多布斯當年幻想出來的那種，白色筒襪因腳趾甲和水泡破裂而沾滿血水。我請凱特去約翰．梅茲那裡拿一些美林止痛藥和她認為可能有幫助的任何東西。她離開時，我的身體狀態繼續衰退。肚子咕嚕叫，當我低下頭時，看到血尿順著腿流了下來。我還拉屎在褲子上，液化的腹瀉糞便灌進屁股和摺疊椅之間的空隙，這張椅子再也不會和以前一樣了。更糟的是，我必須隱藏「烙賽」的事實，因為如果凱特看到我的狀況有多糟，一定會懇求我退出比賽。

在沒有事先訓練的情況下十二小時內跑了七十哩，而這就是我的獎勵。我左邊的草坪上還有一盒四包裝的蛋白質飲料，只有我這種四肢發達、頭腦簡單的笨蛋，才會選擇那種濃稠的蛋白質飲料作為首選的補水飲品。它旁邊是半盒麗茲餅乾，我已經吞下的那一半，現在像橙色團塊一樣在胃袋和腸道裡凝結翻騰。

我雙手抱頭，坐了二十分鐘。跑者們拖行、滑行或蹣跚地從身邊經過，我感覺我倉促想像且考慮不周的夢想隨著時間流逝。凱特回來了，跪下來幫我繫好鞋帶。她不知道我崩潰的程度，也還沒有放棄我。至少這是一件好事，而且她手裡拿著暫時可以讓我擺脫更多蛋白質飲料和麗茲餅乾的東西。她遞給我美林止痛藥，還有一些餅乾和兩個花生果醬三明治。我配著開特力運動飲料把它們吞下去，然後她扶我站起來。

我感覺天旋地轉。她再次分裂成兩道疊影，然後是三道，但當我眼前的世界穩定下來時，她繼續扶著我，我邁出了穩固的一步。難以形容的劇痛回來，當時不知道的是，我的雙腳布滿了應力性骨折。傲慢的行爲會在超馬賽道上造成沉重的代價，而我的帳單該繳了。我又邁出一步，然後又一步，面容扭曲，眼眶泛淚。又一步，她放手，我往前走。

慢慢地……

他媽的太慢了。

在七十哩處停下時，我在這之前的跑速遠遠超過二十四小時內跑一百哩所需的速度，但現在我以「每二十分鐘一哩」的速度行走，而且已經是極限。稻垣女士從我身旁輕飄而過，看了我一眼。她的眼裡也有痛苦，但她看起來還是像個運動員。相較之下，我他媽是個殭屍，白白浪費了之前存下來的所有寶貴的領先時間，眼睜睜看著我的容錯空間化爲灰燼。**爲什麼？**又是那個無聊的疑問。**爲什麼？**四小時後，凌晨兩點左右，我跑了八十一哩時，凱特透露了一些消息。

「以你這樣的步調，我不認爲能在規定時間內完成比賽。」她走在我旁邊，鼓勵我多喝些蛋白質飲料。她沒有委婉地說，而是就事論事。我瞪著她，鼻涕和蛋白質飲料順著下巴滴落，所有的生命力都從我的眼裡消失了。在過去的四小時裡，每一個痛苦的步伐都用上我最大的專注和努力，但這還不夠，除非能找到更多專注和努力，否則我的慈善夢就破滅了。我呼吸困難，咳嗽幾下，又啜飲一口飲料。

「收到。」我輕聲說。我知道她說得沒錯，我的速度持續減慢，而且只會變得更糟。

就在這時候，我終於意識到這場戰鬥與紅翼行動或陣亡者家屬無關。雖然在某種程度上是有關聯，但那都無法幫助我在上午十點前再跑完十九哩。不，這次的跑步、惡水超馬，以及我把自己推向毀滅邊緣的強烈心願，全都跟我自己有關。這是關於我願意承受多少痛苦、還能承受多少，以及必須付出多少。如果要成功，這件事就必須變成我的「私人恩怨」。

我低頭看著自己的腿，還能看到大腿內側黏著一條乾涸的尿漬和血跡。我心想，在這個該死的世界上，誰還會繼續這場戰鬥？**只有你，哥金斯！你沒有事先訓練過，你對補充水分和體能表現之類的事情一竅不通——你只知道拒絕放棄。**

爲什麼？

有趣的是，窩在舒適圈時，人往往會孵化出最具挑戰性的目標和夢想，這些東西需要我們付出最大的努力，卻完全不承諾任何回報。科斯特曼向我提出挑戰時，我正在工作。那時我剛沖了個熱水澡，吃飽喝足，覺得舒服。事後回想起來，每次我受到啓發去做一些困難的事情時，都是處於一個柔軟的環境，因爲當你在他媽的沙發上放鬆，手裡拿著一杯檸檬水或巧克力奶昔時，什麼挑戰聽起來都是可行的。覺得舒適時，我們沒辦法回答那些在激烈的戰鬥中必然會出現的簡單疑問，因爲我們根本沒意識到它們會出現。

但當你不再待在冷氣房裡或不再蓋著毛茸茸的毯子時，那些答案就非常重要。當你遍體鱗傷，當你面臨劇痛並凝視著未知時，就會胡思亂想，那些問題就會變得有毒。如果沒事先做好準備，如果允許自己的心智在劇痛環境中胡思亂想（你不會覺得自己在胡思亂想，但你其實正選擇這麼做），你會得到的唯一答案，大概就是一個能讓胡思亂想盡快停下來的答案：

我不知道。

地獄週改變了我的一切。它讓我有了一種心態，使得我在不到一星期的準備時間裡，就報名參加了那場二十四小時的比賽。因爲在地獄週期間，你會在六天內體驗到人生中所有的情緒，所有的高潮和低谷；在那一百三十小時中，你獲得了數十年的智慧。這就是爲什麼馬克斯在經歷BUD／S之後，和他的孿生兄弟之間出現了分裂。馬克斯獲得了一種「自我認識」，而只有當你被分解得一無所有，並於內在發現更多力量的時候，才會得到這種認識。他哥哥摩根不懂這種語言，直到他自己也經歷了地獄週。

在完成地獄週兩次，並參加了第三次之後，這種語言成了我的母語。地獄週就是我的家，它是我在這個世界上待過最公平的地方。地獄週裡沒有計時的進化測驗，沒有任何評分，也沒有獎盃。地獄週是一場我與自己的全面戰爭，而我在好客點被打到谷底時，就是在這裡再次發現我自己。

爲什麼?!你他媽的爲什麼還要這樣對待自己，哥金斯?!

「因爲你是個強悍的王八蛋。」我尖叫道。

腦子裡的說話聲是如此刺耳，我不得不大聲吼回去。我好像找到了什麼，立刻感覺到能量激增，意識到「繼續參戰」本身就是一個奇蹟。但這並不是奇蹟，上帝並沒有從天而降來保佑我，我是靠自己！五個小時前就該放棄了，我卻堅持下去。我之所以還有機會，就是因爲我自己。我還想起一些別的事：這不是我第一次承擔看似不可能的任務。我加快步伐，還在走路，但不再夢遊。我有了生命力！我不斷地挖掘我的過去，挖進我想像中的餅乾罐。

以小成就當成火種，最終燃起熊熊烈火

記得小時候，無論日子有多慘，我媽總是能想出辦法把我們該死的餅乾罐填滿。她會買威化餅、奧利奧餅乾、培伯莉米蘭餅乾和奇寶巧克力餅乾，而每當她帶著一批新的餅乾回家時，就會把它們倒進一個玻璃罐裡。在她的允許下，我們每次可以挑一、兩塊出來，這就像一場迷你尋寶。我還記得把拳頭伸進那個罐子裡的喜悅，好奇會發現什麼，而在把餅乾塞進嘴裡之前，我總是先花時間欣賞，尤其是在巴西鎭過得苦哈哈的時候。我會把餅乾放在手裡翻轉把玩，然後說出自己的感謝與祈禱。身爲那個孩子的感覺，被鎖在一個因餅乾這種簡單禮物而感恩的時刻，現在又回到我身上。我發自內心地感受那種感覺，也用這個概念來塡充一種新的餅乾罐，裡頭裝的是**我過去所有的勝利**。

例如我在高四時必須付出比其他人多三倍的努力才能畢業，這就是一塊餅乾。還有我在高四時通過ASVAB測驗，後來在申請BUD／S時又通過一次——又加了兩塊餅乾。另外，

我記得自己在不到三個月的時間裡甩掉超過四十五公斤的體重、克服了對水的恐懼、以班上第一名的成績從BUD／S畢業，並在美國陸軍遊騎兵學校被評爲「榮譽入伍男子」（後面會詳述），這都是鑲滿巧克力塊的餅乾。

這些不僅僅是突然閃現的回憶，我不僅僅是漂浮於記憶檔案之中，而是挖掘了**我在那些勝利中感受到的情緒狀態**，並藉此再次啓動了交感神經系統。腎上腺素開始接管一切，疼痛開始消退，我的步伐加快了。我開始擺動雙臂，加大步幅。骨折的腳仍然血肉模糊，滿是水泡，幾乎每隻腳趾的趾甲都剝落了，但我繼續踏步。很快地，在與時間賽跑時，我超越了其他臉色痛苦的跑者。

從那時起，每當需要提醒自己是誰、有什麼能耐時，**餅乾罐**就成了我使用的一個概念。我們每個人都有一個餅乾罐，因爲人生就是人生，一直在考驗我們。即使你現在情緒低落，被生活擊垮，我保證你還是能想起一、兩次你克服困難並嘗到成功的滋味。它不一定是一場重大勝利，也可以是一些小小的成就。

每個人都希望一次就能獲得全面勝利，但我在自學識字時，能看懂某個段落的每個單詞，我就很開心了。當年的我知道要從小學三年級的識字程度提升到高四程度，還有很長的路要走，但即使是這樣一個小小的勝利，也足以讓我繼續對「學習」和「發現自我」保持興趣。如果你沒先在一星期內減掉兩公斤，就不可能在不到三個月內減掉四十五公斤。我最初減掉的那兩公斤是一個小小成就，聽起來不多，但當時它證明了我能減重，而且目標雖然聽起來不可能實現，但其實絕非不可能！

火箭的推進器如果不先產生小火花，就無法點火發射。我們都需要人生中的小火花、小成就來推動大成就。把你的小成就當成火種。想生一團篝火，不是從點燃一根大木頭開始，而是先收集一些乾草作爲火種，點燃它，再添加小樹枝和大樹枝，然後將大塊木材投入火中。正是這些星星之火引發小火，最終產生了足夠的熱量成爲燎原大火。

如果你的餅乾罐裡還沒有什麼大成就，也沒關係，小勝利就是你能品嘗的餅乾，你也得好好地品嘗。沒錯，看著問責鏡時，我對自己很嚴厲，但每當我能取得一點小勝利，也會讚揚自己，因爲我們都需要稱讚，而很少有人會花時間慶祝自己的成功。沒錯，當下我們可能會很享受，但在日後回顧時，是否能再次感受到勝利的喜悅？也許聽起來很自戀，但我的意思不是要你成天只會提當年勇，不是要你拿「想當年老子多麼多麼厲害」的故事來讓朋友聽到煩，沒人想聽那些狗屁。我的意思是，**利用過去的成功推動你走向新的、更大的成功**，因爲在激烈的戰鬥中，在見眞章的時刻，我們需要尋找些激勵來克服自己的疲憊、沮喪、痛苦和苦難；需要點燃一堆小火，才能變成他媽的熊熊烈火。

但在事情不順利時深入餅乾罐，需要專注和決心，因爲大腦在一開始並不想去那裡。大腦想做的，是提醒你正在受苦、目標不可能實現；它想阻止你，這樣它就能停止痛苦。在聖地牙哥跑超馬的那個晚上，是我這輩子在生理上最艱難的一夜。我從沒覺得如此破碎，也沒有任何靈魂可以讓我收割；我不是爲了獎盃而競爭，也沒有人擋住我的路，唯一能讓我從中汲取力量走下去的，只有我自己。

餅乾罐成了我的能量庫。每當疼痛變得太劇烈，我就會把手伸進去，拿餅乾出來咬一口。疼痛從未消失，但我並不是時時刻刻都感覺到，因爲大腦被其他事情占據了，這讓我能壓過那些簡單的疑問並縮短時間。每一圈都成爲一個勝利圈，慶祝另一塊餅乾，另一團小小的火。八十一哩變成了八十二哩，一個半小時後，我已經跑到九十多哩。我他媽的在零訓練的情況下跑了九十哩！誰會幹這種事？一小時後，我跑了九十五哩，而經過將近十九小時幾乎不間斷地跑步，我做到了！我跑了一百哩！眞的嗎？我記不清了，所以又跑了一圈，以防萬一。

跑完一百零一哩後，我的比賽終於結束了，搖搖晃晃地來到摺疊椅上。在霧中瑟瑟發抖時，凱特爲我蓋上一件迷彩雨披內襯。我渾身散發蒸汽，視線模糊。記得當時感覺腿上有什麼溫暖的東西，低頭一看，發現又尿出了血。我知道接下來會發生什麼，但流動廁所在大約十公尺外，感覺就像一百公里或一千公里外。我試著站起來，但頭暈得厲害，因此倒回椅子上，成了一個動彈不得的物體，準備接受不可避免的事實：我即將拉在褲子上。而且這次拉得更厲害，我的整個後背和腰部都沾滿溫熱的糞便。

凱特知道這是緊急情況。她急忙衝向我們的豐田轎車，倒車到我旁邊的草丘上。雙腿像凍結在石頭裡的化石一樣僵硬，我在她的攙扶下滑進後座。她開車時很著急，想直接送我去急診室，但我想回家。

我們住在丘拉維斯塔一棟公寓大樓的二樓。她帶我走上樓梯時，我靠在她的背上，雙臂摟著她的脖子。打開公寓大門時，她讓我靠在灰泥牆上保持平衡，我往裡面走了幾步就昏了過去。

幾分鐘後，我醒來，發現自己在廚房地板上。背部仍然沾滿糞便，大腿沾滿血和尿，腳起了水泡，十二處在流血。我的十個腳趾甲有七個鬆脫，只靠死皮連接著。浴室裡有一個浴缸兼淋浴的組合，她先把蓮蓬頭打開，然後扶我爬向浴室、爬進浴缸。我記得赤身裸體地躺在那裡，蓮蓬頭的水傾瀉而下。我顫抖著，感覺起來和看上去都快死了，然後又開始撒尿。但從體內流出來的不是血或尿，看起來像是濃稠的棕色膽汁。

凱特嚇得退到走廊，打電話給我媽。我媽有和她的朋友一起去看比賽，而那個朋友剛好是個醫生。醫生聽聞我的症狀後，懷疑可能是腎衰竭，必須立即去急診室。凱特掛斷電話，衝進浴室，發現我向左側躺著，呈胎兒姿勢。

「我現在就得送你去急診室，大衛！」

她一直在說話、喊叫、哭泣，試著在我神智不清的狀況下讓我聽到她說什麼。我聽到了她說的大部分內容，但我知道如果去醫院，他們會給我止痛藥，而我不想掩蓋這份痛楚。我剛剛完成了這輩子最驚人的壯舉，那場賽跑比地獄週更艱難，對我來說比成爲海豹戰士更重要，比在伊拉克的軍旅生活更具挑戰性，因爲這一次我做了一件不確定以前是否有人做過的事：我在零準備的情況下跑了一百零一哩。

在那一刻我明白，我一直低估自己，還有一個全新的體能境界在等著我解鎖。**人體能承受**

和完成的事，比大多數人想像的要多得多，而這一切都在心智中開始，也在心智中結束。這不是理論，不是在什麼該死的書中讀到的東西，而是我在好客點的親身體驗。

最後這部分，這種痛苦和折磨，就是我的頒獎儀式，是我贏來的。這證實了我已經主宰了自己的心智（至少在一小段時間內），而且我剛剛完成的事很特別。當我躺在那裡，以胎兒姿勢蜷縮在浴缸裡顫抖，享受著疼痛時，我還想到另一件事：如果我在零訓練的情況下能跑一百零一哩，那麼想像一下，我只要稍微做一點準備，就能跑得更遠。

挑戰6　餅乾罐

將克服難關的歷程存起來，再次遇到困境時取出品嘗，成為能量

盤點你的餅乾罐，然後再次打開日記，全都寫下來。記住，這可不是在你的個人獎盃室裡悠哉地走動，不要只寫下你的成就清單，也要寫下所克服的人生障礙，像是戒菸、克服憂鬱或口吃。再寫下那些你以前失敗過，但在嘗試第二次或第三次後最終成功的小任務。感受一下克服那些掙扎、那些對手並取得勝利是什麼感覺，然後開始著手。

在每次鍛鍊前設定雄心勃勃的目標，讓過去的勝利帶你達到新的個人佳績。如果是跑步或騎自行車，請花些時間進行間歇訓練，並挑戰自己，打破最佳成績；或是讓你的最大心率維持整整一分鐘，接著整整兩分鐘。如果是在家裡，可以專注於引體向上或伏地挺身，在兩分鐘內做到做不動為止，然後試著打破你最好的紀錄。當疼痛襲來並試圖阻止你實現目標時，把拳頭伸進餅乾罐裡，拿出一塊餅乾，讓它為你添加燃料！

如果你更注重的是智力發展，那就訓練自己比以前更努力、更長時間地學習，或創下在一

個月內閱讀多少本書的紀錄。你的餅乾罐在這方面也能幫上忙，因為如果你正確地完成這項挑戰並真正地挑戰自己，那麼在任何鍛鍊中都會遇到痛苦、無聊或自我懷疑，而你需要努力來克服它。餅乾罐是你掌控自己思考過程的捷徑，你就該這樣使用它！這裡的重點不是只讓自己感覺像個英雄，這不是一個「我好棒棒」的自我激勵。這麼做的重點，是**想起你有多堅強**，這樣你就能利用這種能量，在激戰中再次取得成功！

在社群媒體上發表你的回憶，以及它們帶來的新成功，並打下主題標籤：「#canthurtme（#我刀槍不入）」「#cookiejar（#餅乾罐）」。

第七章

破除限制性信念的四〇％法則

我有什麼能耐？

在經歷了強烈、令人欣慰的痛苦，並沐浴在目前爲止最偉大成就餘暉之中二十七小時後，我在星期一早上回到了辦公桌前。銀背猩是我的指揮官，我有他的許可，也有各式各樣的理由可以請假幾天。但腫脹、痠痛、痛苦的我還是從床上爬起來，一瘸一拐地進了辦公室，那天上午打了電話給克里斯·科斯特曼。

我一直很期待打這通電話。我想像他在得知我接受了他的挑戰，在不到二十四小時內跑完一百零一哩後，他的嗓音裡會有令我愉悅的驚訝。也許在他正式讓我參加惡水賽事時，我會得到一些遲來的尊重。結果呢，我這通電話被轉進語音信箱。我給他留了一條禮貌的訊息，他沒回覆，兩天後我再發了一封電子郵件。

先生，你好嗎？我在十八小時五十六分鐘內跑完了獲得資格所需的一百哩……我想知道接下來需要做什麼才能參加惡水……好讓我們能開始爲特種作戰戰士基金會籌集資金。再次感謝……

隔天我收到了他的回信，下巴掉了下來。

恭喜你完成百哩比賽。可是你眞的跑了一百哩就停下來了？二十四小時賽事的重點就是要跑二十四小時……總之……請等候報名公告……比賽將於七月二十四日至二十六日舉行。

此致

克里斯・科斯特曼

我忍不住把他的答覆當成找我麻煩。那個星期三，他建議我在三天後的星期六，在二十四小時內跑完一百哩。我在更短的時間內完成了一百哩，他卻還是沒對我刮目相看？科斯特曼是超馬的老手，所以他知道我已經跨越了十幾個障礙和疼痛忍受值。但很顯然地，這些對他來說都沒有多大意義。

我冷靜了一個星期才回信，同時研究了其他比賽來試著充實我的履歷。當時已經快年底了，可用的比賽非常少。我在聖卡塔利娜島發現了一場五十哩的賽事，但只有三位數的距離才能給科斯特曼這種人留下深刻印象。另外，當時離聖地牙哥一日賽結束只過了七天，我的身體還是一團糟。自從跑完一百零一哩後，我連一公尺都沒跑過。撰寫反駁信的時候，挫敗感隨著滑鼠的游標閃爍。

感謝回信。我發現你和我一樣喜歡閒聊。我現在還在打擾你的唯一理由，是因爲這場比賽及其背後的原因很重要……如果你認爲還有什麼資格賽是我應該參加的，請告訴我……謝謝你讓我知道我那天應該跑整整二十四小時，下次我一定會這麼做。

整整一星期後他才回信，這次也沒提供更多希望，但至少他用諷刺來表達。

嗨，大衛：

如果你能在從現在起，到一月三日至二十四日（接受報名的時間）的期間內多參加一些超馬，那就再好不過。如果沒辦法，就在一月三日至二十四日之間提交你最好的履歷並祈禱吧。

感謝你的熱忱

克里斯

在這時候，我對克里斯．科斯特曼的欣賞已經遠遠高過我能參加惡水的機會。但我不知道的是（因爲他從沒提過），科斯特曼是惡水報名委員會的五名成員之一，該委員會每年審查超過一千份報名表。每位評委都會對每份申請進行評分，而根據所有委員的累計分數，排名前九十的申請者擇優錄取。聽上去，我的履歷很薄弱，擠不進前九十；但另一方面，科斯特曼的口袋裡有十張「外卡」（透過非常規途徑獲得的參賽名額），他明明可以留個保障名額給我，但出於某種原因一直在逼我。再一次，我必須爲了得到公平競爭的機會而證明自己超越了最低標準。爲了成爲海豹，我必須經歷三次地獄週；而現在，如果眞的想參加惡水，並爲有需要的軍人眷屬籌集資金，就必須找到一種方法讓我的報名表變得無懈可擊。

我查看了他在信上提供的一個網站連結，發現在惡水報名截止日期之前還有一場超馬比賽，叫「傷痛一百」。這個名字眞的沒豪洨，它是世界上最艱難的一百哩越野賽之一，地點位於夏威夷歐胡島的三層樹冠雨林中。爲了衝過終點線，我必須沿著一條上下起伏的山路奔跑，跑完一百哩的海拔高度總和數字爲七千四百六十七公尺，這可是喜馬拉雅山的等級。我瞪著比賽路線的截面圖，都是崎嶇不平的上坡和下坡，看起來就像心律不整的心電圖。我不能直接去參加這場比賽，如果不事先做些訓練，不可能跑得完全程。但到了十二月初，我還是渾身難受，爬公寓的樓梯就是一種純然的折磨。

接下來那個週末，我沿著十五號州際公路行駛，前往拉斯維加斯，參加「拉斯維加斯馬拉松賽」。這不是一時衝動。在聽聞「聖地牙哥一日賽」這個名詞的幾個月前，凱特、我媽和我已經在日曆上圈起十二月五日這個日期。那時是二〇〇五年，拉斯維加斯馬拉松賽第一次在賭城大道上舉辦，我們想共襄盛舉。只是我從來沒有爲此進行訓練，然後聖地牙哥一日賽發生了，而當我們抵達拉斯維加斯時，我對自己的體能不再抱有任何幻想。出發前的早上我試著跑步，但我的腳仍然有應力性骨折，內側肌腱很不穩定，即使用可以固定腳踝的特殊繃帶包裹，我還是沒辦法跑超過四百公尺。所以我沒打算跑步，馬拉松大賽當天，我們去了曼德勒海灣賭場度假村。

那是一個美麗的早晨。音樂震耳欲聾，街上有成千上萬張笑臉，清新的沙漠空氣帶著一絲涼意，陽光明媚。這種天氣非常適合跑步，凱特也準備好起跑。她的目標是用低於五個小時的時間完成比賽，而這一次，我扮演啦啦隊長就很開心了。我媽本來就計畫用走的，我打算盡可能陪她一起散步，然後叫一輛計程車去終點線，爲我的兩位女士歡呼。

早上七點整，我們三人加入群眾，某人拿起麥克風開始正式倒數計時。「十……九……八……」他數到一的時候，號角響起，而就像巴夫洛夫的狗那樣，某個齒輪在我體內發出卡嗒聲。時至今日我還是不知道那個齒輪究竟是什麼，也許我低估了自己的競爭精神，也許因爲我知道海豹部隊應該是世界上最強悍的硬漢，就算腿骨斷裂或布滿裂痕，我們還是能跑步——至少我很久以前就相信的傳說就是這麼說的。不管是怎麼回事，某個東西被啓動了，而當號角聲在街上迴響時，我記得看到的最後一幅畫面，是凱特和我媽臉上的震驚和眞正的擔憂——她們看著我沿著大道，衝出她們的視線。

一開始的五百公尺，我痛得相當厲害，但之後腎上腺素開始接管一切。我在七點十分通過第一哩的標記，然後繼續跑，彷彿身後的瀝青路面正在融化一樣，以逃命的速度狂奔。跑了十公里時，大約花了四十三分鐘。這個成績還不錯，但我沒有把注意力放在時鐘上，因爲考慮到前一天的體況感受，我還是完全不敢相信自己眞的跑了十公里！我明明遍體鱗傷。這怎麼會發生？像這種狀況的人應該會雙腳都打上軟石膏，我卻在跑馬拉松！

來到第二十一公里，也就是中點，看到官方時鐘顯示「1:35:55」。我算了一下，意識到再努力一些，或許就能獲得參加波士頓馬拉松的資格，但此刻正處於重要關口。爲了獲得我這個年齡層的參賽資格，我必須以低於「3:10:59」的時間完成比賽。我難以置信地笑了，把裝在紙杯裡的開特力灌下肚。不到兩個小時就出現了逆轉，我可能再也不會有這個機會。當時的我已經目睹過太多死亡（在個人生活和戰場上），知道沒人能保證明天會怎樣。擺在面前的是一個機會，而如果你給我一個機會，我一定會緊緊抓在手裡！

但這麼做並不容易。我是靠腎上腺素度過一開始的二十一公里，但在後半程，我可以清楚感覺到每一秒；而在第二十九公里時，我撞牆了。「撞牆」是馬拉松領域中一個常見的主題，因爲在三十公里左右通常是跑者體內的肝醣濃度較低的時候。我跑得氣喘吁吁，肺臟起伏，雙腿感覺就像在撒哈拉沙漠深處奔跑。我必須停下來休息一下，但我拒絕了，又艱難地跑了三公里後，感覺自己煥然一新。在第三十五公里處，看到下一座時鐘。我還在爭取參加波士頓馬拉松的資格，儘管落後了三十秒；如果想贏得資格，必須在最後七公里做出非常好的成績。

我奮力抬腿，高高地踢起大腿，加大了步幅。拐過最後一個彎，衝向曼德勒海灣賭場的終點線時，我就像著了魔一樣。數千人聚集在人行道上歡呼，當我衝過終點線時，周圍的一切對我來說都是一團美麗模糊的身影。

我以每公里四分鐘左右的速度跑完最後三．五公里，用了比三小時八分鐘多一點的時間完成比賽，獲得了波士頓的參賽資格。在拉斯維加斯街頭的某個地方，我的妻子和母親也會面對各自的掙扎並克服它們來完成比賽。坐在草地上等她們時，我思考了另一個無法擺脫的簡單問題。這是一個新的疑問，不是基於恐懼、痛苦或自我限制，這個疑問感覺是開放式的。

我有什麼能耐？

海豹訓練曾多次將我推向崩潰的邊緣，但每當被它擊倒時，我都會站起來接受另一次打擊。那樣的經歷讓我變得堅強，但也讓我想得到更多同樣的挑戰，而海豹部隊的日常生活並不是那樣的。後來，我跑了聖地牙哥一日賽，接著是今天這場。我以菁英跑者的配速跑完了一場馬拉松（至少對週末勇士來說是很菁英啦），即使這時的我根本連一公里都不該走。兩件事都是令人難以置信的體能壯舉，看似不可能，卻都發生了。

我有什麼能耐？

我沒辦法回答這個問題，但那天環顧終點線、思索自己取得的成就時，我清楚發現我們都封印了自己的潛力而不自知。我們習慣滿足於「拿出二流表現就好」，無論是在工作場合、在學校、在人際關係，還是在運動場或賽道上。我們每個人都這樣妥協，也教導自己的孩子安於現狀，但這些都會在我們的社區和整個社會中產生漣漪、融合，然後擴散。我指的也不是在拉斯維加斯度過某個糟糕的週末，提款機裡再也領不出錢那種損失。那一刻，在這個總是一團糟的世界上錯過這麼多「取得卓越成績」的機會，其代價對我來說是無法估量的，而且至今依然如此。從那一刻起，我就一直在思考這個問題。

當認輸的衝動浮現時，如何面對？

幾天後，我們離開拉斯維加斯，回到家。這意味著回到了我的「新常態」：應付在比完聖地牙哥一日賽後那種「嚴重但還能忍受」的疼痛。到了隔週的星期六，疼痛仍然存在，但我不想繼續休養下去。我必須開始訓練，否則會在「傷痛一百」中筋疲力盡，也就別想參加惡水超馬。我一直在閱讀關於如何為超馬做準備的文章，因此知道每週總計跑百哩，也就是一百六十公里至關重要。在一月十四日的比賽之前，只有大約一個月的時間來增強力量和耐力。

腳和小腿離良好狀態還遠得很，所以我想出一個新的辦法來穩定腳上的骨頭和肌腱。我買了高性能鞋墊，將它們剪裁成與腳底齊平，並用加壓繃帶固定住腳踝、腳跟和小腿。我還在鞋子裡塞了一個小型的楔形鞋跟，以糾正跑步姿勢並緩解壓力。在經歷了之前那些痛苦後，需要很多道具才能讓我「幾乎」無痛地跑步。

在保住一份穩定工作的同時堅持每星期跑一百六十公里，並不容易，但也不是藉口。從丘拉維斯塔到科羅納多的二十六公里通勤路程，成了我首選的跑步路線。我住在那裡時，丘拉維斯塔彷彿有著分裂的人格。我們住的地方是比較漂亮、新穎的中產階級區，周圍則是有著崎嶇危險街道的水泥叢林。我在黎明時分就是跑過較為危險的區域，跑過高架橋底下，以及家得寶五金百貨的卸貨區旁邊，那裡可不是旅遊手冊上那種陽光明媚的聖地牙哥。

一路上聞到汽車廢氣和腐爛的垃圾，看到過街的老鼠。我避開街友營地，來到因皮里爾灘市，進入十一公里長的銀線海灘自行車道。它向南傾斜，經過科羅納多的地標飯店——落成於一八八八年的科羅納多酒店，還有一系列豪華公寓大樓。那些大樓俯瞰著與海軍特種作戰司令部共享的一片寬闊沙灘，我曾在那裡從飛機上跳下來，或是練習槍法。我就活在海豹傳奇中，也努力試著表裡如一！

我每星期至少跑三次那段二十六公里的路。有時也用跑的回家，星期五再添加一次越野跑。在標準配備的無線電袋裡，我放進了兩塊十一公斤的啞鈴，背負重物跑三十二公里，以增強股四頭肌的力量。我非常喜歡清晨五點起床，做三小時有氧運動後開始工作，而大多數的隊友這時甚至還沒喝完咖啡。這給了我心理上的優勢、更好的自我意識和極大的自信，讓我成為更好的海豹教官。這就是天一亮便起床運動的好處，會讓你在生活的各個方面都變得更好。

真正開始訓練的第一週，我跑了一百二十四公里。接下來那一週，跑了一百七十五公里，其中包括聖誕節那天的十九公里。再接下來一週，我把距離提高到一百七十九公里（注：即下頁圖片中的總計一一一．五哩），其中包括元旦那天的三十一公里（注：即下頁圖片中一月一日的十九哩）。之後那一週，我開始減少運動量，讓腿有機會休息，但還是跑了九十一公里。這些都是在馬路上跑的，但接下來要進行的是越野跑，而我以前從未跑過越野路線。我跑過叢林很多次，但從沒在計時表運行的情況下在小徑上跑很遠。「傷痛一百」是一條二十哩的賽道，聽說只有一小撮選手能跑完所有的五圈。這是我最後一次充實惡水報名資格的機會。我在「傷痛一百」上押了很多賭注，但對這場比賽和超馬還有很多不了解的地方。

我提前幾天飛往檀香山，入住哈勒科亞酒店，這是一家軍事旅館，現役軍人和退伍軍人在經過此地時會與家人一起入住。我研究了地圖，對地形有了基本了解，但還沒近距離觀察過，所以在比賽前一天開車去了夏威夷自然中心，凝視著天鵝絨般的玉色山丘。我只看到一片陡峭

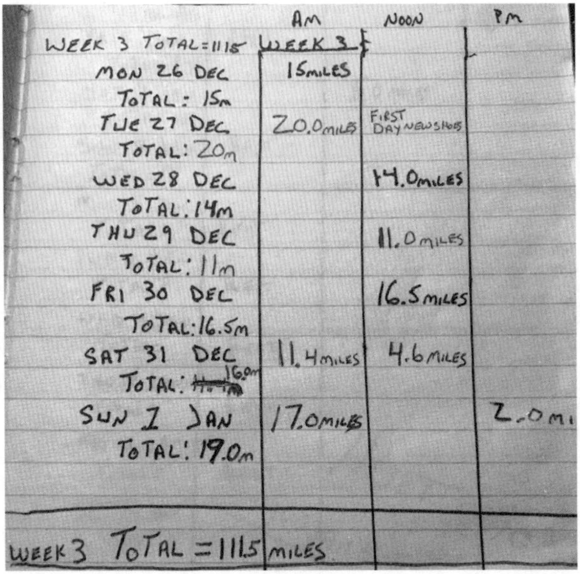

為「傷痛一百」進行特訓的第三週紀錄。

紅土消失在濃密綠意之中，沿著小徑走了八百公尺，但只能走這麼遠，因爲我正在讓腿休息。第一哩是直線上坡，那一哩路之後的一切，都暫時是個謎。

二十哩賽道上只有三個補給站，大多數運動員都是自力更生，按照自己的營養方案調整。我還是個新手，根本不知道自己需要什麼燃料。比賽當天早上五點半準備出發時，我在酒店遇到一位女士。她知道我是個菜鳥，問我帶了什麼東西來讓自己在比賽中保持體力。我給她看了我那數量稀少的調味能量膠，還有我的CamelBak戶外運動水壺。

「你沒帶鹽錠？」她一臉震驚。我聳聳肩，根本不知道鹽錠是三小。她把一百顆倒在我的手掌上。「每小時服用兩顆，避免抽筋。」

「收到。」

她微笑搖頭，好像已經看到我死在路上。

我的起跑很有力，感覺很棒，但比賽開始不久後，就知道自己面臨一條怪物般的賽道。我指的不是斜度和海拔差異，這些都在意料之內，而是一大堆出乎意料的岩石和樹根。我很幸運，這裡已經幾天沒有下雨，因爲我穿的只是一般的跑鞋，抓地力很弱。跑到第六哩，我的水壺破了。

我沒當一回事，繼續邁步，但因爲身上沒了水，只能依靠補給站補水，而它們彼此相隔數公里遠。我當時甚至還沒有我的「一人」啦啦隊——凱特那時在海灘上放鬆，打算在比賽後期才出現。這是我自己的錯，我保證她在這裡能好好度個假，她才願意一起來，而那天一早我堅持要她享受夏威夷，自己一個人去受折磨。

不管有沒有水壺，我的想法都是從一個補給站撐到下一個，路上再看情況。

比賽開始前，我聽到人們談論卡爾．梅爾策。我看到他在做伸展操熱身。他的綽號是「飛速山羊」，試圖成爲第一個在不到二十四小時內完成這場比賽的人——對我們其他人來說，時限是三十六小時。我的第一圈花了四個半小時，我覺得還可以，畢竟準備了那麼多天，這種成績是可以預料的；但我也感到擔心，因爲每一圈都是海拔高度總和大約一千五百公尺的起伏山路，每一步都需要高度集中注意力，以免扭傷腳踝，而這加劇了精神上的疲勞。每當內側肌腱刺痛時，感覺就像一根神經暴露在風中，我知道只要一次絆倒就可能扭傷那不穩定的腳踝，終結我的比賽。時時刻刻都感受到這種壓力，讓我燃燒的卡路里比預期得多。這是個問題，因爲我的燃料很少，而且身上沒有水，無法有效補充水分。

跑完第一圈後狂灌水，水在胃袋裡搖晃的時候，我開始了第二圈，緩慢地跑上那條一哩長、爬升高度兩百四十公尺的坡道（基本上是筆直上坡）。這時開始下雨了，紅土小徑在幾分鐘內就化作泥濘，鞋底沾滿紅土，變得像滑雪板一樣滑溜。我涉過深及小腿的水坑，上下坡時都腳步踉蹌。這是一項全身運動，但至少我有水喝了。每當覺得口渴，我就把頭向後仰，張大嘴巴品嘗雨水。雨水穿過三層樹冠而來，樹冠所在的這片叢林瀰漫著腐葉和糞便的味道。充滿生命力的狂野氣味侵入鼻腔，我滿腦子只想著我他媽還有四圈要跑！

到了第三十哩，身體向我釋放出一些正面消息——又或許這是身體對我的諷刺性恭維？腳踝處的肌腱疼痛消失了……因爲腳已經腫脹到足以穩定那些肌腱。這從長遠來看是一件好事嗎？應該不是，但在超馬賽道上就是要全力以赴，借助任何優勢撐過每一哩。與此同時，股四頭肌和小腿痛得就像被大鐵錘敲過。沒錯，我之前跑了很多，但大部分（包括我的越野跑），都是在聖地牙哥薄餅般的平坦地形上，而不是在濕滑的叢林小徑。

跑完第二圈時，凱特正在等我，她已經在威基基海灘度過了一個優閒的早晨，現在驚恐地看著我像《陰屍路》中的殭屍一樣從薄霧中出現。我坐下來盡可能灌水。那時消息已經傳開，大家得知這是我第一次參加越野賽。

你是否曾經當眾出糗，或者正經歷糟糕的一天、一星期、一個月或一年，周圍的人卻覺得有必要對你丟臉的原因發表評論？也許他們是在提醒你原本應該怎麼做才能取得不同的成果？現在想像一下，你吞下那些負面情緒，但必須在悶熱的叢林雨中再跑六十哩。聽起來很有趣嗎？沒錯，我成了比賽的焦點——嚴格來說是我和卡爾．梅爾策。沒人敢相信他打算在不到二十四小時的時間內跑完全程，而同樣令人困惑的是，我參加了地球上最危險的越野賽之一，補品不足，準備也不足，而且以前從沒參加過越野賽。當我開始第三圈時，近百名運動員中只剩下四十人繼續比賽，我開始和一個名叫路易斯．埃斯科瓦爾的人一起跑，第十次聽到以下這句話：

「所以這是你第一次參加越野賽？」他問，我點頭。「你真的挑了錯誤的……」

「我知道。」我說。

「這場比賽在技術上真的很……」

「沒錯，我是他媽的白痴，今天很多人這麼對我說。」

「沒差啦，」他說，「老兄，我們是一群在這種鬼地方跑步的白痴。」他遞給我一瓶水，他身上帶了三瓶。「拿著，我聽說你的水壺破了。」

這是我第二次參加這種比賽，開始了解超馬的節奏。這就像競爭心態與同袍之情之間的共舞，讓我想起了BUD／S。我和路易斯都在爭分奪秒，但也希望彼此成功。我們是孤獨參賽，也是一起參賽，而且他說的沒錯，我們就是兩個白痴。

夜幕降臨，我們置身於漆黑的叢林之夜並肩奔跑，頭燈的光芒融合在一起，形成更廣闊的光芒；然而一旦我們分開，我只能看到一個黃色的球在我前面的小路上彈跳。無數的絆索——小腿高的原木、濕滑的樹根、覆滿青苔的岩石——仍然隱藏在周圍，我腳滑、踉蹌、摔倒、罵髒話。到處都是叢林的喧鬧聲，引起我注意的不僅僅是昆蟲世界。在夏威夷所有的島嶼上，在山上用弓箭狩獵野豬是一項主要消遣，一流獵人經常把他們的鬥牛犬拴在叢林中，以培養找到野豬的嗅查力。我聽到每一隻飢餓的鬥牛犬在狂吠咆哮，還聽到一些豬的尖叫；我聞到牠們的恐懼和憤怒、尿液和糞便，還有酸臭的鼻息。

附近的每一聲吠叫或叫喊，都讓我的心跳漏掉一拍，讓我在很可能受傷的濕滑地形上跳起來。踩錯一步，都可能導致退出比賽，也錯過報名惡水的機會。我能想像科斯特曼聽到這個消息會點點頭，彷彿早就猜到這種鳥事會發生。現在的我很了解他，他其實從頭到尾都不是想找我麻煩，但那天在比賽時，我就是把他想得那麼壞。在歐胡島陡峭黑暗的山脈中，疲憊加劇了我的壓力，感覺已經接近我的絕對極限，但還有四十多哩路要跑！

在賽道的後側，經過一條漫長的高難度下坡道，進入黑暗潮濕的森林後，我看到另一顆頭燈在前面小徑上的切口盤旋。那個跑者繞著圈移動，當我追上他時，發現他是我在聖地牙哥遇過的一名匈牙利跑者，叫阿科斯・科尼亞。他是好客點賽道上最優秀的跑者之一，在二十四小時內跑了一百三十四哩。我喜歡阿科斯，也非常尊敬他。我停下來，看著他繞圈圈，一遍又一遍地跑過同一片地形。他是在找什麼東西嗎？還是出現幻覺了？

「阿科斯，你還好嗎，老兄？需不需要幫忙？」我問道。

「大衛，不！我……不用，我沒事。」他的眼睛就像滿月般的飛碟。他處於譫妄狀態，但我也自身難保，除了讓下一個補給站的工作人員知道他精神狀況出問題之外，我不知道能為他做些什麼。就像我說的，超馬賽道上有同袍之情，也有競爭心態，而因為他沒處於明顯的疼痛並拒絕我的幫助，我不得不換上野蠻人模式。還剩兩圈，我別無選擇，只能繼續前進。

我搖搖晃晃地回到起跑線，癱坐在我的椅子上，目光茫然。天色像外太空一樣漆黑，氣溫持續下降，雨還在淅淅瀝瀝地下著。我已經處於自身能耐邊緣，不確定是否還能再邁出一步。感覺我的燃料箱至少已經消耗了九十九％，「燃料不足」的警告燈亮著，我的引擎也顫抖著，而我知道如果要完成這場比賽、進入惡水，必須找到更多燃料。

但是當你每走一步都感到疼痛時，該如何鞭策自己？當痛苦成為滲透到身體每個細胞的反饋循環，乞求停止時，要如何強迫自己走下去？這很棘手，因為每個人對痛苦的耐受度都不一樣，唯一相同的，就是「認輸」的衝動，覺得自己已經付出了所能付出的一切，有理由放棄未完成的工作。

我們認為的極限，往往只是真正能力的四〇％

看到這裡，我相信你已經看得出來我很容易變得執著。有人批評我的熱情程度，但我並不認同當今主導美國社會的主流心態：叫我們順其自然，或學習如何事半功倍。那種「抄捷徑」的狗屁都可以滾一邊去。我之所以擁抱自己的執著，要求也渴望自己做到更好，是因為了解到，**只有在超越痛苦和折磨、超越我感知到的局限時，才有能力在身體和精神上取得更多成就——不僅在耐力賽中，也包括整個人生。**

我相信你也是如此。

人的身體就像一輛改裝車。表面上看起來可能不一樣，但在內心深處，我們都有巨大的潛力，和一個阻礙我們達到極限速度的調節器。在汽車中，調速器限制燃料和空氣的流量，以免引擎燒得太熱，而這給性能帶來了上限。這是一個硬體問題：調速器很容易移除，如果拿掉調速器，就能看著你的車像火箭一樣衝破時速兩百公里。

而在人類身上，這是一個比較微妙的過程。

我們的調速器深深埋藏在心智裡，與我們的身分交織在一起。它知道我們喜歡什麼、討厭什麼；它解讀我們一生的故事，然後形成我們看待自己的方式，以及希望別人如何看待我們。這是提供個人化反饋的「軟體」，反饋的形式是痛苦和疲憊，但也有恐懼和不安全感，而且它利用這些情緒來慫恿我們在放手一搏之前停下來。但重點是，它並沒有絕對的控制權。與引擎中的調速器不同，**心智裡的調速器無法阻止我們，除非我們相信它的謊話，同意放棄。**

可悲的是，大多數人在只付出最大能耐的四〇%左右就放棄了。即使覺得自己已經到達絕對極限，我們還有六〇%的力量可以發揮！覺得已到極限是調速器在運作！一旦知道這個眞相，你只須擴展疼痛的耐受度，放下自己的身分和所有自我設限的說詞，這樣就能發揮六〇%的實力，然後是八〇%，甚至更高而不放棄。我把這稱爲「四〇%法則」。這個法則之所以如此強大，是因爲如果遵循它，將解除你心智裡的封印，在運動和生活中達到新的表現水準、達到卓越，你的回報將遠遠超過單純物質上的成功。

四〇%法則可以應用到我們做的一切事情上，因爲人生幾乎沒有什麼事會完全如自己所願。挑戰總是存在，而無論是在工作還是學業上，或是在最親密或最重要的關係中感受到考驗，我們都會在某一刻很想背棄承諾、想放棄目標和夢想，在追求幸福的路上妥協，因爲當深埋在我們思想、心靈和靈魂中的寶貴力量只取用了不到一半，我們會感到空虛，彷彿已經被掏空。

我知道接近能量上的死胡同是什麼感覺，我有過太多次經驗了。我了解「妥協」的誘惑，但也知道這種衝動是源自你內心對舒適的渴望，而它並沒有告訴你眞相。你的身分試圖尋找庇護所，而不是幫助你成長；它追求的是「維持現狀」，而不是偉大或完整。不過，用來關閉調速器所需的軟體更新，其下載速度並非超音速。想獲得二十年的經驗就需要二十年的時間，而**想發揮超過四〇%的實力，唯一的方法就是日復一日地讓心智長出繭皮**。這意味著你必須追求痛苦，彷彿這就是你該死的工作！

想像你是一名拳擊手，上擂臺的第一天，下巴就挨了一拳。這會讓你痛得要命，但你在成爲拳擊手的第十年，就不會被區區的一拳阻止，而是能夠承受十二回合的重拳，並在隔天回來繼續戰鬥。並不是對手的拳頭變弱了——你的對手們甚至會變得更強大——變化是發生在你的大腦裡。你讓心智長出了繭皮。經過一段時間，你心理和身體上對痛苦的容忍度已經擴大了，因爲你的軟體知道，你可以承受的不僅僅是一拳，而且如果在任何試圖擊垮你的任務上堅持下來，你會獲得回報。

不喜歡拳擊？那麼，假設你喜歡跑步，但小腳趾骨折了。我敢打賭，如果繼續跑下去，很快就得用斷腿跑步。聽起來不可能，對吧？但我知道這是眞的，因爲我曾在骨折的情況下跑步，而這項認知幫助我忍受了超馬賽道上的各種痛苦，在我油箱乾涸時，揭開了一道清澈的自信之泉，讓我可以汲取。

不過，沒有人能立刻或一口氣全部動用那六〇%的儲備燃料。第一步是記住，一開始感受到的疼痛和疲勞是你的調速器在運作。只要記住這一點，就能控制腦中的對話，也能提醒自己，你並不如想像中那麼疲憊，你其實還沒有全力以赴，還差得遠呢。接受這個想法會讓你繼續戰鬥下去，能給你額外提供五%的燃料。當然，這說來容易做來難。

展開「傷痛一百」的第四圈並不容易，因爲我知道這會有多痛，而當你在發揮了四〇%時覺得油盡燈枯、脫水、虛脫、全身撕裂，想找到額外的六〇%感覺像是不可能。我不想讓折磨繼續下去，沒有人想！這就是爲什麼「疲勞使每個人都變成懦夫」這句話乃千眞萬確。

請注意，那天我對四〇%法則一無所知。我是在參加「傷痛一百」時才第一次開始深入思考這個問題，但之前已經撞牆過很多次，也學會了保持處在當下和開放的心態，即使在最低潮的時候也能重新校準目標。我知道堅持戰鬥永遠是最困難、卻也最值得的第一步。

當然，離開瑜伽課去海灘散步時，保持開放的心態很容易，但正在受苦時，保持開放的心態就很困難了。在工作或學業上面臨艱鉅的挑戰時也一樣。也許你正在應付考卷上的一百個問題，知道已經搞砸了前五十個，這時候，維持必要的自律來強迫自己繼續認眞對待考試，是極度困難的。找到這種自律心態非常重要，因爲每次失敗都會有所收穫，即使這只是爲了你必須參加的下一次考試而舉行的模擬考，因爲那下一個考驗一定會到來，這點無庸置疑。

開始跑第四圈時，我並沒有帶著任何信念。我處於觀望狀態，爬到半山腰時覺得頭暈，不得不在樹下坐了一會兒。兩名跑者從我身邊陸續經過，他們想查看我的狀態，但我揮手要他們繼續前進，告訴他們我很好。

是啊，我好得很，跟阿科斯·科尼亞一樣好。

從我的位置可以看到上方的山頂，我鼓勵自己至少用走的到那裡。如果到了山頂還是想退出，我告訴自己，我會願意退出，沒跑完「傷痛一百」並不可恥。我一次又一次這麼對自己說，因爲我們的調速器就是這樣運作的。它會安撫你的自我，阻止你實現目標。然而，到達山頂時，這更高的點給了我新的視角，看到遠處的另一個地方，於是決定也走完這一小片泥土、岩石和樹根——你知道的，在我決定退賽之前。

到達那裡時，我凝視著一段長長的下坡路，儘管地形崎嶇，看起來還是比上坡輕鬆得多。不知不覺中，我已經進入可以制訂策略的狀態。第一次爬的時候，我頭暈目眩、虛弱不堪，因此陷入混亂狀態，腦袋塞住了，沒有餘力制訂策略。我只想放棄，但因爲又前進了一段距離，我得以重整大腦，冷靜下來，意識到可以把比賽切成好幾塊。以這種方式留在比賽中給了我希望，而「希望」是會讓人上癮的。

我就這樣把比賽分塊進行，收集一枚枚「五%額外燃料」的籌碼，解鎖更多能量，燃燒它們。時間就這樣繼續推移到凌晨。我累得差點睡著，而這在一條有一大堆彎道和陡坡的小路上是很危險的。任何跑者都很容易處於夢遊狀態而摔下山，唯一讓我保持清醒的，就是糟糕的路況。我摔倒了幾十次，穿的街頭鞋根本不適合這裡，感覺就像在冰上奔跑，不可避免的摔倒總是把我嚇一跳，但至少喚醒了我。

靠著「跑一會兒，然後走一段路」，我終於前進到第七十七哩，所有下坡中最艱難的一段，就在這時候，我看到「飛速山羊」卡爾．梅爾策在我後面翻過山頂。他頭上戴著一盞燈，手腕上也繫著一盞，腰包裡裝著兩大瓶水。在粉紅晨光中，他衝下斜坡，穿過一段讓我跌跌撞撞、必須摸索樹枝才能保持直立的路。他即將在距離終點線三哩的地方整整超越我一圈，創下以二十二小時十六分鐘完賽的紀錄，但我印象最深刻的，是他在以每哩只花六分三十秒的驚人配速奔跑時看起來多麼優雅。他就像懸浮在泥濘上，處於一種完全不同的禪境，腳幾乎沒接觸地面，那幅景象真他媽的美。對於我在拉斯維加斯馬拉松賽之後一直想著的問題，飛速山羊是個活生生的答案。

我有什麼能耐？

看著那個硬漢在最具挑戰性的地形上施展輕功，讓我意識到世上還有另一個級別的運動員，但那種運動員的一部分也存在我體內——事實上，它存在我們每個人體內。我不是說基因對運動表現沒有影響，也不是說每個人都有一種未被發現的能力，可以兩分半跑完一公里、像「詹皇」雷霸龍．詹姆士那樣灌籃、像史蒂芬．柯瑞那樣投籃神準，或在二十二小時內跑完「傷痛一百」。我們的體能底線或極限都不一樣，但每個人都擁有龐大而不自知的潛能，而談到超馬這樣的耐力運動，每個人都能實現自以爲不可能的壯舉。爲了做到這一點，我們必須改變想法，願意放棄自己的身分，付出額外的努力來找出更多，才能變成更多。

我們必須解除調速器。

那天在「傷痛一百」的賽道上，看到梅爾策像超級英雄一樣奔跑後，我在萬般疼痛下完成了第四圈，並花了點時間看著他在團隊的簇擁下慶祝。他剛剛完成了前所未有的壯舉，而我還需要再跑一圈。兩條腿像橡膠一樣軟，雙腳腫脹，我不想再跑下去，但也知道這是我的痛苦在說話。我眞正的潛力還沒有確定，事後回想起來，當時付出了約六〇％，這意味著我的燃料箱當時差不多是半滿。

觀想可能面臨的障礙，為戰鬥做準備

很想坐在這裡告訴你，我那時已經全力以赴，在第五圈時把燃料箱榨乾了，但我當時還只是超馬星球上的遊客，並沒有主宰自己的心智，而是在實驗當中，仍處於發現模式，用走的完成了第五圈，也是最後一圈。第五圈花了我八小時，但雨已經停了，夏威夷溫暖陽光的熱帶光芒感覺非常美妙，而我完成了工作。我用了三十三小時二十三分鐘跑完「傷痛一百」，勉強符合三十六小時的時限，也足以獲得第九名。只有二十三名運動員完成了整場比賽，我是其中之一。

賽後澈底虛脫，兩個人把我抬到車上，凱特不得不用一張該死的輪椅把我推回房間。回到房裡，我們還有更多事要做。我想盡快完成惡水報名，所以連小憩一下都沒有，立刻開始琢磨怎麼寫報名表。

幾天之內，科斯特曼寫了電子郵件給我，告訴我已被惡水賽事錄取。那眞是很棒的感覺，而這也意味著，在接下來的六個月裡，我會有兩份全職工作：我是海豹戰士，同時要爲惡水超馬做充分準備。這一次我會安排具體策略，因爲我知道爲了有最好的表現——如果想跨越四〇%的門檻，耗盡燃料箱，充分發揮潛力——我首先必須給自己一個機會。

我對「傷痛一百」的研究或準備不夠充分。我沒料到地形那麼崎嶇；我在比賽的第一部分沒有支援人員，也沒有備用水源；我沒有帶兩個頭燈，充足的燈光在漫長而淒涼的夜晚會有所幫助；而且雖然我確實覺得已經全力以赴，但其實根本沒有機會汲取一〇〇%的力量。

惡水將會不一樣，我日日夜夜都在研究。研究賽道，記錄溫度和海拔的變化，並畫成圖表。我在意的不僅僅是氣溫，而是鑽研得更深，查清楚在死亡谷最熱的那天，柏油路會有多燙。我上網搜尋比賽影片，看了幾個小時，還閱讀了完成該賽事的跑者的部落格文章，記下他們的缺失和訓練技巧。此外，還驅車北上前往死亡谷，探索整個路線。

近距離觀察地形時，才發現它有多殘酷。前六十七公里一片平坦——就像穿越上帝的煉鐵高爐。這段路將是我取得領先優勢的最佳機會，但想活下來，需要支援人員開兩輛車在路上交替等我，並每隔五百公尺設置一個冷卻站。這個想法讓我興奮不已，但話說回來，我還沒實際經歷。我在花朵盛開的沙漠春日裡開著車窗，聽著音樂，太他媽的舒服了！這一切仍然只是該死的幻想！

我畫下設置冷卻站的最佳地點，記下哪裡的路肩較寬，以及必須避免在哪裡停下來。我還記下加油站，和其他可以補水、買冰塊的地方，雖然數量不多，但我都在地圖上標示出來。穿越沙漠關卡後，可以從炎熱中稍稍緩過來，但必須付出海拔高度這個代價：比賽的下一階段是爬升二十九公里，到海拔一千四百八十公尺的湯恩隘口。那時太陽應該正要下山，而在開完那段路後，我把車停在路邊，閉上眼睛，想像這一切。

研究是準備的一部分，觀想是另一部分。爬過湯恩隘口後，將面臨一段陡峭的十四公里下坡路，我能在腦海中看到它從隘口頂部展開。我從「傷痛一百」學到的一件事，是跑下坡會讓你很慘，而這次我將在柏油路上這麼做。我閉上眼睛，敞開心，試著感受股四頭肌、小腿、膝蓋和脛骨的疼痛。我知道股四頭肌會在這條下坡路上首當其衝，所以記下「增加肌肉」這條待辦事項。我的大腿必須變成鋼鐵。

從一百一十六公里處爬上達爾文隘口的二十九公里上坡路，將是人間煉獄。我必須用「跑走法」通過那段路，但到時太陽已經下山了，我將在孤松鎮享受一些涼意，從那裡可以再趕些進度，因爲路面將再次變得平坦，之後是最後的二十一公里路，將爬上惠特尼山登山口，到達海拔兩千五百五十二公尺的終點線。

話說回來，在記事本寫下「趕些進度」很容易，實際到來的那一刻真的做到這一點又是另一回事，不過至少我做了筆記。它們與我寫了注解的地圖一起組成了我的「惡水檔案」，我就像準備另一次ASVAB考試那樣研究它。我坐在廚房餐桌旁再三研究這些資料，盡我所能在腦海中觀想每一公里路，但我也知道身體還沒有從夏威夷的賽事恢復過來，這阻礙了我要為惡水做的另一項恐怕更重要的準備：體能訓練。

我急需體能訓練，但肌腱還是很痛，幾個月都無法跑步。日子一天天飛快過去。我必須練肌肉，盡可能成為最強壯的跑者，而「沒辦法像我希望的那樣鍛鍊」這個事實削弱了我的信心。另外，我要參加惡水的消息已經在工作場所傳開，雖然從海豹戰友那裡得到一些支持，但也聽到一些負面看法，尤其當他們發現我還是沒辦法跑步。不過這不是什麼新鮮事，有誰的夢想從來沒有被朋友、同事或家人潑冷水？大多數人都非常有動力去做任何事以追求自己的夢想，直到周圍的人提醒我們那麼做的危險、缺點、我們自身能力的局限，以及之前有多少人沒有成功。這種建議有時是出自善意，他們真心相信這麼做是為你好，但如果真的讓他們這麼做，這些人會說服你放棄夢想，而你的調速器也會幫助他們做到這一點。

這就是我發明餅乾罐的原因之一。我們必須創建一套系統，在處於最佳狀態時不斷提醒自己「我是誰」，因為跌倒的時候，人生可不會扶我們起來。路上會有岔路，會有人在背後捅你一刀，你前方會有山要爬，而你在自己心中有多少能耐，就只能發揮多少能耐。

所以你必須做好準備！

我們本來就知道人生可能會很艱難，但當人生不公平時，我們卻又自怨自艾。從這一刻開始，請把以下的「哥金斯自然法則」牢記於心：

- 你會被取笑。
- 你會覺得沒有安全感。
- 你可能不是一直都第一名。
- 你可能是某個場合唯一的黑人、白人、亞洲人、拉丁裔、女性、男性、男同性戀、女同性戀或〔在這裡填寫你的身分〕。
- 有時你會感到孤單。

振作起來！

我們的心智非常強大，是我們最強大的武器，我們卻不再使用它。現代人能取得的資源遠比古人多，能力卻遠比古人低。如果你想在這個變得越來越柔弱的社會成為反抗這些趨勢的少數人之一，就必須願意與自己開戰，並創造一個全新的身分，而這需要開放的心。有趣的是，「開放的心」常常被貼上新時代或軟弱的標籤，操他媽的才不是。保持足夠開放的心去尋找出路，這是老派的做法，是大老粗的做法，我就是這麼做的。

我借了朋友史托克的自行車（他也是第二三五班畢業的），不再跑步去上班，而是每天騎車往返。全新的海豹第五分隊健身房裡有一部橢圓機，我每天使用一次，有時兩次，而且身上穿著五層衣服！死亡谷的高溫讓我非常害怕，所以我模擬了那種狀態。我穿了三、四條運動褲，以及幾件套頭運動衫、一件連帽衫和一頂羊毛帽，再用一件Gore-Tex外套包裹起來。在橢圓機上運動兩分鐘後，心率就達到每分鐘一百七十下，而且我一次做兩個小時。在此之前或之後，我會跳上划船機，划個三十公里。我從不做只維持十到二十分鐘的運動，整個心態就是超馬，也必須如此。之後，我的戰友會看到我把衣服擰乾，擰出來的水就像我剛剛是把衣服浸在河裡一樣。大多數人都以為我瘋了，但我昔日的BUD／S教官銀背猩很喜歡看到這一幕。

那年春天，我被任命為加州尼蘭德基地海豹部隊的陸戰教官。尼蘭德是南加州沙漠中的一小片荒地，旅行拖車停車場裡擠滿了失業的冰毒毒蟲。那些吸毒的流浪漢住在索爾頓湖邊的破舊聚落（索爾頓湖是距離墨西哥邊境九十六公里的內陸水域），是我們唯一的鄰居。每當我在街上跑個十五公里、經過他們時，他們都會盯著我，好像我是外星人，從他們的冰毒幻覺中來到現實世界。話說回來，我在超過攝氏三十七度的高溫中穿著三層衣服和一件Gore-Tex外套，看起來確實像來自遠方的邪惡使者！那時我的傷勢已經可以控制，我就一次跑十五公里，然後揹著二十三公斤的背包在尼蘭德周圍的山上健行幾個鐘頭。

我訓練的海豹成員也覺得我是外星人，其中一些人覺得我比冰毒毒蟲還可怕。他們認為我一定在另一片沙漠的戰場上碰到什麼事，在那裡的戰爭可不是一場遊戲。他們不知道的是，我的戰場就是我自己的心智。

我開車回到死亡谷自主訓練，穿著桑拿服跑了十六公里。這鬼東西悶熱得就像褲襠裡的蛋蛋，但前面有世上最艱難的比賽在等著我，而我已經跑過兩次百哩的比賽，知道跑那麼久的感覺，一想到必須再加上三十五哩（注：惡水超馬全長一百三十五哩，約兩百三十七公里），我就驚慌失措。當然，我嘴上很會講，表現出各式各樣的信心，並籌到了數萬美元，但內心深處並不知道自己是否有能力完成比賽，所以不得不發明野蠻的體能訓練來給自己一個機會。

隻身一人時，你需要很大的意志力來推動自己。我討厭早上一起床就知道接下來一天有哪些例行公事。這種感覺很孤獨，但我知道，在惡水賽道上，我會達到一個無法忍受、感覺難以克服的痛苦境地。也許那會發生在第八十或一百公里，也許更晚，但我一定會在某一刻想退出，而我必須能在一秒內做出決定，繼續留在比賽中，並汲取我尚未取用的六〇%。

在孤獨的高溫訓練期間，我開始剖析「放棄」的想法，並意識到，如果要發揮到接近我的絕對潛力，並讓戰士基金會以我為榮，不能只是在那些簡單疑問出現時回答之，而是必須在放棄的心態取得任何立足點前就壓住它。在問自己「為什麼」之前，必須想起我的餅乾罐來說服自己：「不管身體說什麼，我對痛苦免疫。」

因為沒有人是在一瞬間決定退出超馬或地獄週。退訓者通常是在敲鐘的幾個小時前就決定退出，所以我必須專注於當下，以辨識出身體和心智什麼時候開始衰退，這樣才能在陷入困境前就切斷放棄的衝動。我在聖地牙哥一日賽採取的做法，無視痛苦或掩蓋真相，這次是行不通的；如果你正在尋找你的一〇〇%，就該對自己的弱項和缺點進行分類，不要無視之。你必須爲它們做好準備，因爲在任何耐力賽中，在任何高壓環境裡，你的弱點都會像報應一樣浮現，逐漸增加，最終壓垮你，除非你對它們先下手爲強。

這是在鍛鍊「辨識」和「觀想」。**必須辨識出你即將要做什麼，看清楚你不喜歡它的哪些地方，並花時間在腦中觀想你能想像的每一個障礙**。我害怕炎熱，所以在參加惡水之前，我想像了新的、中世紀風格的自我折磨儀式，將它們僞裝成訓練。我告訴自己對痛苦免疫，但這並不意味著對疼痛免疫。我和其他人一樣會覺得痛，但我想辦法解決並繞過疼痛，這樣它就不會讓我崩潰。

在人生的賽道上，沒有終點線

二〇〇六年七月二十二日早上六點，站在惡水超馬的起跑線時，我已經把體內的調速器調至八〇%。我在六個月內將上限提高了一倍，你知道這給了我什麼保證嗎？

什麼狗屁保證都沒有。

我在惡水的起跑並不順利。新秀們早上六點出發，資深跑者早上八點，而眞正的角逐者要到上午十點才出發，這讓他們置身於死亡谷最熱的時刻。克里斯·科斯特曼是個很搞笑的混球，但他不知道自己給了某個強悍的狠咖一個巨大的戰術優勢。我不是說我，我是說阿科斯·科尼亞。

我的第一場惡水超馬賽。

阿科斯和我前一天晚上在爐溪旅館見面，所有運動員都住在那裡。他也是第一次參加惡水，而跟我們上次見面相比，他看起來好多了。儘管他在「傷痛一百」中遇到問題（順道一提，他用了三十五小時十七分鐘完賽），但我知道阿科斯是個強者，而由於我們都在第一組，所以我跟著他的配速穿過沙漠。這眞是糟糕的決定！

在一開始的二十七公里，我們並肩而行，看起來就像一對怪異的情侶。阿科斯這個匈牙利人身高一百七十公分，體重五十五公斤；我則是這裡最大隻的傢伙，身高一百八十五公分，體重八十八公斤，也是唯一的黑人。阿科斯有拿到贊助，穿著色彩繽紛、布滿品牌商標的服裝；我則穿著破爛的灰色背心、黑色跑步短褲，戴著流線型的歐克利太陽眼鏡。我的腳和腳踝被加壓繃帶包裹著，塞在已經變軟但仍有彈性的跑鞋裡。我沒穿海豹裝備或戰士基金會的服裝，我比較喜歡低調點。我是一道影子，潛入一個痛苦的新世界。

儘管阿科斯的節奏很快，但炎熱的天氣沒影響到我，部分原因是現在天色尚早，也因爲我的高溫訓練非常有效。目前爲止，我們是上午六點組最好的兩名跑者，當我們在上午八點四十分經過爐溪旅館時，上午十點組的一些跑者正在外面，其中包括衛冕冠軍的史考特．傑瑞克——惡水紀錄保持人，也是超馬傳奇人物。他一定知道我們速度挺快，但我不確定他是否意識到，他剛剛瞥見的是他最頑強的競爭對手。

不久後，阿科斯和我拉開了一些距離。在四十二公里處，我開始意識到自己又跑得太快了。我頭暈目眩，而且要應付一些腸胃問題。翻成白話：我必須在路邊拉屎。這一切都源於嚴重脫水。我腦子裡轉著一個又一個可怕的預測，退賽的藉口堆積如山，但我充耳不聞。我的反應是解決脫水問題，喝下比我想喝的更多分量。

下午一點三十一分，我在六十八公里處通過了煙囪井這個檢查點，比阿科斯晚了整整一小時。我已經在賽道上待了七個半小時，這時幾乎只能用走的，光是能用自己的雙腳穿越死亡谷就很自豪了。我休息了一下，去了一間像樣的廁所，換了衣服。腳腫得比預期嚴重，而且右腳的大腳趾已經摩擦鞋側好幾個鐘頭，所以停下來休息就像甜蜜的解脫。我感覺左腳側邊起了個血泡，但我知道最好不要脫掉鞋子。大多數運動員會爲了跑惡水調整鞋子的尺碼，但即使如此，他們也會剪掉大腳趾的側板，爲腫脹預留空間並盡量減少擦傷。我沒這麼做，而且我還有一百四十五公里要跑。

爬了二十九公里的上坡路，來到海拔一千四百八十公尺的湯恩隘口。正如預料的那樣，登上隘口時，太陽下山了，空氣變涼了，所以我又穿上一層衣服。在軍隊裡，我們總是說「我們不是提升到自己期望的水準，而是落到我們訓練的水準」，而在帶著疼痛的血泡沿著蜿蜒的公路上行時，我進入了在尼蘭德的沙漠揹著背包行進時同樣的節奏。我不是用跑的，但維持強勁的步伐，前進了很長的路。

我堅持自己的劇本，跑完整條十四公里的下坡路，股四頭肌為此付出代價，左腳也是。血泡每分鐘都在變大，我能感覺它接近熱氣球的狀態。眞希望它能像老動畫片裡那樣持續擴大，衝破鞋子，繼續膨脹，帶我飄進雲端，把我扔到惠特尼山的山頂。

可惜沒這麼好運。我繼續走，而除了我的支援人員，其中包括妻子凱特（她是隊長）和我媽，我沒看到其他人。前方的路漫長得好像永遠走不完，我在星光閃爍的黑色穹頂下行進。走了這麼久，以為一大群跑者隨時會出現，把我拋在身後，但沒人出現。這顆痛苦星球上有生命的唯一證據，就是我自己灼熱的呼吸、血泡的灼燒感，以及在加州夜色下疾馳而過的公路旅行者的遠光燈和紅色尾燈——直到太陽再次升起，在第一百七十七公里處出現一大群飛蟲。

那時我已筋疲力盡且脫水，身上沾滿汗水、泥土和鹽分。馬蠅一一朝我俯衝轟炸，兩隻變成四隻，又變成十隻和十五隻。牠們在我的皮膚上拍打翅膀，咬我的大腿，爬進我的耳朵。這簡直就像《聖經》裡的天災，也是我最後的考驗。我的支援人員輪流用毛巾拍掉我皮膚上的馬蠅。我已經處於個人最佳，靠雙腳行進了一百七十七公里，「只剩下」四十公里，這些惡魔蒼蠅根本不可能阻止我——應該吧？在接下來的十三公里路上，我繼續前進，我的夥伴則繼續幫我拍馬蠅！

自從看著阿科斯在第二十七公里處從我身邊跑開後，我再也沒見過另一名惡水跑者，直到第一百九十六公里，凱特開車來到我身邊。

「史考特．傑瑞克在你身後三公里處。」她說。

賽事已經進行了超過二十六小時，阿科斯已經完成比賽，但傑瑞克這才要追上我，這意味著我的成績一定非常好。我用跑的距離並不多，但在尼蘭德的那些特訓讓我的徒步步伐變得迅速又有力。我用走的不到十分鐘就能走一公里，並在途中邊走邊吃來節省時間。一切結束後，我查看所有參賽者的分段和完賽時間，意識到我最大的恐懼——炎熱——其實幫了我。它是優秀的均衡器，讓跑得快的人變慢了。

因爲傑瑞克緊追在後，我在進入惠特尼山口路、開始最後二十一公里上坡路時受到激勵，全力以赴。當道路像一條蛇鑽向雲端時，我想起賽前做的策略：在斜坡上用走的，在平地上用跑的。傑瑞克不是在追趕我，但他確實正在逼近。阿科斯用了二十五小時五十八分鐘完成比賽，而傑瑞克那天並沒有處於最佳狀態。他想衛冕惡水冠軍的時間限制正在迅速逼近，但他擁有一項戰術優勢：他提前知道阿科斯的完賽時間，也知道自己的分段時間。阿科斯沒有這些優勢，而且還在公路某處停下來小睡了三十分鐘。

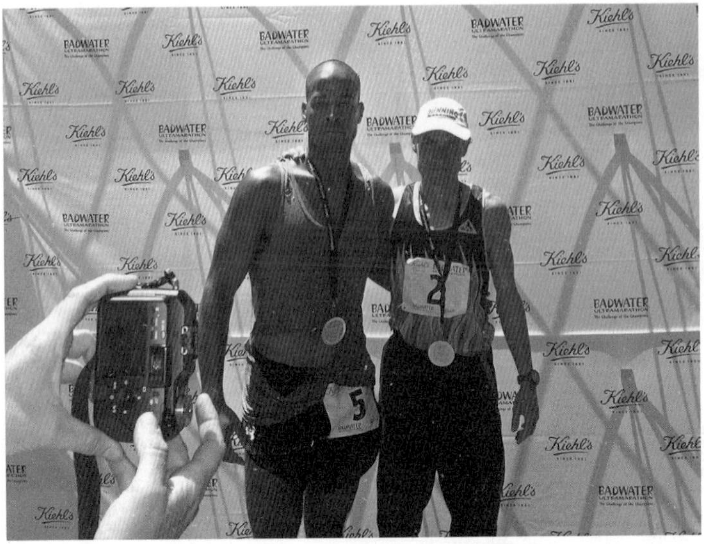

在二〇〇七年第二次參加惡水，我拿下第三名，
阿科斯再次獲得了第二名，圖中是我和他合影。

傑瑞克並不是隻身一人。他有個配速員緊隨其後，一名強大的跑者，名叫達斯帝．歐森。聽說歐森自己在這場比賽至少跑了一百一十三公里。我聽到他們從後面靠近，道路每次形成髮夾彎時，都能看到他們在我下方。最後，在兩百零六公里處，在這整場該死的比賽最陡峭的道路上最陡峭的路段，他們就在我身後。我停下來讓到一旁，爲他們加油。

傑瑞克當時是史上速度最快的超馬跑者，但他的步伐在比賽後期並不是非常強勁。他的優點是「自始至終穩定的表現」，用從容不迫的每一步砍下這座雄偉高山。他穿著黑色跑步短褲、藍色無袖上衣和白色棒球帽，他身後的歐森留著用頭巾紮起的及肩長髮，除此之外兩人的制服一模一樣。傑瑞克是騾子，歐森是騎手。

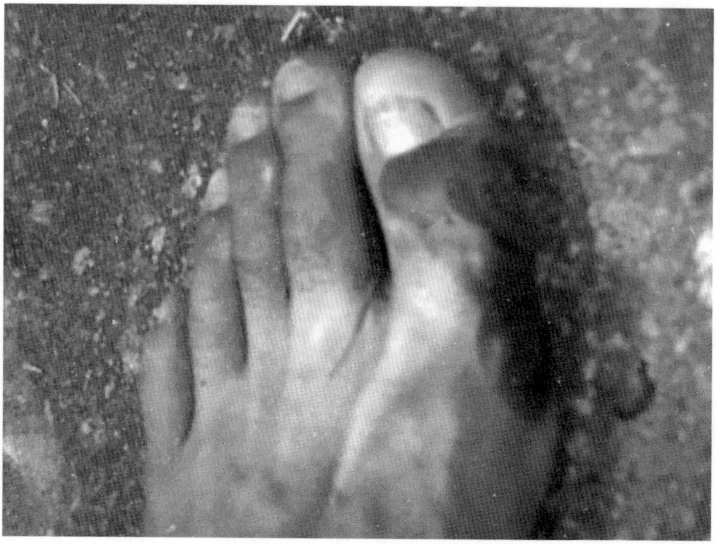

腳趾血泡在惡水結束後的狀態。

「加油，老傑！衝啊，老傑！這是你的比賽，」兩人從我身邊經過時，歐森說道，「沒人比你厲害！一個都沒有！」他們向前跑時，歐森一直在說話，提醒傑瑞克他還有更多力量可以發揮。傑瑞克照做，繼續朝山上衝刺。他在無情的柏油路上全力以赴，那一幕真是不可思議。

傑瑞克最終贏得了二〇〇六年的惡水賽，以二十五小時四十一分鐘的成績完賽，比阿科斯快了十七分。阿科斯一定對自己的小睡感到後悔，但這不是我要關心的問題，我自己也有一場比賽要完成。

惠特尼山口路沿著一座乾燥裸露的岩石懸崖蜿蜒十六公里，然後在雪松和松樹叢中才有陰涼處。在傑瑞克和他團隊的刺激下，我在最後十一公里大部分都是用跑的。我用髖部推動雙腿前進，步步痛苦，但經過三十

> *Chris, I'm sure you get plenty of requests for rookie waivers to enter the race, but I'd really appreciate it if you and your folks would give this serious consideration. This request is not for myself but is on the behalf of a guy that works for me...This is where I introduce a man who is going to put in an entry application – Dave Goggins. I put him through BUD/S in 2001 and quickly identified him as incredibly talented. His strength and endurance are extraordinary. He graduated SEAL training and volunteered to go to Army Ranger School where he graduated as the honor man, no small feat...Because he is an instructor on my staff...it is nearly impossible for him to complete the pre-requisites for entry. He is simply the best endurance athlete with the greatest mental toughness I have ever seen. I would put my reputation as a Naval Officer and SEAL on the line to say he would successfully complete the race and finish in the top 10%...If accepted he would like to run under the U. S. Navy SEAL Team logo as well as raise money for the Special Operations Warrior Foundation (SOWF). Thanks for your consideration.*
>
> *Very Respectfully,*
> *SBG*

銀背猩寫給科斯特曼的電子郵件。他說得沒錯，我確實跑進了前10%的名次！

小時十八分鐘五十四秒的奔跑、行走、流汗和折磨後，我在一小群人的歡呼聲中衝過了終點線。一路上有三十次想放棄，我必須在心理上慢慢熬過兩百一十七公里，但那天有九十名跑者參加比賽，我排名第五。

我拖著沉重的步子走到樹林裡的一個草坡，躺在一片松針落葉上，凱特解開我的鞋帶。那顆血泡已經完全占據了左腳，大得看起來像第六隻腳趾，顏色和質地就像櫻桃泡泡糖。我驚奇地看著血泡時，凱特從我腳上取下加壓繃帶，然後我搖搖晃晃走上臺，從科斯特曼手中接過獎牌。我剛剛完成了地球上最艱難的比賽之一。我至少有十次在腦海中想像過這一刻，以爲我會很高興，但事實並非如此。

科斯特曼把獎牌遞給我，握了我的手，並爲群眾採訪了我，但我有些心不在焉。他說話時，我想起最後的爬坡和海拔兩千四百多公尺的隘口，那裡的景色簡直就像幻境，我能看到遠方的死亡谷。在這一場可怕的旅程即將結束時，我看到了我是從哪裡來的。這是我這個扭曲人生的完美比喻。我再次以二十種不同的方式被打倒、摧毀，但我又通過了一場進化，另一次嚴酷考驗，我的獎勵絕不僅僅是一枚獎牌和科斯特曼用麥克風採訪我的幾分鐘。

我的獎勵是我為自己設下了新的標竿。

我閉上眼睛，看到傑瑞克和歐森、阿科斯和卡爾．梅爾策，他們都有我沒有的某樣東西。他們懂得如何耗盡最後一滴燃料，讓自己能夠贏得世界上最艱難的比賽，我也該為自己找到這種感覺了。我像瘋子一樣做足準備，我了解自己，也了解這裡的地形；我沒有讓放棄的心態追上，回答了那些簡單的疑問，繼續留在比賽中，但我還有更多事情要做，還有更高的地方等我爬上去。一陣涼爽的微風吹過群樹，吹乾了皮膚上的汗水，舒緩了痠痛的骨頭。風在我耳邊低語，分享一個祕密，這個祕密像不停歇的鼓聲一樣在我腦中迴響。

沒有終點線，哥金斯。沒有終點線。

挑戰7　移除大腦的調速器

鞭策自己超越設定，和自己打一場心理戰

這項挑戰的主要目標，是慢慢開始將調速器從你的腦中移除。

首先，我快速提醒一下這個過程是如何運作的。一九九九年，我體重一百三十五公斤，第一次跑步只跑了四百公尺。快轉到二〇〇七年，我在三十九小時內不間斷地跑了三百三十公里。我不是一夜之間就達到這種境界，也不指望你這麼做。**你要做的，是在平時會停下來的時候，卻堅持下去**。

無論是在跑步機上跑步，還是做一組伏地挺身，覺得非常疲倦和痛苦時，你的大腦會懇求你停下來。我要你在這時候鞭策自己多付出五%到一〇%。如果每次鍛鍊最多只能做一百個伏地挺身，那就鞭策自己做一百零五或一百一十個；如果通常每星期跑五十公里，下星期就多跑一〇%。

這種逐漸的加量可以防止受傷，並讓身體和心智慢慢適應新的工作量，也能重置你的基準

線。這很重要，因為你將在下星期，以及之後的下下星期，將工作量再增加五%到一〇%。

身體上的挑戰會帶來非常多的疼痛和折磨，因此這是「掌控內心對話」的最佳訓練，而在身體鍛鍊方面持續增長而獲得的新的心理力量和自信，將影響你生活的其他方面。你會意識到，如果在身體挑戰上表現不佳，那麼很可能在學業和工作上也表現不佳。

總歸來說，人生就是一場大型心理遊戲，唯一要對抗的人就是你自己。堅持這個過程，很快就會發現**你原以為不可能做到的事，會成為你人生中天天都在做的事情**。

我想聽聽你的故事，請發表在社群媒體上，並打下主題標籤：「#canthurtme（#我刀槍不入）」「#The40PercentRule（#四〇%法則）」「#dontgetcomfortable（#別窩在舒適圈裡）」。

第八章

無需天賦，而在於
鬥志、努力和時間安排

沒有戰略思維帶來的教訓

在這輩子第一次參加長距離鐵人三項比賽的前一天晚上，我和媽媽站在凱魯瓦（夏威夷大島西岸的一個美麗小鎮）一棟價值七百萬美元的海濱別墅露臺上，看著月光在水面上舞動。大多數人都知道凱魯瓦和鐵人三項，這都要歸功於「鐵人三項世界錦標賽」。儘管世界各地舉辦的奧運距離和短距離三項賽遠比鐵人三項賽更多，但在凱魯瓦舉辦的元祖鐵人三項，才是讓這項運動進入國際視野的原因。比賽一開始是三・八公里的長泳，然後是一百八十公里的自行車騎行，最後是四十二公里的全程馬拉松。酷熱的熔岩平原反射出熱氣廊道，加上猛烈多變的風勢，這場比賽讓大多數參賽者痛苦不堪，但我來這裡不是為了這個。我來到凱魯瓦，是為了參加另一場比賽，它比較沒那麼廣為人知，但自虐度更為激烈——我要來爭奪「超級鐵人」的稱號。

接下來的三天，我將游十公里，騎四百二十公里，然後跑一場全馬雙倍距離的馬拉松，環繞整個夏威夷大島。這次也是為「特種作戰戰士基金會」籌款，而因為我在惡水賽後被報導並接受媒體採訪，一位從未見過面的大富翁邀請我入住他在夏威夷的豪華宮殿，我將在這裡準備參加二〇〇六年十一月的「超級鐵人世界錦標賽」。

那位富豪這麼做是個慷慨之舉，但我太專注於進入最佳狀態，奢華的豪宅並沒有給我留下深刻印象。在我看來，我什麼狗屁成績都還沒有。說起來，住在他的豪宅裡反而讓我心裡的怨念更加膨脹，因爲如果我還是以前那個自以爲是幫派分子的屁孩，他絕不會邀請我來這棟位於凱魯瓦的豪宅作客。他之所以向我伸出援手，純粹因爲我成了他這種富翁想認識的人。儘管如此，我還是很高興能向我媽展示一個更好的生活方式，每當有人邀請我體驗更好的生活，我都會邀請她和我一起參加。她嘗過的苦頭比我認識的任何人都多，我想提醒她，我們已經從陰溝裡爬了出來，雖然我自己的目光還是鎖定在下水道的高度。我們已經不再住在巴西鎮那個月租七美元的地方了，但那個地方還是影響了我，而且會影響一輩子。

超級鐵人賽從凱魯瓦市中心碼頭旁的海灘展開，與鐵人三項世界錦標賽的起跑點相同，但觀賽的人群並不多。整個賽場只有三十名運動員，相較之下，鐵人三項有超過一千兩百名參賽者！這是一個很小的群體，我可以看著每個競爭對手的眼睛，打量他們，這就是我爲何能注意到這海灘上最堅強的人。我一直不知道他叫什麼名字，但我會永遠記住他，因爲他坐在輪椅上。這就叫鬥志，那人散發出超越他體型的氣勢。

他的氣勢太他媽強烈！

自從接受過BUD／S訓練，我就一直在尋找這樣的人，具有不尋常思考方式的男人和女人。軍事特種作戰讓我感到驚訝的一件事，是有些人的生活方式太過「主流」，他們並不想在生活的每一天都鞭策自己，而我想被那些時時刻刻——不僅僅是執行軍務時——都有著不尋常的思考和訓練方式的人包圍。那個輪椅男完全有理由待在家裡，卻準備好參加世界上最艱難的多階段賽事之一，這是社會上九九．九％的人根本不會考慮的事，況且他只有兩隻手臂能用！

這種賽事被稱爲「終極」比賽，他也完全配得上這個詞，而也是爲什麼我在參加惡水後對這種比賽著了迷。這種運動並不需要天賦，而是在於鬥志和努力，並帶來一個又一個挑戰，總是要求你付出更多。

但這並不意味著我爲這場比賽做好了充分準備。我沒有自行車，三週前從另一個朋友那裡借了一輛格里芬牌自行車，那是輛客製化的超高級自行車，而他的塊頭比我還大。我也借了他的自行車卡鞋，幾乎快跟小丑鞋一樣大。我用厚襪子和加壓繃帶填滿縫隙，但在前往凱魯瓦之前沒花時間學習自行車的機械知識。換輪胎、修鏈條和輻條……那些我現在知道怎麼做的事，當時還沒學會。我單純只有借自行車，在參加超級鐵人賽之前的三週內騎了一千六百多公里。我會在凌晨四點起床，上班前騎一百六十公里；週末則騎兩百公里，然後下車去跑馬拉松。不過我只進行了六次游泳訓練，只有兩次在開放水域，而在這終極賽場上，你所有的弱點都會暴露無遺。

十公里的游泳原本應該花我大約兩個半小時就能完成，但我花了三個多小時，而且很痛苦。爲了獲得浮力，我穿著無袖潛水服，但腋下部位太緊，不到三十分鐘，腋窩就開始擦傷；一小時後，潛水服沾滿鹽巴的邊緣成了砂紙，在每次划手時刮擦皮膚。我從自由式換成側泳式，然後又換回來，只希望能稍微舒服一點，但徒勞無功。手臂每一次轉動，都把兩側的皮膚割得皮開肉綻、血肉模糊。

此外，海面波濤洶湧。我吞了海水，胃袋像被撈上岸的魚兒窒息般翻來覆去，而且至少

我在超級鐵人賽中剛從水裡出來。

吐了六次。因爲疼痛、拙劣的游泳動作加上強勁的水流，我游了一條綿延十二公里的蜿蜒路線，但那條泳程應該是十公里。蹣跚上岸時，我雙腿發軟，視線像地震中的蹺蹺板一樣搖晃。我不得不躺下，然後爬到浴室後面，在那裡我又吐了。其他泳者聚集在轉換區，跳上自行車，眨眼間就進入了熔岩平原。在這一天結束之前，我們還有一百四十五公里的自行車路程要騎，而當我還跪在地上的時候，其他人已經紛紛出發。就在這時，那些簡單的疑問又浮出水面。

我他媽在這裡做什麼？

我不是鐵人三項運動員！

我遍體鱗傷，想吐得要命，而第一段騎行路程全是上坡！

你爲什麼老是這樣虐待自己，哥金斯？

我聽起來像個愛發牢騷的婊子，但我知

道讓自己舒服一點，就能安撫我的娘炮心態，所以刻意不去在意其他正在順利轉換項目的運動員。必須專心讓雙腿把我撐起來，並放慢慌亂的思緒。首先，我吃了一些食物，一次一點點，然後處理了腋下的傷口。大多數鐵人三項的運動員都沒換衣服，但我有換。我穿上舒適的自行車短褲和萊卡布料的上衣，十五分鐘後坐上自行車，沿著上坡路騎進熔岩平原。一開始的二十分鐘，還是覺得很想吐。我踩著踏板、嘔吐、補充液體，然後再次嘔吐。這段期間，我給自己一項任務：繼續戰鬥！撐下去，找到立足點。

十六公里後，當道路爬升到一座巨大火山的兩側，而且坡度增加時，我擺脫了游泳後的腿軟狀態，找到了慣性。前面出現的騎手就像雷達上的敵機，我一一超越他們。勝利就是包治百病的萬靈藥，每超越一個王八蛋，噁心感就減少一分。剛上自行車時，我排名第十四；但接近一百四十五公里自行車賽道的終點時，我前面只有一個人：王蓋瑞，這場大賽中最被看好的選手。

衝向終點線時，我看到《鐵人三項》雜誌的記者和攝影師正在採訪他。他們誰都沒想到會看見我這顆黑人屁股，也都仔細地盯著我。惡水賽後的四個月裡，我經常夢想能有機會贏得一場超馬比賽，而騎車經過蓋瑞和那些記者身旁時，我知道那個機會已經到來，而且勝算非常大。

第二天早上，我們排隊參加第二賽段，要騎行兩百七十五公里，穿過山脈，返回西海岸。王蓋瑞在比賽中有個夥伴，名叫傑夫·蘭道爾，外號「陸鯊」，兩人一起騎行。蓋瑞以前參加過這種比賽，熟悉地形，但我不熟悉，到了第一百六十公里時，我落後領先者大約六分鐘。

和往常一樣，我媽和凱特就是我唯二的支援人員。她們從路邊遞給我替換水瓶、幾包能量凝膠和蛋白質飲料，讓我在騎行中吞下以保持肝醣和電解質濃度。在聖地牙哥領教過蛋白質飲料和麗茲餅乾的災難後，我在營養方面變得更科學，而隨著這天最陡峭的上坡路近在眼前，我需要在體力方面做好準備。騎自行車時，上坡路會造成疼痛，而疼痛就是我的分內事了。道路達到頂峰時，我低下頭，盡我所能拚命踩踏。肺臟劇烈起伏，簡直快被掀翻過來，我的心跳就像沉重的重低音。爬上隘口時，我媽開車到我身邊，喊道：「大衛，你落後領先者兩分鐘！」

收到！

我蜷縮成符合空氣動力學的蹲伏姿勢，以超過六十五公里的時速衝下山坡。借來的這輛格里芬配備了空氣動力把手（休息把），我靠在它們上面，只專注於路面上的白色虛線和我的完美姿勢。道路恢復水平時，我全力踩踏，將速度保持在時速四十三公里左右。我就像用工業級的魚鉤勾住了陸鯊和他的夥伴，把他們一路拉上岸。

直到我的前輪爆胎。

我還來不及反應，整個人已經被拋離自行車，在龍頭上方翻了一整圈，進入半空中。我能看到這段過程彷彿以慢動作發生，但當我右側著地、肩膀遭到重擊時，時間又變快了。我的側臉刮過柏油路，直到停止滑動，然後我翻身仰躺，震驚不已。媽媽急忙踩煞車，跳下車，衝了過來。我身上有五處流血，但沒感覺哪裡折斷或碎裂——除了我的頭盔（它裂成兩半）、太陽眼鏡（它碎了），還有自行車。

我壓到路上的一顆螺栓，它刺穿了外胎、內胎和輪框。我沒在意身上的擦傷、肩膀的疼痛，或是血順著肘部和臉頰流下來，只想著那輛自行車。我又一次準備不足！沒有備用零件，也不知道如何更換內胎或外胎。雖有事先租一輛備用自行車，就在我媽租來的車上，但與格里芬相比之下，它又重又慢，踏板甚至不是卡式的，所以我請大賽的技師來評估格里芬的狀況。在等待的過程中，時間一分一秒流逝，寶貴的二十分鐘過去了，而技師抵達後，也沒有修理我前輪所需的材料，所以我跳上笨重的備用自行車，繼續前進。

盡量不去想著霉運和錯過的機會，我必須堅強地完成比賽，在這一天結束時讓自己處於有可能拿下最終勝利的名次，因爲第三天將是一場雙倍馬拉松，而且我確信我是該領域最好的跑者。在離終點線二十六公里處，自行車技師找到了我。他修好了我的格里芬！我第二次更換自行車，跟領先者之間拉近了八分鐘的時間，最後以第三名結束，落後領先者二十二分鐘。

我爲第三天制訂了一個簡單的策略：起跑就努力狂奔，在我和蓋瑞與陸鯊之間建立大量領先優勢，這樣在我不可避免地撞牆時，就有足夠的距離來保持領先，直到跨過終點線。換句話說，我什麼策略也沒有。

我以符合波士頓馬拉松賽資格的配速起跑。我拚命奔跑，因爲希望在累積領先優勢時，競爭對手聽到我的分段時間就會喪失鬥志。我知道會在某個地方撞牆，超馬就是這樣，只希望撞牆不要來得太早，好讓蓋瑞和陸鯊滿足於爭奪第二名，放棄贏得總冠軍的所有希望。

事與願違。

跑到第五十六公里時，我已經感到非常痛苦，走路比跑步還多。到了第六十四公里，兩輛敵方的車停下來，以便他們的支援組長觀察我的姿態。我表現出一大堆弱點，這給蓋瑞和陸鯊提供了彈藥。我的速度太慢了，時間數字非常糟糕。幸運的是，到了第七十二公里，蓋瑞也撞牆了，但陸鯊堅若磐石，仍然緊追著我的屁股，我沒有任何體力擺脫他。在痛苦而蹣跚地走向凱魯瓦市中心時，我的領先優勢消失了。

最後，陸鯊給我上了重要的一課。從第一天起，他就是按照自己的步調比賽。我第三天的全力起跑並沒有對他造成任何影響，他欣然接受我這個顯然考慮不周的策略，專注於自己的節奏，等我撞牆，收割了我的靈魂。那一年，我是第一個衝過超鐵終點線的運動員，但就時間來說，我不是贏家。雖然在跑步中獲得第一名，但以十分鐘之差輸掉了整場比賽，屈居第二。陸鯊獲得了超鐵王冠！

看著他慶祝時，我清楚知道自己是如何浪費了獲勝的機會。我失去了有利位置。我從沒以戰略思維評估這場比賽，也沒有任何「後備點」。後備點是一種多功能工具，我運用在生活的各個方面。海豹部隊在伊拉克行動時，我擔任領航員，「後備點」是一個導航術語，是我在地圖上做的標記，在我們錯過一個轉彎或偏離路線時發出警報。

假設你正在穿越樹林，必須朝一條山脊線走一公里然後轉彎。在軍中，我們會事先研究地圖，在地圖上標記轉彎處，並在該轉彎之後約兩百公尺處標記第二個點，在第二個點過後的一百五十公尺處標記第三個點，最後這兩個點就是你的後備點。一般來說，我會利用地形特徵，例如道路、小溪、鄉村的巨大懸崖或城市環境中的地標建築來當作後備點，這樣當我們遇到它們時，就知道偏離了路線。這就是後備點的作用，叫你轉身，重新評估狀況，並採取替代路線來完成同樣的任務。每次離開在伊拉克的基地，我都會準備好三條路線，包括一條主要路線和另外兩條用後備點標示的路線，如果主要路線行不通，就走次要路線。

在超鐵的第三天，我試圖靠純粹的意志力獲勝。我只有動力，沒有智力。我沒有評估自己的狀況，沒有尊重對手的鬥志，也沒有妥善地管理時間。我沒有主要策略，更沒有取得勝利的替代途徑，因此不知道在哪裡使用後備點。事後回想起來，我應該更關注自己的時間表現，並且把後備點放在分段時間上。我在那場馬拉松的前半段看到自己跑得有多快時，就該提高警覺，放慢腳步。前半段跑慢一點，在回到鐵人賽道上的熔岩平原、跑向終點線時，就可能有足夠的體力全力以赴。這才是收割靈魂的時機——在比賽快結束時，而不是開始的時候。我比賽很努力，但如果跑得更聰明，更好地處理自行車的狀況，會讓自己更有機會獲勝。

肩負新使命，傳遞希望

儘管如此，在超鐵拿下第二名也不是災難。我為有需要的軍眷籌集了不少錢，並在《鐵人三項》雜誌和《競爭者》雜誌上打響了海豹部隊的名聲，而海軍高層也注意到了。一天早上，我被叫去見艾德．溫特斯上將，他是二星將軍，也是海軍特種作戰司令部的最高領導人。當你是一名士兵，聽到海軍上將想跟你談談，就會緊張得夾緊屁股。他沒理由找我，指揮鏈之所以存在，就是爲了避免海軍上將跟我這種阿兵哥直接對話。現在指揮鏈卻突然被拋出窗外，我總覺得這是我的錯。

因爲我產生的正面宣傳，讓我在二〇〇七年收到加入招募部門的命令。在奉命進入海軍上將的辦公室時，我已經代表海豹部隊做了很多公開演講。但我跟一般的招募員不一樣，我不是只照本宣科地朗讀海軍的劇本，還會即興加入自己的人生故事。在上將辦公室外頭等候時，我閉上眼睛翻閱記憶庫，查看我是何時及如何踰矩，讓海豹部隊蒙羞的。上將打開辦公室的門時，我正緊張兮兮，僵硬而警覺地坐著，汗水浸濕了制服。

「哥金斯，」他說，「很高興見到你，進來吧。」我睜開眼睛，跟著他進去，立正站好，站得跟箭桿一樣直。「坐。」他微笑地指著辦公桌對面的一張椅子。我坐下，但保持筆直的姿勢，並避免任何目光接觸。溫特斯上將打量著我。

他當時五十幾、快六十歲，雖然顯得放鬆，但姿勢依然完美。成爲海軍上將，意味著爬過數以萬計的軍階。他在一九八一年加入海豹部隊，曾擔任海軍特種作戰開發群的作戰軍官，也在阿富汗和伊拉克擔任過指揮官。在每個地點，他都站得比其他人更挺拔，是海軍當中最強壯、聰明、精明、有魅力的人之一。溫特斯上將是終極的內部人士，我則是美國海軍裡最不拘一格的怪咖。

「嘿，放輕鬆點，」他說，「你沒惹上麻煩，在招募方面做得很好。」他指向整潔的辦公桌上的一份文件，裡面裝滿我的一些剪報。「你爲我們做了很棒的宣傳，但我們想更有效地接觸到外面的一些人，我希望你能幫忙。」

我這才意識到怎麼回事：一位二星上將需要我的幫助。

他告訴我，我們這個組織面臨的問題，是在招募非裔美國人加入海豹這方面表現得很糟。這點我已經知道了。儘管黑人占美國總人口的十三%，但只占所有特種部隊的一%。我只是從BUD／S畢業的第三十六位非裔美國人，原因之一是我們沒有在最佳地點招募黑人加入海豹，也沒有合適的招募員。軍方喜歡把自己視爲純粹的菁英政治（事實並非如此），這就是爲什麼這個問題幾十年來一直被忽視。我最近打了電話給溫特斯上將，他說這個問題最初是五角大廈在小布希第二任期期間提出的，後來送到了他的辦公桌上，要他解決。

「我們錯過了讓優秀運動員加入部隊，使這個組織變得更好的機會。」他說，「我們需要把招募員送去一些地方，但如果他們看起來像我，這方面的成效就會大受影響。」

在伊拉克，溫特斯上將因打造精銳反恐部隊而聲名鵲起。這是特種部隊的主要任務之一：訓練盟國的軍事部隊，讓他們可以控制恐怖主義和販毒之類的社會毒瘤，並維持境內穩定。到了二〇〇七年，蓋達組織已經侵入非洲，與包括博科聖地和青年黨在內的現有極端主義組織結盟，因此政府高層考慮在索馬利亞、查德、奈及利亞、馬利、喀麥隆、布吉納法索和尼日建立反恐部隊。二〇一八年，我們在尼日的行動成爲國際新聞，當時四名美國特種作戰士兵在伏擊中喪生，引發公眾對這次任務的審視。但倒轉至二〇〇七年，當時幾乎沒有人知道我們即將捲入西非事務，也不知道我們缺乏完成這項工作的人員。我坐在上將辦公室的時候，聽到的是我們需要黑人加入特種部隊的時刻終於到來了，而我們的軍事領袖對於如何滿足這一需求、吸引更多黑人加入毫無頭緒。

這對我來說都是新資訊。我對非洲的威脅一無所知，我知道的唯一敵對地區是在阿富汗和伊拉克。直到溫特斯上將向我透露了一個全新的細節，軍方的問題正式成爲我的問題。他要我之後向直屬上尉和海軍上將匯報，然後出發上路，一次造訪十到十二個城市，目標是增加有色人種的招募人數。

我們一起去了這項新任務的第一站：華盛頓特區的霍華德大學。這可能是美國歷史上最著名的黑人大學。我們順便拜訪了該校的美式足球隊，雖然我對史上著名的黑人學院和大學幾乎一無所知，但也知道在這種地方就讀的學生通常不會認爲參軍是最好的職涯選擇。由於我們這個國家的歷史和猖獗至今的種族歧視，這些機構中的黑人政治思想偏左，如果你想爲海豹招募新兵，肯定有比霍華德大學球場更好的地點。但這個新焦點需要我們在敵對地區工作，而不是歡迎我們的地方。我們在每一站都試著尋找一、兩個眞正的男子漢。

我和上將穿著制服走進球場，我注意到聽眾眼中的懷疑和漠視。溫特斯上將原本打算介紹我，但大家的冰冷態度讓我知道，我們必須採取另一種方法。

「你一開始很害羞，」溫特斯上將回憶起那一天，「但到了要說話的時候，你看著我說了句：『讓我來，長官。』」

我立刻進入我的人生故事，向那些運動員訴說我已經告訴過你的故事，並表示我們正在尋找充滿鬥志的人，尋找知道明天和後天會很艱難，但歡迎每一項挑戰的人，尋找想成爲更好的運動員，並在生活的各方面變得更聰明、更有能力的人。我們想要渴望榮譽和使命，而且心態開放，能面對最大恐懼的人。

「你說完的時候，現場靜得能聽到一根針掉在地上。」溫特斯上將回憶道。

從那時起，我有權力安排自己的行程、預算及操作方式，只要達到一定的招募人數門檻。我必須準備自己的演講稿，而我知道大多數人都不認爲自己能成爲海豹戰士，所以我擴大了我傳達的訊息。我希望每個聽我說話的人都知道，即使他們要走的方向跟我們不一樣，還是可以變得比他們夢想的更偉大。我確保我完整講述了自己的人生，所以如果有誰提出任何「我做不到」的藉口，我的故事都能推翻它。驅動我的主要力量是「傳遞希望」：**不管有沒有進入軍旅生活，任何人都能改變自己的人生，只要保持開放的心態，放棄阻力最小的路，並尋找所能找到的最具挑戰性的艱難任務。**我在開採跟我一樣的鑽石原石。

你永遠不知道自己會影響到誰

從二〇〇七到二〇〇九年，我一年有兩百五十天在路上，向總共五十萬名高中生和大學生演講。我演說的地點包括市中心低收入區的高中、數十所歷史悠久的黑人學院和大學，以及有著各種文化、規模和膚色的學校。想想小學四年級的我，光是站在全班二十個孩子面前說出自己的名字都會結結巴巴。

青少年是活生生的「鬼話偵測器」，但聽到我說話的孩子都相信了我傳遞的訊息，因為無論我造訪哪個地方，都會在當地參加一場超馬比賽，並將我的跑步訓練和比賽納入整體的招募策略。我通常會在週一到週五的某一天抵達某個城鎮，發表演講，然後在週六和週日參加當地的比賽。二〇〇七年有一段時間，我幾乎每個週末都跑一次超馬，有五十哩、一百公里、一百哩，還有更長的比賽。我致力於傳播自己熱愛的海豹傳奇，也想表裡如一地實踐我們海豹的精神。

所以本質上，我有兩份全職工作。行程排得很滿，雖然知道「能彈性安排時間」對我的超馬訓練和比賽能力有幫助，我依然每週工作五十小時，每天大約從上午七點半工作到下午五點半；訓練時間則是另外加在工作時間之外，而不是「取代」工作時間。

每個月都會造訪超過四十五所學校，每次造訪結束後都必須提交一份「行動後報告」，詳細說明辦了多少場活動（例如禮堂演講和健身指導）、向多少個孩子談話，以及其中有多少人真正感興趣，這些報告直接發給我的上尉和上將。

我很快就發現最好的演講道具就是我自己。有時我會穿著印有三叉戟的海豹T恤，跑個八十公里去演講，上場時滿身大汗；有時會在演講的頭五分鐘做伏地挺身，或是把一座引體向上桿推上舞臺，邊演講邊做引體向上。沒錯，你在社群媒體上看到我做的那些其實不是什麼新鮮事，這樣的生活我已經過了快二十年！

無論到哪裡，我都會邀請有興趣的孩子在放學前或放學後和我一起訓練，或是在我參加的超馬比賽擔任支援人員。消息傳開後，媒體（當地電視臺、報社和電臺）很快就出現了，尤其如果我是用跑的去下一個城市進行下一場演講。所以我必須能言善道，打扮得體，並在參加的比賽中表現出色。

我還記得在傳奇的「萊德維爾百哩越野賽」那週抵達科羅拉多州。當時新學年剛剛開始，在抵達丹佛的第一個晚上，我根據想步行和奔跑的路線列出了附近的五所學校。我在每一站都會邀請孩子和我一起訓練，但警告他們我的一天開始得很早。凌晨三點開車到登山口，與所有勇於出現的學生碰面；凌晨四點，我們開始快速攀登科羅拉多州五十八座海拔四千兩百公尺以上的山峰之一，然後在下坡路狂奔，增強股四頭肌。早上九點，我會去另一所學校，接著去另一所。放學鐘聲響起後，我和所造訪學校的美式足球隊、田徑隊或游泳隊一起鍛鍊，然後跑回山上訓練，直到日落。這一切都是爲了招募優秀運動員，並爲世界上海拔最高的超馬比賽做好適應工作。

比賽於週六凌晨四點開始，從具有拓荒歷史、以工人階級居多的滑雪小鎭萊德維爾市出發，穿越一系列美麗而崎嶇的落磯山脈小徑，海拔從兩千八百公尺到三千八百公尺不等。當我在週日凌晨兩點完成比賽時，一名來自丹佛的青少年正在終點線等我，他是我幾天前造訪的一所學校的學生。我的成績不算很好（第十四名，而不是以往的前五名），但我總是確保以強悍的姿態完成比賽。當我衝過終點線時，他笑著走近我說：「我開了兩小時的車來這裡，就是爲了看你完賽！」

我學到了一課：你永遠不知道你會影響到誰。那個年輕人根本不在乎我糟糕的比賽成績，因爲我幫助他打開了眼界，讓他看到一個充滿可能性和潛力的新世界，他也在自己內在感受到那個世界。他跟著我從他高中的禮堂來到萊德維爾，因爲他正在尋找確鑿的證據——我完成比賽這個事實——想要證明超越平庸、變得更好是有可能的。我在冷卻身子、用毛巾擦身時，他向我尋求建議，因爲他希望有天能在自家後院的山上連續跑一天一夜。

這類故事我有好幾個。在伊利諾州的皮奧里亞郊外舉行的「麥克諾頓公園越野賽」（一場一百五十哩的比賽）中，有十幾個孩子來擔任我的配速員和支援者。二十幾名學生在北達科他州的邁諾特與我一起訓練，一月份某天的日出前，當時氣溫是攝氏零下二十九度，我們一起在冰凍苔原上奔跑！還有一次，我在亞特蘭大一個以黑人爲主的社區中一所學校演講，在我要離開時，一個母親帶著她的兩個兒子出現，他們倆一直夢想成爲海豹戰士，但不敢說出來，因爲他們的社區並不認爲從軍是一件很酷的事。暑假開始時，我安排他們搭機來到聖地牙哥，和我一起生活和訓練。我凌晨四點就叫醒這兩個孩子，然後在沙灘上狠操他們，彷彿他們參加了青少年版的第一階段訓練。他們並不喜歡這些訓練，但明白了踐行這種精神意味著什麼樣的辛苦付出。無論我去哪裡，無論學生們是否對軍旅生活感興趣，他們總是問我，他們是否擁有和我一樣的硬體條件。他們可以一天跑完一百六十公里嗎？他們怎樣才能充分發揮自己的潛力？我會這樣告訴那些孩子：

「我們的文化已經對權宜之計、生活小撇步和效率之類的東西上了癮。每個人都在尋找簡單的行動方案，想用最少的努力獲得最大的好處。如果你很幸運，這種態度確實可能讓你獲得一些成功的象徵，但不會讓你的心智長出繭皮，或是讓你學會主宰自己的心智。如果你想主宰自己的心智，移除你的調速器，就必須對『努力』上癮。因爲熱忱和執著，甚至天賦，只有在你擁有『敬業態度』時才是有用的工具。」

仔細審視時間安排，維持參加冠軍賽的步伐

敬業態度是我所有成就最重要的因素，其他都是次要的。而談到努力時，無論是在健身房還是在工作上，四〇％法則都適用。對我來說，每週工作四十小時就是四〇％的努力，或許符合標準，但這就是「平庸」的另一種說法。不要滿足於每週工作四十小時，一週有一百六十八小時啊！這表示你有時間在工作上投入更多努力，同時還能兼顧身體鍛鍊。這表示要讓營養攝取更有效率，把省下來的時間拿來與妻子和孩子共享天倫之樂。這表示要安排生活行程，彷彿你每天都在執行二十四小時的任務。

人們被問到爲什麼很想健身卻很少這麼做時，我最常聽到的藉口是「沒時間」。聽著，我們每個人都有工作上的義務，也都想在床上睡好睡滿，你也需要花時間陪伴家人，否則他們就會一走了之。我懂，而如果這就是你的情況，你就必須**把握早晨的時間**。

我在海豹部隊做全職工作時，最大限度地利用了黎明前的黑暗時間。妻子還在睡覺時，我

會出門跑十到十五公里。裝備前一天晚上已經拿出來擺好，午餐打包好，工作服則放在工作地點更衣室的儲物櫃裡，我會在早上七點半開始工作前，在那間更衣室淋浴。平常我會在凌晨四點左右出門跑步，五點十五分回來，而因爲這種運動量對我來說還不夠，也因爲我們只有一輛汽車，所以我會騎四十公里的自行車（我終於有了自己的鐵馬！）去上班。我從早上七點半工作到中午，午休前或午休後在辦公室吃飯。午餐時間，我會去健身房或在海灘跑六到十公里，接著值下午的班，然後騎四十公里的自行車回家。晚上七點回到家時，我已經跑了大約二十五公里，騎了自行車八十公里，而且在辦公室工作了一整天。我總是回家吃晚飯，晚上十點就寢，隔天重新來過。週六我會睡到早上七點，健身三個小時，然後和凱特一起度過週末剩下的時間。如果沒有比賽，週日就是我的主動恢復日。我會以低心率輕鬆騎車，讓脈搏維持在每分鐘一百一十次以下，以刺激健康的血液流動。

也許你認爲我是特例，或是強迫症患者。好吧，我就不跟你爭論了。可是我的朋友邁克呢？他是紐約市一位知名的財務顧問，工作壓力很大，一天的工作時間遠遠超過八小時。他有妻有子（兩個孩子），還是一名超馬跑者。他是這麼做的：工作日凌晨四點起床，在家人還在睡覺時跑步六十到九十分鐘，騎自行車上下班，回家後在跑步機上再跑個三十分鐘；週末會出去長跑，但會盡量減少這對家庭義務的影響。

他在公司位居高位，有錢得要命，明明可以透過更少的努力來維持現狀，並享受甜美的勞動成果，他卻找到方法來保持努力，因爲「勞動」就是他最甜蜜的果實。由於想擠出時間來做到這一切，他盡量減少日程表中的屁事。他的優先事項很明確，也致力於自己的優先事項——我指的不是一般的優先事項。他每週的每一個小時都會專注於一項任務，當這個小時到來時，他會百分之百專注於該任務。我也是這麼做，因爲只有這樣才能最大程度地減少時間的浪費。

請全面評估自己的生活！我們都浪費太多時間做毫無意義的屁事，浪費一大堆時間看社群媒體、看電視，如果像報稅一樣將時間列表顯示，那麼到了年底，這些浪費掉的時間加起來將長達好幾天或好幾週。你應該這樣認眞看待自己如何浪費時間，因爲如果知道眞相，你會立即停用臉書帳號、退掉有線電視。當你發現自己正在進行無聊的談話或陷入對你沒有任何好處的活動時，別再繼續下去！

多年來，我過著僧侶般的生活。我不會見到很多人，也不會花時間和很多人在一起。我的圈子很小，每週在社群媒體上發一、兩篇文，從不查看其他人的動態，因爲我不關注任何人。我就是這種人。不是說你需要像我這麼嚴格，因爲你和我的目標可能不同，但我知道你也有自己的目標，而且還有改進的空間，否則你就不會讀我這本書。我保證，如果檢查一下你的行程安排，一定會找出時間可以做更多正事，減少一些屁事。

你得想辦法刪除那些屁事。吃完飯後在餐桌上花多少時間鬼扯淡？打了多少沒有意義的電話、傳了多少沒有意義的訊息？審視自己的生活，列出你的義務和任務，爲它們打上時間戳記。購物、吃飯和打掃家裡需要多少小時？需要多少睡眠？通勤狀況如何？能不能只靠自己的力量抵達工作地點？把所有事情劃分進時間區塊裡，一旦你的一天被安排好，就會知道在某一天有多少時間可以拿來鍛鍊身體，以及如何最好地運用這段時間。

也許你不是想練身體，而是一直夢想著創業，或是想要學習某種讓你著迷的語言或樂器。沒問題，同樣的規則一樣適用：分析你的時間安排，刪掉一些沒意義的習慣，燒掉垃圾屁事，看看還剩下什麼。你每天能擠出一個小時？三個小時？接下來，讓這段時間的效益最大化。這意味著列出你一天每個小時的優先任務。你甚至可以將時間區塊縮小到十五分鐘，然後別忘了在每日行程中加入後備點。記不記得我在超級鐵人賽計畫中忘了加入後備點？你的每日行程也需要後備點。如果一項任務超過時間，請確保你知道這一點，並立即開始轉換到下一個優先任務。使用智慧型手機來提高生產力，而不是瀏覽垃圾內容。打開手機的行事曆，設好提醒鬧鐘。

如果仔細審視自己的生活，不做屁事，並使用後備點，就會找到時間去做你需要做和想要做的一切。但別忘了，你也需要休息，所以請安排休息所需的時間。傾聽身體的聲音，必要時小睡十到二十分鐘，而且每星期充分休息一天。如果今天是你的休息日，就讓身心真正放鬆，關掉手機、關掉電腦。休息日意味著應該放鬆，與朋友或家人相處，吃好喝好，這樣你就能充電並重新開始。這一天可不是要讓你沉浸於科技裝置，或彎腰駝背地埋首於辦公桌。

二十四小時任務的意義，在於維持參加冠軍賽的步伐——不是只維持一季或一年，而是一輩子！這需要高品質的休息和恢復時間，因爲終點線並不存在。你總是有更多東西需要學習，也總是有弱點需要加強，這樣你才能變得像啄木鳥的嘴一樣堅硬，可以跑過漫漫長路，以強悍姿態完成比賽！

二〇〇八年，我回到凱魯瓦參加鐵人三項世界錦標賽。我當時正擔任海豹的看板人物，預定和基思．戴維茲中校（他是我在海豹見過的頂尖運動員之一）一起參加比賽。NBC體育頻道追蹤了我們的一舉一動，並將我們「在比賽中的比賽」變成播報員在報導主要角逐者的進度時切入的一個專題。

我們是在參加完一場位於好萊塢的宣傳會議後直接去參賽。大多數的運動員沉浸於賽前儀式，為比賽生涯中最漫長的一天蓄勢待發時，我們坐在一架C130運輸機裡，飛過比賽地點上空，從四百六十公尺的高空跳傘，落入水中，然後被撈進一艘充氣艇，送去岸邊。比賽的發令槍再過四分鐘就要響徹雲霄，這四分鐘勉強夠我吞下能量膠、喝一大口水，然後換上我們的海豹鐵人三項運動服。

讀到這裡，你應該知道我在水裡動作很慢，戴維茲在三．八公里的泳程中把我遠遠拋在身後。我在自行車上和他一樣厲害，但那天腰很緊繃，騎到半路不得不停下來伸展一下。騎完一百八十公里的路程，進入轉換區時，戴維茲已經領先我三十分鐘，而在接下來的馬拉松前期，我並沒有很好地拉近距離。我的身體在反抗，最初的十多公里不得不用走的，但我留在場上，在第十六公里找到了節奏，開始縮短差距。戴維茲在我前方某處撞牆了，我慢慢接近。從幾公里外的遠處，我能看到他艱難地行走，在那片熔岩平原上受苦，柏油路上的熱氣閃閃發光。我知道他想擊敗我，因爲他是個驕傲的人。而他是軍官、出色的指揮官，也是優秀的運動員，我也想擊敗他。海豹就是這種心態，我原本可以從他身邊大步而過，但當我走近時，我告訴自己要謙虛。只剩三、四公里時，我追上了他。他看著我，眼神夾雜著敬意和滑稽的惱火。

「他媽的哥金斯。」他微笑道。我們一起跳進水裡，一起開始比賽，也要一起完成這件事。我們並肩跑完最後三公里，衝過終點線，擁抱彼此，盡釋前嫌。這在電視上看起來眞他媽精采。

人生的大錘再次襲來

那時我人生中的一切都很順利。職業生涯閃閃發亮，在體育界贏得聲譽，也計畫重返戰場，因爲這就是海豹部隊該做的。但有時候，即使在生活中做了所有對的事，屎尿風暴也可能會出現並急速擴張。混亂非常可能在沒有任何警告的情況下降臨，當它發生時（不是「會不會發生」），你將完全無法阻止。

如果夠幸運，問題或傷害會相對較小，而當這些事件突然發生時，你就必須調整，並堅持下去。如果受了傷或出現其他併發症，導致無法從事你的主要愛好，就該把精力重新集中在其他事情上。我們追求的活動往往是我們的優勢，因爲做自己擅長的事是很有趣的。很少有人喜歡針對自身弱點進行鍛鍊，因此，如果你是出色的跑者，但膝蓋受傷導致你在十二週內無法跑步，這就是練瑜伽的大好時機，可以提升你的靈活性和整體肌力，讓你成爲一個更好、更不容易受傷的運動員；假如你是吉他手，但有一隻手骨折了，請坐在琴鍵前，運用另一隻手，讓自己成爲更多才多藝的音樂家。重點是不要讓挫折打碎自己的注意力，不要讓臨時改道決定自己的心態。**永遠準備好調整、重新校準，並堅持下去，以某種方式變得更好。**

我像這樣鍛鍊的唯一原因，不是爲了準備和贏得超馬比賽，因爲我根本沒有運動方面的動機。這樣鍛鍊，是爲了讓我的心智爲「人生」做好準備。人生永遠是最艱苦的耐力賽，當你刻苦訓練，讓自己覺得不舒適，而使心智長出繭皮時，你就會成爲一個適應力更強的參賽者，懂得無論如何都能找到前進的路。因爲有時候，人生會像大鐵錘一樣向你襲來，有時候人生會狠狠擊中你的心口。

我在招募方面的兩年任務預計於二〇〇九年結束，雖然我很喜歡激勵下一代，但也期待重返戰場。不過在離開崗位前，我計畫再激起一些巨大的水花：我打算參加「橫跨美國」這場傳奇的耐力公路賽，騎自行車從聖地牙哥的海灘，前往馬里蘭州的安那波利斯市。比賽是在六月，所以從一月到五月，我所有的空檔都花在自行車上。凌晨四點起床，上班前騎一百八十公里，然後在漫長的工作日結束後騎三十到五十公里回家；週末每天至少騎三百二十公里，這樣平均每週騎超過一千一百三十公里（注：即每週超過七百哩，見下頁圖中的數字）。整場比賽大約需要兩週才能完成，路上幾乎沒辦法睡覺，我想爲這輩子最大的運動挑戰做好準備。

但在五月初，一切都翻了船。就像一部失靈的電器，我的心臟幾乎在一夜之間開始瘋狂跳動。多年來，我的靜止心率一直維持在三十幾下，現在突然加快到七、八十下，任何活動都會

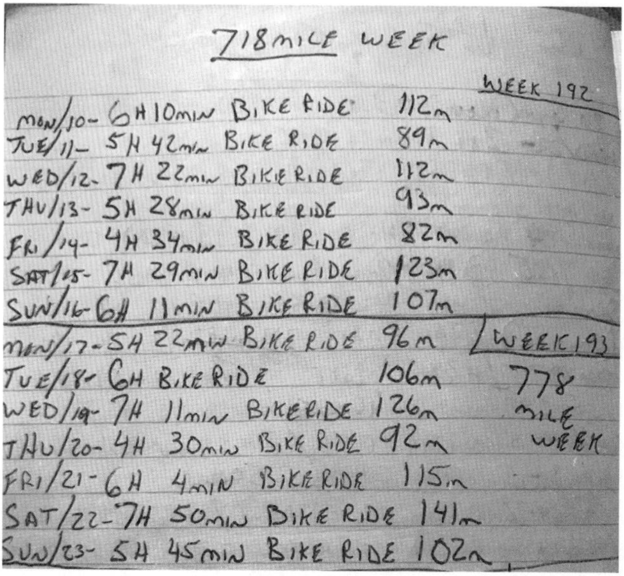
718 MILE WEEK

WEEK 192

MON/10- 6H 10MIN BIKE RIDE 112m
TUE/11- 5H 42min BIKE RIDE 89m
WED/12- 7H 22min BIKE RIDE 112m
THU/13- 5H 28min BIKE RIDE 93m
FRI/14- 4H 34min BIKE RIDE 82m
SAT/15- 7H 29MIN BIKE RIDE 123m
SUN/16- 6H 11MIN BIKE RIDE 107m
MON/17- 5H 22MIN BIKE RIDE 96m

WEEK 193

TUE/18- 6H BIKE RIDE 106m
WED/19- 7H 11min BIKERIDE 126m
THU/20- 4H 30min BIKE RIDE 92m
FRI/21- 6H 4MIN BIKE RIDE 115m
SAT/22- 7H 50MIN BIKE RIDE 141m
SUN/23- 5H 45MIN BIKE RIDE 102m

778 MILE WEEK

我的「橫跨美國」特訓紀錄。

讓我的心跳飆升，直到瀕臨暈厥。我就像漏了氣一樣，全身的能量都被吸走了。光是騎五分鐘自行車，就會讓心跳加速到每分鐘一百五十下；只是走一小段樓梯，心臟也會失控地拚命跳動。

起初我以爲是過度訓練造成的，去看醫生時，他也同意我的判斷，但爲了以防萬一，還是爲我在聖地牙哥海軍醫療中心安排了心臟超音波檢查。進去做檢查時，技術人員在他那無所不知的探頭上塗了凝膠，然後在我的胸口滑來滑去，以獲得需要的探測角度，而我以身體的左側躺著，腦袋背對他的螢幕。他很愛講話，一邊檢查我所有的心室和瓣膜，一邊不停地胡說八道。他說一切看起來都很正常，直到檢查進行到第四十五分鐘時，這個愛扯淡的混球突然閉上嘴巴。我不再聽到他的說話聲，而是聽到很多點擊聲和縮放聲。然後他走出房間，幾分鐘後帶著另一名技術人員再次出現。他們點擊、放大畫面，竊竊私語，但沒有讓我知道他們的大祕密。

穿白袍的人就在面前把你的心臟當成需要解決的謎題時，很難不懷疑自己是不是死定了。我有點想立刻得到答案，因爲我嚇得快拉在褲子上，但也不想表現得像個婊子，亮出我的底牌，所以選擇保持冷靜，讓專業人士工作。幾分鐘後，另外兩名男子走進來，其中一位是心臟科醫生。他接過魔杖，把它放在我的胸口滾動，然後瞥向螢幕，輕輕點個頭。接著他拍拍我的肩膀，彷彿我是他的實習生，說道：「好，咱們來談談。」

「你有『心房中膈缺損』。」我們站在走廊上時，他告訴我。技術人員和護理師來回走動，在兩側的房間裡進進出出。我直視前方，什麼也沒說，直到他意識到我根本聽不懂他在說啥。「你的心臟裡頭有個洞，」他皺起眉頭，撫摸下巴，「而且挺大的。」

「洞不是就那麼在心臟裡頭打開的吧？」

「不是，不是，」他笑道，「你是生下來就有這個洞。」

他接著解釋說，這個洞位於我左右心房之間的壁上，而這是個問題，因爲心臟的腔室之間如果有個洞，含氧血液與非含氧血液就會彼此混合。氧氣是我們體內每一顆細胞生存必需的元素，而據醫生說，我的心臟只提供了肌肉和器官最佳表現時所需氧氣大約一半的量。

這會導致腳部和腹部腫脹、心悸，偶爾出現呼吸急促。這確實解釋了我最近感受到的疲勞。他說，還會影響肺臟，因爲這使得肺部血管充滿超出其承受能力的血液量，而這會讓我更難從過度勞累和疾病中恢復過來。我回想起我在第一次的地獄週感染肺炎後，恢復期間遇到的一大堆問題。肺裡的積液未曾完全消退，在後來的地獄週，以及開始跑超馬之後，我發現比賽期間和結束後經常咳痰。有些晚上，我體內有太多液體，導致無法入睡，只能坐起來，把痰吐進空的開特力瓶子裡，心想這個無聊的儀式什麼時候才會結束。大多數著迷於超馬比賽的人，可能會需要應付過度使用身體造成的傷害，但他們的心血管系統一點問題也沒有。而儘管我能用我破碎的身體參加比賽並取得這麼多成就，但每次都覺得不舒服。我學會了忍受和克服，但隨著醫生繼續說明我必須知道的醫學知識，我這輩子第一次意識到，我其實也他媽的相當幸運。我的意思是，我生下來就拿到爛牌，心臟裡有一個洞，但我還是感謝上帝，這個洞沒殺死我……至少目前還沒有。

因為如果你患有我這種心房中膈缺損，潛入水下深處時，原本應該沿著肺血管移動，被肺部過濾的氣泡可能會在你上升時鑽過那個洞，成為武器化的血栓，再次進入循環系統，阻塞大腦血管並導致中風，或者阻塞通往心臟的動脈並導致心臟驟停。這就像在潛水時你的體內漂浮著一顆「髒彈」，你永遠不知道它會在何時何地爆炸。

這場戰鬥中不是只有我一個人。美國每十個新生兒當中，就有一個有這種缺陷，但大多數情況下，這個洞會自行閉合，不需要手術。每年有將近兩千名兒童要接受手術，但通常是在學齡前進行，因為現在有更好的篩查流程。大多數我這個年紀、患有心房中膈缺損的人，是在母親的懷抱中離開醫院，然後生活在潛在的致命問題中而完全不自知，直到和我一樣，心臟在三十多歲時開始給他們帶來麻煩。如果我忽視這些警訊，可能會在六公里的跑步中倒地猝死。

這就是爲什麼如果你在軍中，並被診斷患有心房中膈缺損，就不能進行跳傘或水肺潛水。當初假如有人知道我的狀況，海軍絕對不會讓我成爲海豹。令人驚訝的是，我竟然完成了地獄週、惡水超馬和其他比賽。

「我真的很驚訝，你能在這種狀況下完成你所做的一切。」醫生說。

我點點頭。他認爲我是個醫學奇蹟、某種異類，或者就是一個擁有驚人好運的天才運動員。對我來說，這只是進一步證明我的成就並非來自上帝賜予的天賦或優良基因。我他媽的心臟裡有一個洞！我的燃料箱一直只有半滿，這意味著我的人生絕對證明了，**當一個人努力駕馭人類心智的所有力量時，一切皆有可能**。

三天後，我接受了手術。

結果醫生搞砸了。首先，麻醉並沒有完全發揮作用，這表示當外科醫生切開我的大腿內側，將一根導管插入股動脈時，我還半醒著。導管進入心臟後，將一塊補片放在適當的位置上，應該就能修補我心臟裡的洞。與此同時，他們把一個內視鏡放進我的喉嚨，我能感覺到它，所以在兩個小時的手術中都覺得作嘔並努力忍受。經歷了這一切之後，我的麻煩應該已經結束了。醫生說我的心臟組織需要一段時間，才會在補片周圍生長並將其密封，但一星期後，他允許我做些輕度運動。

我心想「收到」，一回到家就趴在地板上做一組伏地挺身。我的心臟幾乎立刻就出現心房顫動，簡稱「房顫」，脈搏從一百二十飆升至兩百三十，又回到一百二十，然後上升到兩百五十。我覺得頭暈，不得不坐下來，盯著心率監測器，讓呼吸恢復正常。我的靜止心率再次達到八十幾下，換言之，什麼都沒有改變。我打電話給那位心臟科醫生，他說這只是輕微副作用，要我有點耐心。我相信了他的話，又休息了幾天，然後在某一天下班時騎上自行車，打算慢慢騎回家。起初一切都很順利，但大約二十五公里後，心臟再次出現心房顫動，脈搏從一百二十跳到兩百三十，然後又跳回來，完全沒有任何正常節奏。凱特開車送我直奔海軍醫療中心。那次去醫院，得到第二和第三意見後，很明顯的，補片要麼失效，要麼不足以覆蓋整個洞，而且我需要再動一次心臟手術。

海軍完全不想參與其中。他們擔心出現進一步的併發症，建議我減少運動量，接受我的新常態，以及他們提供的退休金。是啊，想得美。相反地，我在海軍醫療中心找到一個更好的醫生，他說必須等上幾個月才能考慮再次動心臟手術。與此同時，我不能跳傘或潛水，當然也不能上戰場，所以我留在招募單位。毫無疑問，這是一種不同的生活，我很想為自己感到難過，畢竟這件突如其來之事改變了我軍人生涯的整個面貌。但我一直是為人生而訓練，而不是為了參加超馬比賽，所以我拒絕低頭。

我知道如果保持受害者心態，就無法從糟糕的情況中得到任何東西，我也不想整天坐在家裡悶悶不樂，所以利用這段時間來完善我的招募演講。我寫下出色的行動後報告，並在行政工作上變得更注重細節。你覺得這聽起來很無聊？沒錯，他媽的無聊透頂！但這是正當的、必要的工作，而且我用它來保持頭腦敏銳，好讓我在那一刻到來時，能立即重新投入眞正的戰鬥。

至少我是這麼希望。

第一次手術的整整十四個月後，我再次躺在輪床上被推過醫院走廊，盯著天花板上的日光燈，前往手術準備室，而且沒有任何保證。技術人員和護理師幫我刮除體毛、做好準備時，我想到在軍中取得的所有成就，不禁心想，這樣就夠了嗎？如果這次醫生沒辦法治好我，我願意退休嗎？心裡滿意了嗎？這個問題一直縈繞在腦海，直到麻醉師將氧氣面罩戴在我的臉上，在我耳邊輕聲倒數。就在失去意識前，我聽到答案從漆黑的靈魂深淵中爆發出來。

他媽的才不夠！

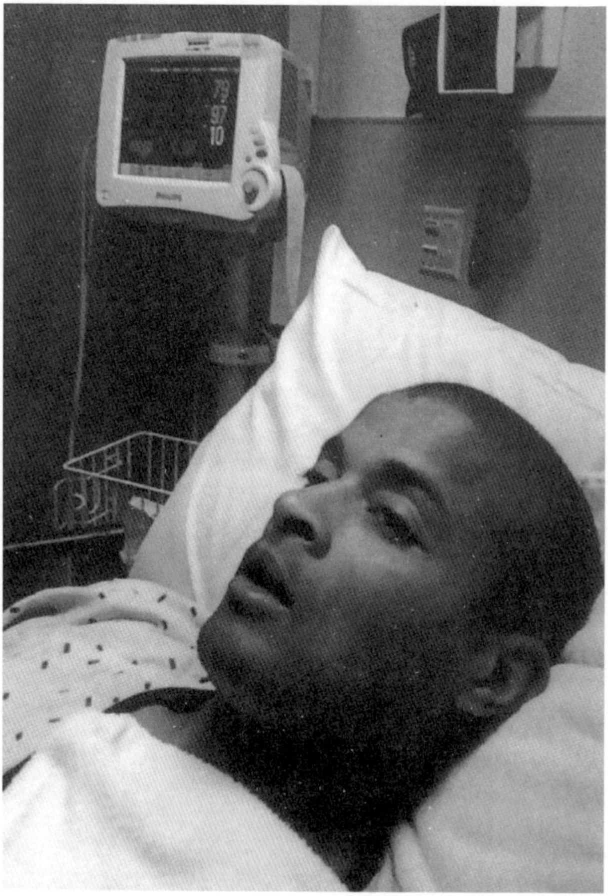

第二次心臟手術後。

挑戰8　安排時間表

擬定三週的計畫表，以時間戳記讓成效最大化

來排時間表吧！

你該仔細安排一整天的行程了。我們當中有太多人在一堆事情上一心多用，導致在許多事情上半途而廢。

這將是一個為期三週的挑戰。

第一週，按照你平時的行程做事，但寫下筆記。你什麼時候工作？是不停歇地工作，還是會查看手機？你吃飯休息的時間有多長？什麼時候健身、看電視或和朋友聊天？通勤時間多長？你開車嗎？我希望你非常詳細地審視這一切，用時間戳記記錄下來。這將是你的基準線，你會發現有很多贅肉需要修剪。大多數人一天會浪費四到五個小時，如果你能學會辨識並利用這些時間，就能踏上提高生產力的道路。

第二週，制訂一份最佳化的時間表。把每一件事放進十五到三十分鐘的時間區塊裡；有些

任務需要占據多個時間區塊或一整天的時間，也沒問題。工作時，一次只做一件事，想著你面前的任務並不懈地完成。該執行行程表中的下一個任務時，把第一個任務放在一邊，同樣全力以赴。

確保你的用餐時間充足，但長度不是毫無限制，也要安排運動和休息的時間。不過，該休息的時候就真的休息，不要檢查電子郵件，或是在社群媒體上跟人家嘴炮。如果你要努力工作，也必須讓大腦有休息的時間。

在第二週寫下帶有時間戳記的筆記，你可能還會發現一些殘留的零碎時間區塊。到了第三週，你應該已經擁有一個可行的時間表，能在不犧牲睡眠的情況下把自己的努力最大化。把你時間表的照片發到社群媒體上，並打下主題標籤「#canthurtme（#我刀槍不入）」「#talentnotrequired（#無需天賦）」。

第九章

成為不尋常中的不尋常

沒有訓練就沒有生存

麻醉開始生效，我感覺自己向後旋轉，直到落在昔日的某個場景。我們在深夜穿過叢林，行動難知如陰，卻又迅疾如風，我們必須如此。大多數時候，都是先下手爲強，後下手遭殃。

我們翻過一個隘口，躲在三層樹冠叢林中茂密高聳的紅木樹下，透過夜視鏡觀察目標。即使沒有陽光，熱帶的熱氣依然強烈，汗水從我的臉頰滑落，就像玻璃窗上的凝露。當時二十七歲，我的《前進高棉》和《第一滴血》狂熱夢想變成了現實。眨了兩次眼，呼了一口氣，接著在排長的信號下，我開始開火。

我的全身跟著M60的節奏震顫，這是一架彈鏈供彈機槍，每分鐘發射五百到六百五十發子彈。裝有一百發子彈的彈鏈爲咆哮的機關槍供彈，槍管噴火時，腎上腺素湧過血管，淹沒了大腦。我的視線焦點縮小了，這裡除了我、我的武器，以及我毫無歉意撕碎的目標之外，什麼都沒有。

那是二〇〇二年，我剛從BUD／S畢業，而身爲全職海豹隊員，我正式成爲世上體格最好、最致命的戰士之一，也是世上最堅強的男子漢之一。至少我是這麼想的，但那是在我墜入「超馬」這個兔子洞之前好幾年的事。當時，「九一一恐攻」依然是美國集體意識中一個裂開的新鮮傷口，它激起的漣漪澈底改變了我們這種男人。「戰鬥」不再是我們渴望的那種神話般的心態，在阿富汗的山區、村莊和城市中，戰鬥是眞實存在的，而且正持續發生。與此同時，

海豹三棲資格訓練的畢業典禮
（請注意三叉戟刺進我胸口所造成的血跡）。

我們在他媽的馬來西亞停泊，等待命令，希望加入戰鬥。

我們也像眞的上戰場那樣受訓。

在BUD／S之後，我接著參加海豹三棲資格訓練，在加入我的第一個排之前，正式獲得三叉戟。訓練的其中一部分，是在馬來西亞進行叢林戰演習。我們從盤旋的直升機上進行繞繩下降及快速繩降。有些人被訓練成狙擊手，而由於我是部隊裡體型最大的人（那時我的體重又回到一百一十三公斤），我獲得搬運「鐵豬」的工作，這是M60機關槍的暱稱，因爲它的槍聲聽起來像農場豬的咕嚕聲。

大多數人都害怕負責扛鐵豬，但我愛死這超大的一把槍。光是槍身就重達九公斤，一百發子彈的彈鏈每條重三公斤。無論我們去哪裡，我都隨身帶著六到七條彈鏈（一條掛在槍上，四條纏在腰上，一條放在綁在背包上的一個袋子裡），扛著鐵豬，揹著二十二公斤重的背包，而且必須移動得和其他人一樣快。我別無選擇。我們以實戰方式進行訓練，而要模擬實戰就需要實彈，這樣才能達成海豹的戰鬥格言：射擊、移動、交流。

這意味著我們在開火時必須做到完美的射擊管理，不能讓自己的噴子隨處亂噴，友軍誤傷事件就是這樣發生的。這需要很強的肌肉紀律和對細節的關注，才能時時刻刻知道瞄準的目標和隊友之間的相對位置，尤其是在使用鐵豬時。維持高標準的安全，同時給予目標致命火力，是讓普通海豹隊員成爲優秀作戰員的原因。

大多數人以爲一旦成爲海豹就能永遠在這個圈子裡，但事實並非如此。我很快就得知，我們一直在被打分數，只要做出不安全的舉動，那麼無論新手還是老手，都會被踢出去！第一次加入的那一排，我是三個新手之一，其中一個人的槍被拿走了，因為他非常不安全。那十天裡，我們穿過馬來西亞叢林，睡在吊床上，划獨木舟，日夜攜帶著武器，他卻只能像《綠野仙蹤》裡的西方女巫一樣拖著一把該死的掃帚。但他就連拿著掃帚還是表現不佳，最終被踢了出去。這一排的軍官要確保每個人都老老實實，我也為此尊重他們。

「在戰鬥中，沒有人會直接變成藍波。」達納・德・科斯特最近這麼告訴我。達納是我在海豹第五分隊那一排的副排長，近來擔任BUD／S的作戰行動總監。「我們拚命訓練自己，所以子彈開始飛的時候，會憑著良好的訓練知道該怎麼做。重要的是，我們的訓練是如此優良，我們知道自己會超越敵人，也許不會成為藍波，但也不會差到哪裡去。」

很多人對海豹使用的武器和參與的槍戰著迷，但這向來不是這份工作最讓我最喜歡的部分。我很會戰鬥，但更喜歡與自己作戰，我指的是嚴格的體能訓練，而所處的第一個排也做到了這一點。大多數早上開始工作前，我們都會進行漫長的「跑步—游泳—跑步」。也不光是跑長距離而已，我們在比賽，軍官在前面帶路。排長和副排長是整個排裡最優秀的兩名運動員，排長克里斯・貝克是個強悍的王八蛋。

「說來好笑，」達納說，「我和排長很少討論對體能訓練的理念，我們就只是彼此競爭。我想打敗他，他也想打敗我，這讓人們開始談論我們是多麼努力地想追求勝利。」

我從沒懷疑過達納是個瘋子。記得在出發前往印尼（中間會在關島、馬來西亞、泰國和韓國停留）之前，我們在聖克利門蒂島附近進行了多次潛水訓練。達納是我的游泳夥伴，有一天早上，他向我提出挑戰，要求我不穿潛水服在攝氏十三度的水中進行潛水訓練，因爲海豹前身的老前輩們在第二次世界大戰期間，在爲著名的諾曼第登陸特訓、準備入侵諾曼第海灘時就是這麼做的。

「咱們用老方法，穿著短褲、帶著潛水刀潛水。」他說。

他有著可以激勵我的野獸心態，我也不打算在挑戰面前退縮。我們一起在東南亞各地游泳和潛水，在馬來西亞訓練了精銳軍事部隊，也磨練了泰國海豹部隊的技能——就是這群蛙人在二〇一八年夏天拯救了山洞裡那些足球隊的孩子，也參與了對抗泰國南部伊斯蘭動亂的行動。無論我們部署在哪裡，我都愛死那些體能訓練的早晨。很快地，那個排的每個人都在彼此競爭，但無論我多麼努力，似乎就是追不上這兩名軍官，通常只能獲得第三名。無所謂，誰贏了並不重要，因爲每個人幾乎每天都創下個人最佳成績。我一直將此銘記在心：競爭的環境可以增強整個排的鬥志和成就！

這正是我在BUD／S上課時夢想的環境。我們都踐行著海豹精神，而我迫不及待想看看它在我們投入戰鬥時，會把我們個人化爲一個整體，帶向何方。然而，當阿富汗戰爭越演越烈時，我們唯一能做的就是乖乖等著，希望有人打電話給我們。

某天，我們在韓國一家保齡球館一起觀看美軍進攻伊拉克。那眞是讓人鬱悶極了。我們就是爲了有機會上戰場而一直拚命訓練，基礎能力已經透過大量的體能訓練而加強，也獲得了充足的武器和戰術訓練。我們已經成爲一支致命的部隊，渴望成爲行動的一部分，但再次被忽視這個事實讓每個人都火冒三丈，所以每天早上，我們都會把這種情緒發洩在彼此身上。

在世界各地我們造訪過的基地裡，海豹隊員都受到搖滾明星般的待遇，有些人也以這種心態開派對。事實上，大多數的海豹隊員都喜歡晚上出去狂歡，但我不是。我之所以能加入海豹，就是憑藉著斯巴達式的生活方式。我認爲晚上就是要休息、充電，讓身心爲隔天的戰鬥做好準備。我永遠爲出任務做好準備，這個態度贏得了一些人的尊重，但排長試圖影響我，要我稍微放輕鬆點，成爲「男孩當中的一員」。

我非常尊敬排長。他畢業於海軍學院和劍橋大學，腦袋很好，是傑出運動員，也是優秀的領導者，正在努力爬向海軍特種作戰開發群（以下簡稱「開發群」）中一個令人垂涎的位置，所以他的意見對我來說很重要。其實他的意見對我們每個人來說都很重要，因爲他負責評估我們，而這些評估會一直跟著你，並影響你未來的軍旅生涯。

在書面上，我第一次評估的成績很好。他對我的技巧和全力以赴的努力印象深刻，但也私下給了我一些建議。「說眞的，哥金斯，」他說，「如果你多和兄弟們一起出去玩，就能比較好地理解這份工作。我在與兄弟們相處、聆聽他們的故事時，學到最多跟戰場有關的事。合群是很重要的。」

他這番話讓我面對一個傷人的現實。很明顯排長，可能也包括一些隊員，都覺得我有點不一樣。我當然不一樣！我來自社會底層！我可沒有被海軍學院錄取，甚至不知道他媽的劍橋在哪裡。我不是在游泳池邊長大，我必須自學游泳。我操，我原本根本不該成為海豹，但我做到了，我還以為這就讓我成了這個團隊的一部分，但現在我意識到，我只是海豹分隊的一部分，而不是同袍情誼的一部分。

我必須在下班後出去和兄弟們社交來證明我的價值？對我這種內向的人來說，這個要求也太過分了些。

操他媽的。

我是因為強烈的專心致志而來到這個排，也不打算放鬆。其他人晚上出去狂歡時，我閱讀戰術、武器和戰爭相關知識。我是一個永遠在學習的學生！在腦海裡，我正為尚不存在的機會而訓練。當時，你必須在完成你的第二個排之後才可能被篩選進開發群，但我已經在為這個機會做準備，所以拒絕為了遵守他們不成文的規則而違背自己的原則。

開發群（以及陸軍的三角洲部隊）被認為是菁英特種作戰部隊中的菁英，他們被指派矛尖任務，例如獵殺賓拉登。從那一刻起，我做出決定：我不會、也不能滿足於僅僅成為一名普通的海豹隊員。沒錯，跟平民相比，我們都是不尋常的硬漢，而現在我發現我是不尋常中的不尋常。既然我就是這種人，就該順其自然，還不如讓自己更顯得與眾不同。那次評估後的不久，我第一次贏得了早上的比賽，在最後八百公尺超越了達納和排長，未曾回頭。

尋求置身於讓自己變得更好的環境

我在那個排待了兩年。在我們的部署結束時，大多數人都準備在進入下一個排之前先休息一下——從我們參與的戰爭來看，他們幾乎一定會被帶進戰場。我不想休息也不需要休息，因爲怪咖中的怪咖不會休息！

第一次的評估結束後，我開始研究美軍的其他部門（不包括美國海岸防衛隊），並閱讀這些特種部隊的相關資料。海豹成員喜歡自認爲是所有特種部隊當中最好的，但我想親眼看看。我懷疑所有部門都是錄用少數幾個在最惡劣環境中脫穎而出的人，我想找到那些人，並和他們一起訓練，因爲我知道他們可以讓我變得更好。此外，我看到資料說陸軍遊騎兵學校被認爲是整個美軍最優秀的領導力學校之一（搞不好沒有之一），所以待在第一個排的期間，我寫了七次「非正式文件」給排長，希望能在下一次部署之前獲准前往陸軍遊騎兵學校。我告訴他我想吸收更多知識，成爲擁有更多技能的特種作戰員。

「非正式文件」屬於特殊請求，而我的前六份都被忽略了。畢竟我是新人，有些人認爲我應該繼續聚焦於海軍特種作戰領域，而不是誤入「陸軍」這條歧途。但在第一個排服役兩年後，我已經贏得一些聲譽，所以第七次請求被向上呈報，交給了負責海豹第五分隊的指揮官。他簽字了。

「哥金斯，」排長在告訴我這個好消息後說道，「有些王八蛋會希望自己成爲戰俘，就爲了看看自己有沒有能力熬過來，而你就是這種王八蛋。」

他很了解我。他知道我正在成爲什麼樣的人——願意毫無保留挑戰自己的人。我跟他握了手。排長即將前往開發群，我們有機會很快在那裡見面。他告訴我，由於兩場戰爭正在進行，開發群首次放寬招募流程，願意納入只完成了第一個排部署的人員。而藉由不斷尋求更多，讓身心為尚不存在的機會做好準備，我成為西岸少數幾個經海豹第五分隊高層批准參加「綠隊」篩選的人之一（綠隊是開發群的培訓項目），就在我即將前往陸軍遊騎兵學校之前。

綠隊篩選過程持續兩天。第一天是體能測驗，包括五公里跑步、一千兩百公尺游泳、三分鐘仰臥起坐和伏地挺身，以及最高次數的引體向上。我以優異成績擊敗了每個人，因為我在第一個排的訓練讓我成了更強壯的泳者和更好的跑者。第二天是面試，其實更像審訊。我那個篩選班有十八人，只有三人被批准加入綠隊，我是其中之一。這理論上意味著在完成我的第二個排之後，我離加入開發群又近了一步，我迫不及待。當時是二〇〇三年十二月，而正如想像的那樣，我的特種部隊生涯正以超光速前進，因為我不斷證明自己是最不尋常的硬漢，而且一直走在「成為戰場上那獨一無二的勇士」的道路上。

幾週後，我抵達喬治亞州的班寧堡，進入陸軍遊騎兵學校。那是十二月初。身為三百零八人的班級中唯一的海軍學員，我遭到教官的懷疑，因為不久前的一個班裡，有兩名海豹隊員在訓練中退出了。當時海豹會把一些成員送來遊騎兵學校當作懲罰，所以那兩個傢伙可能不是最好的代表。我是求了很久才終於來到這裡，但教官還不知道這點，以為我只是另一個自大的特種部隊人員。不到幾個小時，他們就剝掉我和其他人的制服和名聲，直到我們看起來都一樣。軍官失去軍階，像我這樣有著諸多成就的特種部隊戰士，則變成需要證明自己本領的無名之輩。

第一天，我們被分成三個連，我被任命爲一等士官長，指揮B排。我得到這份工作，是因爲原本的一等士官長在引體向上的單槓上被狠操後，被要求背誦〈遊騎兵信條〉，而他因爲太累所以搞砸了。對遊騎兵來說，〈遊騎兵信條〉就是一切。教官在清點B排時非常惱火，我們所有人都立正站好。

「我不知道你們以爲自己在哪裡，但如果想成爲遊騎兵，那我期望你們知道我們的信條。」他的視線落在我身上。「我敢打賭這裡的這個老海軍，一定不知道〈遊騎兵信條〉是什麼。」

我已經背了幾個月，就算倒立也背得出來。爲了製造一點戲劇效果，我清清嗓子，大聲開口。

「認識到我自願成爲一名遊騎兵，充分了解我選擇的職業的危險性，我將永遠努力維護遊騎兵的威望、榮譽和崇高的團隊精神！」

「眞讓人意想不……」他試圖打斷我，但我還沒說完。

「知道遊騎兵是更精銳的士兵，透過陸地、海上或空中到達戰鬥的最前線，所以我接受以下事實：身爲遊騎兵，我的國家希望我比任何士兵都走得更遠、走得更快，更努力地戰鬥！」

教官苦笑著點頭，但這次沒有打斷我。

「我永遠不會讓我的戰友失望！我將始終保持精神警覺、體格強健、道德正直，而且無論什麼任務，我都會承擔超過我要承擔的量，超過百分之百！

「我將英勇地向世界證明我是一名經過精心挑選、訓練有素的士兵！我對上級的禮節、著裝的整潔、對裝備的愛護，值得其他人效仿！

「我將活力充沛地迎接祖國的敵人！我會在戰場上擊敗他們，因爲我受過更好的訓練，並將全力戰鬥！投降不在遊騎兵的字典裡！我絕不會讓陣亡的戰友落入敵人之手，絕不會讓我的國家難堪！

「就算我是唯一的倖存者，我也將隨時展現出爲遊騎兵目標奮鬥並完成任務所需的勇氣！

「遊騎兵開路做先鋒！」

聽到我背出完整的六小節後，教官難以置信地搖搖頭，思考該用什麼方式笑到最後。「恭喜你，哥金斯，」他說，「你現在是一等士官長了。」

他把我留在那裡，讓我無言以對地站在整個排的前面。現在我的工作就是帶領我們的排，確保每個人都爲眼前的任何挑戰做好準備。我既是頭目，也是大哥，還是全職的準教官。在遊騎兵學校，要讓自己做好畢業準備已經夠難了，現在我必須照顧一百個人，並確保他們也做好準備。

另外，我也必須經歷和其他人一樣的進化訓練，但這部分對我來說很容易，其實算是給了我一個放鬆的機會。對我而言，體罰很容易應付，但我完成這些體力任務的方式已經改變了。在BUD／S，我總是帶著「嚴厲的愛」來領導我的船員，但總體來說，我並不在乎其他船員表現得如何、是否退出；而這一次在遊騎兵學校，我不只是接受訓練，也照顧大家。如果看到有人在導航、巡邏、跑步或半夜警醒放哨這些方面遇到困難，我會確保我們能團結起來提供幫助。但不是每個人都願意。訓練難度非常高，因此有些人在沒有被評分時會只付出最低限度的努力，並找機會休息偷懶。在遊騎兵學校的六十九天裡，我沒有一秒鐘是輕鬆的，我正在成爲一名眞正的領導者。

學習成為領導者

遊騎兵學校的目的，是讓每個人都體驗一下如何領導一支高水準的團隊。野戰演習就像作戰員的尋寶遊戲與耐力賽的結合。在六個測驗階段中，我們在導航、武器、繩索技術、偵察和整體領導能力這五個方面被評估。野戰測驗因其斯巴達式的殘酷而惡名昭彰，並包含三個不同階段的訓練。

首先，我們被分成十二人一組，一起在「班寧堡階段」的山麓度過五天四夜。吃的食物很少（每天一到兩份野戰口糧），每晚只有兩小時左右的睡眠，因爲我們必須爭分奪秒地在幾個檢查站之間穿過越野地形，完成一系列任務，以證明對某項特定技能的熟練程度。團隊的領導職由成員輪流擔任。

「山地階段」的難度遠遠高過「班寧堡階段」。我們被分成二十五人的小隊，在喬治亞州北部的山脈中尋路行進。說眞的，冬天的阿帕拉契山脈眞他媽冷。我讀過一些關於患有「鐮刀型血球性狀」的黑人士兵死於山地階段的故事，陸軍希望我佩戴有紅色外殼的特殊狗牌，以便在出問題時讓醫護兵知道是什麼狀況，但我是領導者，不希望隊員以爲我是個體弱多病的孩子，所以一直沒有在狗牌裝上紅色外殼。

在山上，我們學會繩降、攀岩等登山技能，並熟練掌握了伏擊和山地巡邏之類的技術。爲了證明這一點，我們分別進行了兩次爲期四晚的野戰訓練演習，簡稱「野訓演習」。在第二次野訓演習期間，一場風暴襲來，時速近五十公里的疾風呼嘯，夾雜冰雪。我們沒帶睡袋，也沒有保暖的衣物，食物也非常稀少，唯一能用來保暖的就是一件雨披內襯，還有彼此的體溫，而這是個問題，因爲空氣中的腐臭味就是我們自己的體臭。在缺乏適當營養的情況下燃燒大量卡路里，我們失去了所有的體脂肪，靠燃燒肌肉來提供燃料。腐臭味熏得我們流淚，觸發了嘔吐反應。能見度縮小到只有一、兩公尺。大夥兒嘶喘、咳嗽、顫抖，眼睛因恐懼而睜大，我以爲那天晚上一定會有人死於凍傷、失溫或肺炎。

每當在野戰測驗中停下來睡覺，休息都很短暫，你必須在四個方位警戒，但面對那場風暴，B排屈服了。這些人大多非常堅強也非常驕傲，但他們當時最關注的是生存。我理解這種衝動，教官也不介意，因爲我們正處於天氣緊急模式，但對我來說，這提供了一個脫穎而出、以身作則的機會。我把那場冬季風暴視爲一個平臺，讓我成爲不尋常之中的不尋常。

無論你是誰，人生都會給你類似的機會，讓你可以證明自己的不平凡。各行各業都有些人喜歡這種時刻，我看到他們時也會立即認出他們是這種人，因爲他們通常就是那種隻身一人的硬漢——是在午夜時分還西裝革履地坐在辦公室加班的人，而其他同事已經泡在酒吧裡；是在動完四十八小時的手術後，就直接去健身房的狠咖；是在救火二十四小時後沒在床上躺下，而是將電鋸磨利的荒地消防員。我們每個人都可以有這種心態，無論是男人、女人、異性戀、同性戀、黑人、白人，還是衣服上全是紫色圓點的怪咖。每個人都可能是這樣的人：忙了一整天後回到家，看到一個髒亂的房子，但沒責怪家人或室友，而是立即清理乾淨，因爲他們拒絕忽視未完成的職責。

世界各地都存在著這樣令人驚奇的人類，這種人不一定穿著制服，也跟他們接受過的艱苦訓練、身上所有的徽章和獎牌無關。重點是拿出鬥志，彷彿今天就是你在地球上的最後一天——因爲你可能眞的沒有明天。重點是先考慮其他人再考慮自己，發展出讓你與眾不同的道德準則，其中一條準則，是積極地把每個負面情況轉化成正面，在子彈開始飛的時候，準備好在前線領導。

在喬治亞州那片山頂上，我的想法是，在現實世界中，這樣的風暴將爲敵人的攻擊提供完美掩護，所以我不跟大家聚在一起取暖，而是拿出更多鬥志，欣然接受冰雪襲擊，堅守西側防線，彷彿這是我的職責——因爲這就是我的職責！我愛死這期間的每一秒，瞇著眼睛迎向風，當冰雹刺痛臉頰時，我從被誤解的靈魂深處朝夜色咆哮。

幾個夥伴聽到我的聲音，從北側的樹林裡跳出來，直挺挺地站著。然後一個隊員出現在東邊，另一個出現在朝南的斜坡邊緣。他們裹在單薄的雨披內襯底下，瑟瑟發抖。沒有一個人想在這裡，但都挺身而出，履行了自己的職責。儘管這是遊騎兵學校史上最殘酷的風暴之一，我們還是守住了完整的防線，直到教官用無線電通知我們進入室內避寒。眞的是「室內」——他們搭起一座馬戲團般的帳篷，我們魚貫而入，擠在一起取暖，直到風暴過去。

遊騎兵學校的最後幾週被稱爲「佛羅里達階段」，是爲期十天的野訓演習，五十人爲一個單位，在佛羅里達州西北端的狹長地帶按照一個一個GPS點導航行進。首先是從四百六十公尺高的飛機上進行引張帶跳傘，跳入華爾頓堡灘附近的寒冷沼澤地。我們或走或游地過河，架起索橋，在上頭手腳並用地爬回對岸。我們無法保持乾燥，而且水溫在攝氏二到六度左右。我們都聽說過這個故事：一九九四年冬天，天氣極爲寒冷，四名遊騎兵學員在佛羅里達階段死於失溫。因爲靠近海灘，天氣凍得我蛋蛋都快掉下來，這讓我想起了地獄週。每當我們停下來，大夥就會蛋蛋貼屁股地取暖，抖個不停，但和往常一樣，我集中精神，拒絕表現出任何軟弱。這一次，我要做的不是收割我們教官的靈魂，而是給正在掙扎的夥伴勇氣。如果能幫助我的一個夥伴綁好他的索橋，我願意過河六次。我會一步步引導他們完成整個過程，直到他們能向遊騎兵高層證明自己的價值。

我們睡得很少，吃得更少，一邊輪流帶領五十人的團隊，一邊接連完成偵察任務，抵達一個個航點，架設索橋、備妥武器，準備伏擊。夥伴們疲累、飢餓、受凍又沮喪，不想繼續待在這裡。大多數人都處於極限邊緣，付出了百分之百。我也快到了那種程度，但即使不是輪到我當隊長，我還是有幫忙，因爲在遊騎兵學校那六十九天裡，我了解到，如果你想自稱「領導

Ranger Training Brigade

RANGER

Certificate of Achievement

SGM ROBERT SPENCER
ENLISTED LEADERSHIP AWARD

PO2 DAVID GOGGINS
RANGER CLASS 03-04

RANGERS LEAD THE WAY!
13 FEBRUARY 2004

DOUGLAS M. GREENWAY
RANGER TRAINING BRIGADE
COMMAND SERGEANT MAJOR

WILLIAM G. KIDD
RANGER TRAINING BRIGADE
COMMANDER

遊騎兵學校「榮譽入伍男子」證書。

者」，就必須這麼做。

眞正的領導者總是筋疲力竭，絕不傲慢，而且絕不會瞧不起最弱的成員；他會爲自己的部下而戰，並以身作則。這就是「成爲不尋常中的不尋常」的眞義。這意味著成爲菁英之一，並幫助你的夥伴找出他們最好的表現。我希望當時有把這個教導更深地刻在腦海中，因爲再過幾星期，我就會在「領導」這件事上面臨挑戰，而且表現得很差。

遊騎兵學校的要求與標準極高，所以在三百零八名學員當中，只有九十六人畢業，其中大多來自B排。我被授予「榮譽入伍男子」的榮耀，並獲得滿分的同儕評價。對我來說，這種同儕評價的意義更大，因爲我的同學，其他的大老粗，在惡劣環境下都非常看重我的領導力，而我照照鏡子就能看見那個環境留下的痕跡。

在遊騎兵學校期間，我的體重掉了二十五公斤，看起來就像死人，臉頰凹陷，眼睛凸出，二頭肌都沒了。我們全都憔悴不堪，夥伴們連一條街都跑不動。原本能一口氣做四十個引體向上的傢伙，現在連做一個都很難。陸軍早就料到這一點，因此在佛羅里達階段結束後、畢業典禮之前，安排了三天的時間把我們養肥，然後我們的家人飛來這裡慶祝我們畢業。

最後一次野訓演習一結束，我們就直奔食堂。我在托盤上堆滿甜甜圈、薯條和起司漢堡，然後去找牛奶機。當年陷入低潮時喝了太多該死的巧克力奶昔，我的身體變得乳糖不耐，已經很多年沒碰過乳製品，但在那一天，我就像個小孩子一樣，無法抑制對一杯牛奶的原始渴望。

我找到牛奶機，拉下桿子，看著牛奶像茅屋起司一樣厚實地流出來，感到很困惑。我聳聳肩，嗅聞一下。雖然牛奶聞起來很不對勁，但我記得我還是把那杯變質的牛奶灌進肚子裡，就像喝一杯新鮮的甜茶，感謝又一所可怕的特種部隊學校讓我們經歷了這麼多，成功熬到最後的學員都很慶幸能喝上一杯冰鎮的變質牛奶。

幫助團隊一起成長，而非獨占鰲頭

大多數人會休息個幾週，好從遊騎兵學校的訓練恢復過來，增加一些體重——我必須強調是「大多數人」。畢業那天剛好是情人節，我飛往科羅納多，與我的第二個排會合，再一次將「沒有調時差的時間」視爲讓我變得不尋常的機會。雖然根本沒人盯著我，但談到「心態」，其他人的注意力放在哪裡對我來說並不重要，我有我自己的不尋常標準要達到。

在我受訓成爲海豹的每一站，從BUD／S到第一個排再到遊騎兵學校，我都被認爲是個硬漢。當第二個排的排長要我負責體能訓練時，我受到了鼓舞，因爲這表示我將再次與一群衷心願意接受操練、變得更好的人相處。在這種激勵下，我絞盡腦汁思考可以做些什麼來讓我們做好戰鬥準備。這一次，我們都知道將被派往伊拉克，我訂下了自己的使命：幫助第二個排的大夥成爲戰場上最頑強的海豹戰士。這是個很高的標準，由最初的海豹傳奇人物設下，仍然像船錨一樣深深嵌在我的腦海裡。根據海豹傳奇，我們是那種週一游八公里、週二跑三十公里、週三爬四千三百公尺高山的人，我設下的期望跟天一樣高。

第一週，大夥早上五點集合，進行「跑步—游泳—跑步」，或二十公里的越野跑，然後在O形路線上跑一圈。我們把原木搬過護堤，做幾百個伏地挺身。我要大夥接受艱苦的訓練，眞正的特訓，讓我們成爲海豹戰士那種苦練。每天的訓練都比前一天更難，而只過了一、兩週，大夥就已經疲憊不堪。特種部隊中的每個大男人都希望在自己做的所有事情上成爲第一名，但在我領導的體能訓練中，他們沒辦法總是如願，因爲我從來不讓他們喘口氣。大家都崩潰了，表現出了軟弱。這就是我的用意，但他們不想每天都受到這樣的挑戰。第二週，出勤率下降了，我們這個排的排長和士官長把我拉到一邊。

「聽著，老兄，」排長說，「這麼做太蠢了。我們這是在幹什麼？」

「我們已經不在BUD／S了，哥金斯。」士官長說。

對我來說，這跟在不在BUD／S無關，而是爲了踐行海豹精神，每天都贏得三叉戟的資格。這些傢伙想自己去做體能訓練，這通常意味著去健身房鍛鍊。他們對地獄般的特訓不感興趣，更沒興趣爲了達到我的標準全力以赴。他們的反應不讓我感到驚訝，但確實讓我非常失望，讓我對他們的領導力澈底失去尊重。

我明白不是每個人都想在退役前像動物一樣操練，因爲我也不想做那種事！但在那個排裡，讓我和幾乎所有人之間拉開距離的原因，是我沒有讓「對舒適的渴望」控制我。我決心與自己開戰來發掘更多潛力，因爲我相信保持BUD／S心態、每天證明自己，就是我們的責任。海豹部隊受到全世界的尊敬，被認爲是上帝創造的最堅強男子漢，但那次談話讓我意識到，這並不一定是眞的。

我當時剛離開遊騎兵學校，一個沒有任何軍階的地方。即使一名將軍加入訓練班，也會穿著我們每個人都必須穿的衣服，就像一個士兵在基本訓練第一天的打扮。我們都是重生的蛆蟲，沒有未來、沒有過去，從零開始。我喜愛這個概念，因爲它傳達了一個訊息：無論在外面取得什麼成就，在遊騎兵眼裡，我們連屁都不如。這個比喻是我自己發明的，因爲它永遠眞實。你或我無論在運動、事業或生活中取得什麼成就，都不該滿足。**人生是一場瞬息萬變的遊戲，我們要麼變得更好，要麼變得更差**。沒錯，我們必須慶祝自己的勝利，勝利的力量能改變我們，但在慶祝後，應該收心想出新的訓練方案，設下新的目標，並在第二天從零開始。我每天醒來都好像回到BUD／S，第一週的第一天。

「從零開始」的心態告訴我，我的冰箱永遠不夠滿，也永遠不會滿。我們永遠可以在精神和身體上變得更強大、更敏捷，永遠可以變得更有能力、更可靠。既然如此，就永遠不該覺得自己的工作已經完成，總有更多事情等著去做。

你是經驗豐富的水肺潛水員？好極了，那麼卸下你的裝備，深吸一口氣，成爲能下潛三十公尺的自由潛水員。你是強悍的鐵人三項運動員？太酷了，那麼學習如何攀岩吧。你的事業非常成功？太棒了，那麼開始學習一門新的語言或技能，或是再修一個學位。你應該永遠虛心若愚，再次成爲課堂上的傻瓜，因爲這是擴展知識和工作能力的唯一途徑，也是拓展心智的唯一方法。

在我進入第二個排的第二週，士官長和排長亮出了底牌。聽到他們不認爲我們每天都需要贏得自己的地位，眞令我心碎。當然，這些年來與我共事的每個人，相對來說都是很強悍、很有能力的人，他們享受工作上的挑戰、同袍情誼，以及被當成超級巨星對待。他們都深愛海豹這個身分，但有些人對「從零開始」不感興趣，因爲只要有資格加入這個菁英組織，他們就已經很滿足了。請注意，這是一種非常普遍的思考方式。世上大多數人，就算眞的願意鞭策自己，也只願意鞭策到一定程度；一旦進入輕鬆的穩定期，他們就會放鬆下來，享受成果。但有另一個詞能形容這種心態：擺爛。這我無法接受。

就我而言，我有自己的名聲需要維護，而當排上的其他人選擇退出我制訂的地獄特訓時，我心中的怨念就更大了。我提升自己的鍛鍊強度，發誓要付出大到讓人看了就感到慚愧的努力。身爲體能訓練負責人，這其實不是我的工作內容。我原本應該激勵大家付出更多努力，但相反地，我看到了我認爲再明顯不過的弱點，也讓大夥知道我對此不以爲然。

在短短一星期內，我的領導力跟在遊騎兵學校相比，倒退了好幾光年。我失去清楚察覺周遭變化的狀態意識，也不夠尊重排裡的人。身爲領導者，我試圖蠻橫地闖出一條路，但他們反彈了。沒有人讓步，包括軍官。看來每個人都選了阻力最小的路，但我當時沒注意到這一點，因爲我在體能訓練上比以往更加努力。

有一個人支持我。史萊奇是個在聖貝納迪諾長大的硬漢，是消防員和祕書的兒子，而且和我一樣自學了游泳，就爲了通過游泳測試，獲得BUD／S資格。他只比我大一歲，但這已經是他第四個排了。他酒喝很凶，體重有點超重，想改變自己的人生。在我跟士官長和排長談過的隔天早上，史萊奇於凌晨五點出現，準備出發。我從凌晨四點半就在那裡，已經鍛鍊得滿身大汗。

「我喜歡你的鍛鍊方式，」他說，「我想繼續做下去。」

「收到。」

從那時起，無論駐紮在哪裡，科羅納多、尼蘭德還是伊拉克，我們每天早上都會鍛鍊，凌晨四點碰面，然後開始。有時這意味著先跑上山坡，之後高速穿越O形路線，然後扛著原木越過護堤，跑下海灘。在BUD／S訓練中，通常是六個人一起扛原木，但我和史萊奇是只靠我們兩個人。其他日子，我們會做引體向上金字塔：第一組做一下，第二組做兩下，以此類推，持續增加每一組的重複次數，一直到第二十組，然後再逐漸減量，回到第一組。每完成一組，

DEPARTMENT OF THE NAVY
THIS IS TO CERTIFY THAT
THE SECRETARY OF THE NAVY HAS AWARDED THE

NAVY AND MARINE CORPS COMMENDATION MEDAL

TO

OPERATIONS SPECIALIST SECOND CLASS (SEA, AIR AND LAND) DAVID GOGGINS, UNITED STATES NAVY

FOR

MERITORIOUS SERVICE AS PROTECTIVE SECURITY DETAIL MOTORCADE PRIMARY NAVIGATOR AT NAVAL SPECIAL WARFARE TASK GROUP-ARABIAN PENINSULA FROM OCTOBER TO DECEMBER 2004 IN SUPPORT OF OPERATION IRAQI FREEDOM. PETTY OFFICER GOGGINS' FLAWLE[illegible] PERFORMANCE GUIDED AND TACTICALLY CONTROLLED A FOREIGN HEAD OF STATE'S MOTORCADE DURING 150 HIGH-RISK MOVEME[illegible] INCLUDING DAILY TRANSITS OUTSIDE THE PROTECTED INTERNATIONAL ZONE IN BAGHDAD AND HIGH PROFILE VISITS TO NAJAF [illegible] KARBALA. ADDITIONALLY, HIS DETAILED PLANNING, NAVIGATIONAL SKILLS AND SUPERIOR JUDGMENT PROVIDED THE PRINCIPAL THE FREEDOM TO PURSUE THE STRATEGICALLY CRITICAL TASK OF BUILDING A FREE AND DEMOCRATIC IRAQ. BY HIS NOTEWORTHY ACCOMPLISHMENTS, PERSEVERANCE AND DEVOTION TO DUTY, PETTY OFFICER GOGGINS REFLECTED CREDIT UPON HIMSELF AND UPHELD THE HIGHEST TRADITIONS OF THE UNITED STATES NAVAL SERVICE.

GIVEN THIS 15th DAY OF SEPTEMBER 2005

FOR THE SECRETARY OF THE NAVY

CAPTAIN, UNITED STATES NAVY
COMMANDER, NAVAL SPECIAL WARFARE GROUP ONE

撇開排裡的人際關係不談，我們在伊拉克還有工作要做。

我們會爬上十二公尺高的繩索。「早餐前做一千個引體向上」成爲我們的新口號。起初，史萊奇連完成一組十個引體向上都有難度，但幾個月後，他就減掉了十六公斤，而且每組十下的引體向上能做一百組！

在伊拉克，我們不可能進行長跑，所以基本上等於住在舉重房裡。我們做了數百次硬舉，在腿推機上練幾個小時，比過度訓練還過度。我們不在乎肌肉疲勞或崩潰，因爲到了某一刻，訓練的是我們的心智，而不是身體。我的訓練並不是爲了跑得更快，或是成爲任務中最強壯的人；我正在訓練承受折磨，這樣就能在極其不舒適的環境中保持放鬆，而這種訓練有時確實會讓我們感到不舒適。

儘管我們這個排的內部存在著明顯分歧（我和史萊奇 vs. 其他人），但大夥在伊拉克合作無間。只不過在非值勤時間，「我和史萊奇正在成爲什麼樣的人」和「我覺得這個排的人是什麼樣子」之間有著巨大鴻溝，而這種失望也表現了出來。我把自己的惡劣態度像裹屍布一樣披在身上，排裡的人因此給了我「大衛・離我遠點・哥金斯」的綽號，而且我未曾意識到，失望是我自己的問題，不是隊友的錯。

這就是「在不尋常中變得不尋常」的缺點。你可以把自己推向一個超出同僚當前能力或當前心態的境界，這沒關係，但你得知道，所謂的優越感只是你的自負虛構出來的。所以不要對他們發號施令，因爲這不會幫助你在所處領域取得進步，不管是團隊或個人。不要因爲同僚跟不上而生氣，而是扶他們一把，帶他們一起走！

我們都在打同一場戰役。每個人都在「舒適」與「表現」間、「甘於平庸」或「甘願受苦以成爲最好的自己」間左右爲難，時時刻刻都是如此，我們每天都會做出十幾次甚至更多次這樣的決定。身爲體能訓練負責人，我的工作並不是要求隊員實踐我深愛的海豹傳奇，而是幫助他們成爲最好的自己。但我未曾聆聽，也未曾領導，相反地，我發了脾氣，並給隊友難堪。

從零開始繼續挑戰自己

那兩年，我一直扮演硬漢的角色，從來沒有以冷靜的心態退後一步，糾正自己最初的錯誤。有無數次機會可以彌合我造成的鴻溝，但我從未這樣做，這也讓我付出了代價。

我沒有立即意識到這一點，因爲在第二個排之後，我奉命前往自由落體學校，然後成爲突擊教官，這都是爲了讓我爲綠隊做準備而安排的。突擊至關重要，因爲大多數被綠隊裁掉的人，都是因爲馬虎的突擊表現而被淘汰。他們在搜索建築物時移動太慢，太容易暴露自己的位置，或者因爲太興奮、太愛扣扳機，結果擊中友方。傳授這些技能，使我在封閉環境中變得沉著冷靜又能隱匿蹤跡，我以爲有一天會收到去維吉尼亞州的「壩頭」基地與開發群一起訓練的命令，但這項命令未曾到來。和我一起在篩選過程中表現優異的另外兩個人都收到了，而這份我該收到的命令，則是不知去向。

我打了電話給壩頭基地的領導階層。他們要我再次接受篩選，那時我就知道有些不對勁了。回想之前經歷的篩選過程，我眞的期望可以做得更好嗎？我當時明明表現得很好。但後來我想起那場面試，感覺更像是兩個男人分別扮演好警察跟壞警察的偵訊。他們沒有詢問我的技能或海軍專業知識，提出的疑問百分之八十五與我的作戰能力無關。那次面試大部分的內容都是關於我的種族。

「我們是傳統派的男人，」其中一人說，「我們必須知道你在聽到黑人笑話時會有啥反應，兄弟。」

他們大多數的提問都是圍繞在這個主題上，我從頭到尾面帶微笑，心想：「等我成爲這裡最強悍的硬漢，你們這些白人會有什麼感覺？」但我沒這麼說出口，而這不是因爲害怕或不自在。那次面試，我比在軍隊的任何地方都感到自在，因爲那是我這輩子第一次碰到種族問題被公開拿出來談。我是世上最受尊敬的軍事組織中僅有的少數黑人之一，這一定會帶來一些獨特的挑戰，而這些人並沒有試著假裝這些挑戰不存在。其中一人用咄咄逼人的姿態和語氣挑戰我，另一人保持冷靜，但他們倆都坦然地對待我。當時開發群裡已經有兩、三個黑人，他們告訴我，想進入核心圈子，就必須同意某些條款和條件，而我病態地很喜歡他們這個訊息，以及隨之而來的挑戰。

開發群是海豹當中一群強悍又叛逆的成員，他們也希望這個團體保持這種狀態。他們不想教化任何人，不想進化或改變，而我知道自己身在何處、正在讓自己陷入什麼處境。這支部隊是負責最危險的矛尖任務，這裡是白人的地下社會，而這些傢伙必須知道如果有人想找我這個黑人麻煩，我會怎麼做。他們必須聽見我保證可以控制自己的情緒，而我一旦看穿他們的言下之意，就不可能因爲他們的行爲而覺得被冒犯。

「聽著，我經歷了種族歧視一輩子，」我答道，「你們這些王八蛋想對我說的話，我以前都聽過二十遍了。但你們還是得做好準備，因爲我他媽的一定以眼還眼！」在那一刻，他們似乎很喜歡我這麼說。問題是，如果你是黑人，你說你會以眼還眼，這通常不會太順利。

我永遠不會知道爲什麼我沒有收到綠隊的命令，但這不重要。**我們沒辦法控制人生中所有的變數。故事的結局，取決於我們如何對待被剝奪或呈現給我們的機會。**我沒想著「既然之前已經以優異成績通過篩選，我現在還能再通過一次」，而是決定從零開始，去參加三角洲部隊的篩選——陸軍版的海軍特種作戰開發群。

三角洲的選拔非常嚴格，而由於這個團體難以捉摸的性質，我一直對它很感興趣。跟海豹部隊不一樣，一般人很少聽說過三角洲部隊。三角洲選拔的篩選項目包括智力測驗，以及完整的軍事簡歷，包括我的資歷和戰爭經驗，還有昔日長官對我的評估紀錄。我在幾天內把這些資料都整理好，心裡知道自己正與來自各個軍事部門的菁英競爭，而且只有菁英才會收到邀請。過了幾週，我就收到了三角洲部隊的命令。不久後，我降落在西維吉尼亞州的山區，準備爭奪陸軍菁英士兵的一席之地。

奇怪的是，三角洲部隊的領域裡沒有任何叫喊聲和尖叫聲，沒有集合點名，也沒有排長。出現在那裡的候選人都是積極主動的類型，我們要執行的命令都用粉筆寫在掛在營房裡的一塊板子上。前三天，我們不被允許離開基地，重點是休息和適應環境；但在第四天，體能訓練從基本的篩選測試開始了，其中包括兩分鐘的伏地挺身、兩分鐘的仰臥起坐和計時的三公里跑步。他們期望每個人都達到最低標準，沒做到的人就會被送回家。在那之後，事情立即變得困難，而且難度一天比一天高。事實上，當天晚上晚些時候，就進行了第一次道路行軍。正如三角洲部隊的作風，我們沒被告知究竟要走多遠，但我相信從開始到結束大約走了三十公里。

一百六十人各自揹著大約十八公斤的背包出發時，天氣很冷且天色很黑。大多數人是慢慢地開始走，滿足於按照自己的步調；我則是一開始就走很快，在最初的四百公尺就把其他人拋在後面。我看到一個能脫穎而出的機會，也抓住了它，比其他人提早大約三十分鐘走完。

三角洲選拔是世界上最好的定向課程。接下來的十天，我們早上進行體能訓練，晚上學習高級的陸地導航技能。他們教我們如何透過閱讀地形，而不是地圖上的道路和小徑，來從A點抵達B點。我們學會看懂地圖上看似指紋和劃痕的圖案，而且如果你身處高地，那最好繼續待在高地上。我們還被教導要跟著水走。當你開始以這種方式閱讀土地，手裡的地圖就有了生命，我這輩子第一次變得非常擅長定向。我們學會了判斷距離及繪製自己的地形圖。起初會指派一名教官爲我們在荒野中帶路，而那些教官移動的速度非常快。接下來幾週，我們得靠自己。嚴格來說，當時還在練習階段，但我們也在被評分、觀察，以確保走的是越野路線，而不是馬路路線。

這一切的終點是一場爲期七天七夜的延長期末考——如果我們能撐到那時候。這場考驗不是團隊努力，我們每個人要獨自使用自己的地圖和指南針，從一個航點到下一個航點。每個站點都有一輛悍馬車，那裡的幹部（教官和評估人員）會記錄時間，給我們下一組坐標。每一天都是獨特的挑戰，我們永遠不知道測驗完成之前需要走過幾個航點。另外，每次考驗還有一個未知的時限，只有幹部才知道究竟還有多久。在終點線，我們也不會被告知是合格還是失敗；相反地，他們只是叫我們坐進兩輛有遮蓋的悍馬車其中一輛。「合格車」會帶你去下一個營地，「不及格車」會開回基地，讓你收拾行李、打道回府。大多數時候，我都不知道自己是否合格了，直到卡車停下來。

到了第五天，我已經成爲三角洲部隊仍在考慮的大約三十名候選人之一。只剩三天了，我每次測驗都表現出色，在時限前至少九十分鐘就抵達終點線。最後的測試是透過陸地導航前往六十五公里外的目的地，我對這項考驗很期待，但首先，我有工作要做。我走過水坑，氣喘吁吁地爬上傾斜的林地，沿著山脊線漫步，穿梭於一個個航點之間，直到我不敢想像的事情發生：我迷路了。我走錯山脊了。仔細查看地圖和指南針，視線越過一座山谷，找到了正確的山脊，在南方。

收到！

這是我第一次必須顧及所剩不多的時間。我不知道時限還有多久，但知道一定不多，所以我衝下陡峭的峽谷，但腳下一滑，左腳卡進兩塊巨石之間，腳踝用力扭了一下，感覺它移了位，疼痛立刻到來。我看了看手表，咬緊牙關，盡快繫緊靴子，然後一瘸一拐地爬上陡峭的山坡，前往正確的山脊。

在最後的衝刺階段，腳踝痛得厲害，不得不解開靴子來緩解疼痛。我動作遲緩，確信自己會被送回家，但我錯了。悍馬車在三角洲選拔的倒數第二個營地卸下了我們，我在這裡整晚冰敷腳踝，因爲我知道由於這個傷勢，隔天的陸地導航測試可能會超出我的能力範圍。但我沒放棄，還是參加了測驗，努力留在候選名單上，雖然錯過了一個早期檢查站的時間，不過影響不大。我沒有垂頭喪氣，因爲受傷有時候就是會發生。我已經盡了一切努力，而當你全力以赴，你的努力不會被忽視。

三角洲部隊的幹部就像機器人。整個選拔期間，他們沒有表現出任何個性，但在我準備離開基地時，一名負責人把我叫進他的辦公室。

「哥金斯，」他跟我握手，「你是優秀的軍人！我們希望你康復，回來再試一次。我們相信你有一天會成爲三角洲部隊的重要力量。」

但那個「有一天」是什麼時候？我從第二次心臟手術中醒來了，因爲麻醉而渾身輕飄飄。我的視線越過右肩，看到點滴，看著液體流向我的靜脈。我身上有許多管線接在醫療儀器上。心臟監測儀嗶嗶作響地記錄著數據，用我無法理解的語言講述一個故事。如果我熟悉這種語言，也許就能知道我的心臟是否終於完整了，我是否「有一天」會回去參加三角洲選拔。我把手放在心口上，閉上眼睛，傾聽線索。

離開三角洲後，我回到海豹部隊，被分配到陸戰部門，擔任教官而不是作戰員。一開始我士氣低落，技能、奉獻精神和運動能力比我差的其他人已經在兩個國家的戰場上作戰，我卻卡在無人區裡，想著這一切怎麼會這麼快就變得如此混亂。感覺就像撞到了玻璃天花板，但它是一直在那裡，還是我自己把它拉到那裡？事實介於兩者之間。

在印第安納州巴西鎮的日子，我意識到「偏見無處不在」。每個人和每個組織都抱持著一部分的偏見，如果你在任何情況中都是那「唯一一個」，就必須決定如何應付偏見，因爲你沒辦法讓它消失。多年來，我把偏見當成燃料，因爲身爲「唯一一個」有很大的力量。它迫使你充分利用自己的資源，並在面對不公平的審查時相信自己；它會增加事情的難度，但也因此讓每一次的成功都變得更加甜美。這就是爲什麼，我不斷讓自己置身於知道自己會遇到偏見的處境。身爲某個環境中的「唯一一個」給了我力量，我把戰火帶到人們面前，看著我的卓越把他們狹窄的心胸炸開。我沒有因爲自己是那「唯一一個」而坐下來哭泣，而是採取行動，說聲去你媽的，把我感受到的所有偏見做成炸藥，炸毀那些牆。

但這種心態給你的幫助是有限的。我的抗爭性太強，一路上樹立了許多不必要的敵人，相信這就是限制我進入海豹頂層的原因。然而，當職涯處於十字路口，我沒有時間一直想著那些錯誤。我必須找到更高的立足點，將製造出來的負面因素再次轉化爲正面因素。我不僅接受了陸戰任務，也盡己所能成爲最好的教官；而在自己的時間裡，我啓動了超馬任務，爲自己創造新的機會，這重振了我停滯不前的事業。我重返正軌，直到得知我生下來就帶著一顆破碎的心。

但這件事也有其正面性。躺在手術後的病床上，我的意識似乎時隱時現，醫生、護理師、妻子和母親之間的對話像白噪音般彼此滲透。他們不知道我其實一直醒著，聽著我受傷的心跳，在心裡微笑，因爲我知道我終於有了確切的科學證據，證明我和來過這世上的任何硬漢一樣不尋常。

挑戰9　脫穎而出

把自滿當成燃料燒掉，天天對自己要求更多

這項挑戰是給這個世界上所有不尋常的硬漢。很多人以為，一旦獲得一定程度的地位、尊重或成功，自己就成功了。我在這裡告訴你，你必須天天尋求「更多」。「卓越」這種東西不是遇到一次就會永遠伴隨你，而是會像熱鍋裡的油一樣蒸發。

如果真的想成為不尋常中的不尋常，就必須長期保持卓越。想做到這點，需要不斷地追求，不斷地付出努力。這聽起來也許很吸引人，但需要你付出百分之百，然後超越百分之百。相信我，這並不適合每個人，因為這需要雷射般的專注力，並且可能會破壞你生活的平衡。

這就是成為菁英中的菁英所需要的。如果周圍的人都是菁英，你會採取什麼不同的做法來脫穎而出？在平凡人當中脫穎而出，做小池塘裡的大魚，這很容易；但如果你是一頭被狼群包圍的狼，想要脫穎而出就困難多了。

這意味著你不僅要進入華頓商學院，而且要在班上排名第一。這意味著不僅僅是從BUD

／S畢業，還要成為陸軍遊騎兵學校的「榮譽入伍男子」，然後出去跑完惡水超馬。

把感覺聚集在你、同事和團隊成員周圍的自滿心態當成燃料來燃燒，繼續在自己面前設置障礙，因為你在那裡會發現摩擦力，而它會幫助你變得更強大。在不知不覺間，你會脫穎而出。

#canthurtme（#我刀槍不入）#uncommonamongstuncommon（#不尋常中的不尋常）

二〇一二年九月二十七日，我站在洛克斐勒中心三十號二樓的臨時健身房裡，準備打破二十四小時內引體向上最多次的世界紀錄，至少我原本是這樣打算。知名記者薩凡娜．古斯里也在場，還有一名《金氏世界紀錄》的官方人員，以及電視名人馬特．勞爾（沒錯，就是那個混蛋）。我再次努力為特種作戰戰士基金會籌集善款，這次的目標金額很大，但我也想創下金氏世界紀錄。為了達成這個目的，我必須在電視節目《今日秀》的聚光燈下表演。

我腦子裡的數字是四千零二十個引體向上。聽起來像超人吧？我原本也這麼覺得，直到仔細研究後，意識到如果能在二十四小時的每一分鐘完成六個引體向上，就能做到。這表示我在每分鐘裡大約出力十秒，享有五十秒的休息。這並不容易，但考慮到已投入的努力，我認為可行。在過去的五到六個月裡，我做了四萬多個引體向上，並為即將面臨另一個巨大挑戰感到興奮。自從動了第二次心臟手術，經歷了所有起起落落之後，我需要這個。

好消息是，第二次手術成功了。這輩子第一次擁有功能齊全的心肌，我也不急著跑步或騎車，耐心地度過康復期。反正海軍本來就不會允許我參加任何行動，而為了留在海豹，我不得不接受一份非部署、非戰鬥性質的工作。溫特斯上將又讓我在招募部門待了兩年，我也繼續到處出差，與願意聆聽之人分享我的故事，並努力贏得人心。但我真正想做的，是我受訓要做的事：戰鬥！我試著在靶場練槍來療癒這個心傷，但只能對著靶子開槍只是讓我更難受。

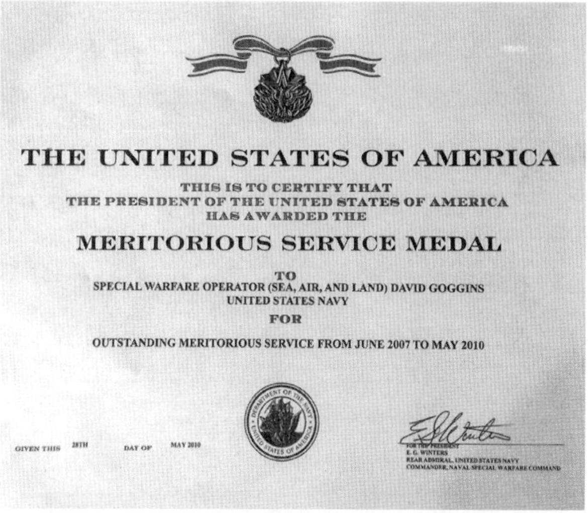

THE UNITED STATES OF AMERICA

THIS IS TO CERTIFY THAT
THE PRESIDENT OF THE UNITED STATES OF AMERICA
HAS AWARDED THE

MERITORIOUS SERVICE MEDAL

TO
SPECIAL WARFARE OPERATOR (SEA, AIR, AND LAND) DAVID GOGGINS
UNITED STATES NAVY
FOR

OUTSTANDING MERITORIOUS SERVICE FROM JUNE 2007 TO MAY 2010

GIVEN THIS 28TH DAY OF MAY 2010

FOR THE PRESIDENT
E. G. WINTERS
REAR ADMIRAL, UNITED STATES NAVY
COMMANDER, NAVAL SPECIAL WARFARE COMMAND

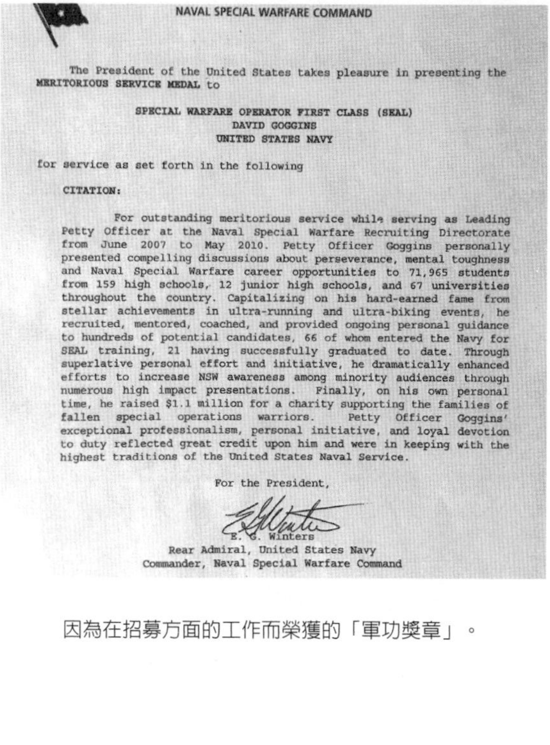

NAVAL SPECIAL WARFARE COMMAND

The President of the United States takes pleasure in presenting the **MERITORIOUS SERVICE MEDAL** to

SPECIAL WARFARE OPERATOR FIRST CLASS (SEAL)
DAVID GOGGINS
UNITED STATES NAVY

for service as set forth in the following

CITATION:

For outstanding meritorious service while serving as Leading Petty Officer at the Naval Special Warfare Recruiting Directorate from June 2007 to May 2010. Petty Officer Goggins personally presented compelling discussions about perseverance, mental toughness and Naval Special Warfare career opportunities to 71,965 students from 159 high schools, 12 junior high schools, and 67 universities throughout the country. Capitalizing on his hard-earned fame from stellar achievements in ultra-running and ultra-biking events, he recruited, mentored, coached, and provided ongoing personal guidance to hundreds of potential candidates, 66 of whom entered the Navy for SEAL training, 21 having successfully graduated to date. Through superlative personal effort and initiative, he dramatically enhanced efforts to increase NSW awareness among minority audiences through numerous high impact presentations. Finally, on his own personal time, he raised $1.1 million for a charity supporting the families of fallen special operations warriors. Petty Officer Goggins' exceptional professionalism, personal initiative, and loyal devotion to duty reflected great credit upon him and were in keeping with the highest traditions of the United States Naval Service.

For the President,

E. G. Winters
Rear Admiral, United States Navy
Commander, Naval Special Warfare Command

因為在招募方面的工作而榮獲的「軍功獎章」。

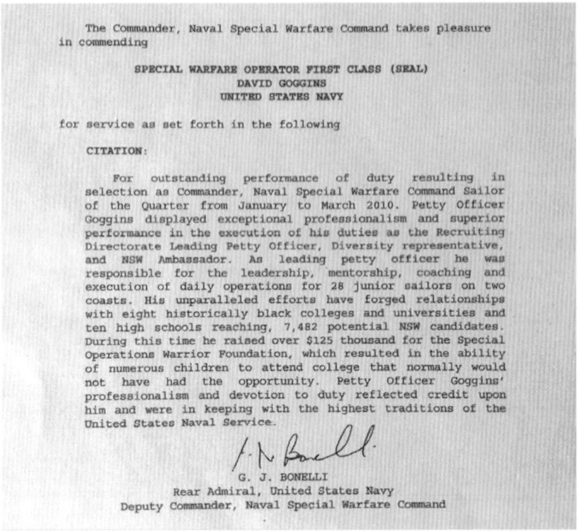

The Commander, Naval Special Warfare Command takes pleasure in commending

SPECIAL WARFARE OPERATOR FIRST CLASS (SEAL)
DAVID GOGGINS
UNITED STATES NAVY

for service as set forth in the following

CITATION:

For outstanding performance of duty resulting in selection as Commander, Naval Special Warfare Command Sailor of the Quarter from January to March 2010. Petty Officer Goggins displayed exceptional professionalism and superior performance in the execution of his duties as the Recruiting Directorate Leading Petty Officer, Diversity representative, and NSW Ambassador. As leading petty officer he was responsible for the leadership, mentorship, coaching and execution of daily operations for 28 junior sailors on two coasts. His unparalleled efforts have forged relationships with eight historically black colleges and universities and ten high schools reaching, 7,482 potential NSW candidates. During this time he raised over $125 thousand for the Special Operations Warrior Foundation, which resulted in the ability of numerous children to attend college that normally would not have had the opportunity. Petty Officer Goggins' professionalism and devotion to duty reflected credit upon him and were in keeping with the highest traditions of the United States Naval Service.

G. J. BONELLI
Rear Admiral, United States Navy
Deputy Commander, Naval Special Warfare Command

二〇一〇年被選為一月至三月的當季最佳水手。

為我的「有一天」前進

二〇一一年，在招募部門待了四年多，並因心臟問題而在傷殘名單上度過兩年半後，我終於通過體檢，能再次投入作戰行動。溫特斯上將表示願意讓我去任何我想去的地方。他知道我的犧牲和夢想，而我告訴他，我與三角洲部隊還有未竟之事。他簽署了我的文件，經過五年漫長的等待，我的那個「有一天」終於到來了。

我再次前往阿帕拉契山脈參加三角洲選拔。二〇〇六年那一次，當我在訓練第一天就以優異成績完成三十公里的負重行軍後，聽到其他人對我有些善意懷疑的傳聞。在三角洲選拔中，一切都是祕密。沒錯，我們是有明確的任務和訓練，但沒人告訴你任務會歷時多久或必須多快完成（就連三十公里的路程也是根據我自己的導航所做的最佳估算），而且只有幹部知道他們如何評價每一個候選人。據傳言，他們是以第一次負重行軍的成績爲基準，計算每個導航任務應該需要多少時間。這意味著，如果你在第一次負重行軍太努力，就會吃掉自己之後能犯錯的餘地。這一次我得知了這項情報，原本可以謹愼行事、慢慢來，但我不打算在這些菁英士兵當中做出二流表現。我更加努力，以確保他們看到我最好的成績，也打破了自己的路線紀錄（根據那個可靠的謠言），提前九分鐘完成行軍。

你可能覺得我在唬爛，那我告訴你，我聯繫了一個和我一起參加三角洲選拔的傢伙，以下是他對那一次負重行軍的第一手資料。

在談論道路行軍之前，我必須先說一下行軍前幾天的事。參加選拔時，你完全不知道該期待什麼，每個人聽到的傳聞都不同，但你並不完全了解將要經歷什麼……我記得抵達機場等巴士的時候，每個人都在扯淡。對許多人來說，這是多年未見的朋友重聚，也是你開始打量每個人的地方。我記得大多數人都在聊天或放鬆，但有一個人坐在行囊上，看上去很緊繃。我後來得知那個人是大衛．哥金斯，而你從一開始就看得出來他會撐到最後。身爲跑者，我認出了他，但過了幾天，我才眞正明白他是什麼樣的人。

你知道開始選拔之前自己必須完成幾項活動，其中之一就是道路行軍。我就不說具體距離有多遠了，我知道會相當遠，但其中大部分用跑的也沒問題。來參加選拔之前，我的軍人生涯大部分時間都在特種部隊服役，很少有人在道路行軍上比我更快完成任務。我在揹著背包的時候感到很自在。我們出發時，天氣有點冷，而且天色很暗，我就在最讓我自在的位置：最前面。而一開始的四百公尺，就有個人從我身邊飛快經過，我心想「他不可能保持這個速度」，但我可以看到他頭燈的光芒持續遠去，於是又猜想，等他累壞後，我過個十來公里就會再見到他。

這條道路行軍路線以殘酷著稱，路上有一座小山，往上走的時候，把手伸到前面幾乎可以觸碰到地面，就是那麼陡。這時，我前方只有一個人，我看到腳印，步幅是我的兩倍長。我感到敬畏，當時的想法是：「這是我見過的最瘋狂的事，這傢伙竟然是用跑的上了這座山。」在接下來的兩個小時裡，我原以爲會在拐角處發現他躺在路邊，但這從未發生。完成行軍後，我整理我的裝備，看到大衛在閒晃。他在相當長的一段時間前就已經走完全程。儘管那場選拔是一項個人活動，但他是第一個跟我擊掌、說聲「幹得好」的人。

——老T，寫於二〇一八年六月二十五日的一封電子郵件

那場表演讓我選拔班上的人留下了深刻印象。我後來從另一名海豹隊員霍克那裡聽說，與他一起駐紮的一些陸軍阿兵哥還在談論那場負重行軍，彷彿是個都市傳說。在那場行軍後，我繼續在三角洲選拔中取得全班最高或接近最高的成績。我的陸地導航技能比以往任何時候都好，但這並不意味著事情對我來說很容易。我們禁止走馬路，路線上沒有平坦的地面，連續幾

天在低於冰點的溫度中在陡峭山坡上上下下，尋找航點、閱讀地圖，而無數個山峰、山脊和溝壑看起來長得都一樣。我們穿過茂密的灌木叢和深厚的雪堆，涉過冰冷的小溪，繞行於冬天的高聳枯樹間。這個過程很痛苦，具有挑戰性，並且他媽的美極了，而我表現優異，粉碎了他們能想到的每一個測試。

在三角洲選拔的倒數第二天，我像往常一樣盡快穿過一開始的四個航點。大多數時候，一共會有五個航點需要抵達，所以到達第五個時，我信心十足。在我看來，我就是著名探險家丹尼爾．布恩的黑人版。我在地圖上找出前往第五個航點的路線，然後沿著另一個陡坡走下去。在陌生地形中找路的方法之一，是跟隨電線，我看到遠處的一條電線直接通往第五個，也是最後一個航點，於是匆匆趕路，跟著電線走，關閉了意識，開始夢想未來。我知道自己會在最後的測試中表現出色——也就是上一次根本連試都沒機會試的六十五公里陸地導航，因爲我在那兩天前扭傷了腳踝。我以爲畢業已成定局，將在畢業後再次於一支精銳部隊裡蹦跳開槍。在想像那幅畫面時，它變得更加眞實，想像力使我遠離了阿帕拉契山脈。

跟著電線走有個重點：你最好確定你選的是正確的電線！根據訓練，我應該經常檢查地圖，以確保如果走錯一步，就能重新調整，朝正確的方向前進，而不會浪費太多時間。但我太自信了，忘了這麼做，也沒有繪製後備點。當我從幻想世界醒來時，已經偏離了路線，幾乎脫離了行動範圍！

我進入恐慌模式，在地圖上找到自己的位置，跑向正確的電線，衝刺到山頂上，一路跑向我的第五個航點。我離時限還有九十分鐘，但接近下一輛悍馬車時，看到另一個傢伙朝我迎面而來！

「你要去哪兒？」我一邊小跑一邊問道。

「我要去我的第六個航點。」他說。

「靠，今天不是五個?!」

「不是，今天有六個，老兄。」

我查看手表。在他們宣布時間到之前，只剩四十多分鐘。我到悍馬車前面記下第六檢查站的坐標，研究了地圖。因爲先前犯的錯，我這下有兩個明確的選擇：可以遵守規則，錯過時限，也可以違反規則，使用馬路，給自己一個機會。我有的一個優勢是，在特種作戰中，他們獎勵懂得動腦袋的射手，獎勵願意爲實現目標不惜一切代價的士兵。我唯一能做的，就是希望他們會憐憫我。我畫下最佳路線，然後拔腿狂奔，繞過樹林，走馬路，每當聽到遠處有卡車隆隆作響，我就躲起來。半小時後，在另一座山的山頂，我看到了第六個航點，我們的終點線。根據手表顯示，我還剩五分鐘。

我飛奔下山，全力衝刺，在時限只剩一分鐘的時候回到終點線。在我喘口氣時，大夥被分開，裝進兩輛裝有遮蓋的悍馬車的貨斗上。乍看之下，我們這群人看起來很規矩，但考慮到我是在何時何地拿到第六分，這裡的每個幹部都知道我違反了規則。我不知道該怎麼想，我還有比賽資格嗎？還是被淘汰了？

在三角洲選拔，想知道你是否出局的一個方法，是在路上有沒有感覺到減速丘。減速丘表示正在返回基地，你要提前回家了。那天，當我們感受到第一道讓希望和夢想破滅的減速丘時，一些人開始咒罵，另一些人眼眶泛淚，而我只是搖頭。

「哥金斯，你他媽怎麼會在這兒？」一個傢伙問道。看見我坐在他旁邊，他感到震驚，但我已經接受了現實，因為我在根本還沒有完成選拔時，就一直夢想著從三角洲訓練畢業，成為部隊的一員！

「我沒有做他們要我做的事，」我說，「我他媽活該回家。」

「放屁！你是這裡最優秀的人之一，他們犯了大錯。」

我很感激他的憤怒。我原本也以為會成功，但我不能因為他們的決定而惱火。三角洲部隊的高層不是在尋找能以C、B+甚至A-的成績通過課程的人，他們只接受A+的學生，而如果你搞砸了，做出低於你能力的表現，他們就會把你送走。媽的，如果你在戰場上做白日夢，哪怕只是一瞬間，就可能危及你和你兄弟的性命，我明白這個道理。

「不，犯錯的是我。」我說，「我能走到這裡是因為保持專注、盡力表現，而現在我要回家了，因為我失去了專注。」

追求引體向上紀錄

是時候回去繼續當海豹了。接下來的兩年，我駐紮在檀香山的基地，在「SDV」（海豹運輸載具）這個祕密運輸單位工作。紅翼行動是最著名的SDV任務，而你之所以聽說過，是因爲它是一個重大新聞。大多數的SDV工作都是在暗處進行，遠離人們的視線。我很適應那裡，也很高興能再次回去工作。我住在福特島，客廳窗外就能看到珍珠港。這時我和凱特已經分手了，所以現在眞的過著斯巴達式的生活，也依然早上五點起床，跑步去上班。我有兩條路線，一條是十三公里，一條是十六公里，但無論走哪條，我的身體反應都不太好，只跑幾公里就覺得頸部劇痛和頭暈。在跑步過程中，有好幾次因爲眩暈而不得不坐下來。

多年來，我一直懷疑人類一輩子能跑的里數是不是有限，一旦到了極限就會全身崩潰。我很納悶自己是否正在接近極限，因爲身體從未感覺如此緊繃。我的顱骨底部有一個結節，第一次注意到是我從BUD／S畢業時；十年後，它變大了一倍。髖屈肌上方也有幾個結節。我看了醫生，做了一大堆檢查，但它們連腫瘤都不是，更不是惡性的。醫生確認我沒有生命危險後，我意識到只能和它們共存，並試著暫時放棄長跑。

當你一直依賴的某一種活動或鍛鍊（例如我深愛的跑步）被剝奪時，會很容易陷入思緒停滯的狀態，並完全停止進行任何鍛鍊。但我沒有放棄者的心態。我開始被引體向上桿吸引，複製了以前和史萊奇一起做過的訓練。這是一個能鞭策自己的健身項目，也不會讓我頭暈，因爲可以在組間休息一下。過了一陣子，我上網搜索了一下，看看有沒有什麼我可能做得到的引體向上紀錄。就在那時，我看到了史蒂芬．海蘭德的多項引體向上紀錄，其中包括在二十四小時內做四千零二十下。

當時的我被稱爲超馬跑者，但我並不想只因爲一件事出名，大家都是這樣吧？沒有人認爲我是全能運動員，如果我能創下引體向上的紀錄，就可能改變世人對我的看法。有多少人可以在一天裡跑一百五十、兩百五十甚至三百五十公里，並且完成四千多個引體向上？我打電話給特種作戰戰士基金會，詢問我能否幫忙籌集更多資金。他們對此很興奮，而接下來我知道的，就是我的一名聯絡人利用她的社交技巧，爲我爭取到上《今日秀》的機會。

爲了準備這次嘗試，我在一星期內的每一天都做四百個引體向上，每次大約花七十分鐘。週六則做一千五百個引體向上，每組五到十個，耗時三小時，週日減少至七百五十個。這些訓練增強了我的背闊肌、三頭肌、二頭肌和背肌，讓肩關節和肘關節做好承受極端對待的準備，幫助我發展出大猩猩式的強大握力，並增強了乳酸耐受度，這樣肌肉在過度操勞之後的很長時間內還是能發揮作用。隨著比賽日臨近，我縮短了恢復時間，開始每三十秒就做完五個引體向上，持續兩小時。結束後，我的雙臂垂於兩側，像過度拉伸的橡皮筋一樣疲軟無力。

嘗試打破紀錄前夕，我媽和舅舅飛往紐約市爲我助陣。我們原本都準備好全力以赴了，直到海豹部隊在最後一刻差點毀了我在《今日秀》的出場機會。獵殺賓拉登行動的第一手資料——《艱難一日：海豹六隊擊斃賓拉登行動親歷》當時剛剛出版，作者是開發群裡一名參與獵殺行動的作戰員。海軍特種作戰司令部的高層對此很不高興。特種作戰人員不應該與公眾分享我們在戰場上的工作細節，海豹各分隊很多人都對這本書感到不滿。我被直接命令不許上電視，這根本莫名其妙，我又不是要在鏡頭前大談作戰祕辛，也不是爲了自我推銷。我是想爲陣

我負責招募工作期間的廣告。

亡者的家屬籌集一百萬美元，而《今日秀》是電視上人氣最高的早晨節目。

那時我已經在軍隊服役了近二十年，沒有任何違規紀錄，而且在先前的四年裡，海軍一直把我當作看板人物——我的肖像出現在廣告牌上、接受過CNN的採訪，還有一次從飛機上跳下來接受NBC的採訪。他們把我放在幾十篇雜誌和報紙的報導裡，這對海軍的招募任務很有幫助，現在卻無緣無故要我閉嘴。媽的，如果有誰知道我可以說什麼、不可以說什麼的相關規定，那個人就是我自己。在最後一刻，海軍法律部門終於批准了我上電視。

我的受訪很簡短。簡單扼要地講述了我的人生故事，並提到我將只攝取流質飲食，以富含碳水化合物的運動飲料爲唯一的營養供給，直到打破紀錄。

「等這一切在明天結束後，我們應該做什麼菜給你吃啊？」薩凡娜．古斯里問我。我配合她笑了，看起來笑容可掬，但別誤會，我當時已經澈底走出自己的舒適圈。我即將和自己開戰，儘管看起來不像，表現得也不像。隨著時間經過，我脫掉上衣，只穿著輕便的黑色跑步短褲和跑鞋。

「哇，我看著你感覺就像照鏡子。」勞爾開玩笑地指著我。

「這段節目現在變得更有趣了。」薩凡娜說，「那麼大衛，祝你好運。我們會看著你。」

有人播放《洛基》的主題曲〈奮戰到底〉，我走向引體向上桿。它被漆成消光黑，裹著白色膠帶，並印著幾個白色字：「永不示弱」。戴上灰色手套時，我說了最後一句話。

「請捐款給『specialops.org』，」我說，「我們正在努力籌集一百萬美元。」

「好，你準備好了嗎？」勞爾說，「三……二……一……大衛，開始！」

就這樣，計時開始了，我做了一組八個引體向上。《金氏世界紀錄》制訂的規則很明確：每次引體向上，都必須從手臂完全伸展的靜止懸垂開始，上升時下巴必須超過橫桿。

「開始了。」薩凡娜說。

我對著鏡頭微笑，看起來很放鬆，但即使是第一批引體向上也感覺不對勁，部分原因在於環境。我就像玻璃水族箱裡一條孤獨的魚，把鱗片上的陽光反射成一排火熱的聚光燈。另一部分原因是技術性的，我從第一個引體向上開始就注意到，這座橫桿比我平常習慣用的更容易彎

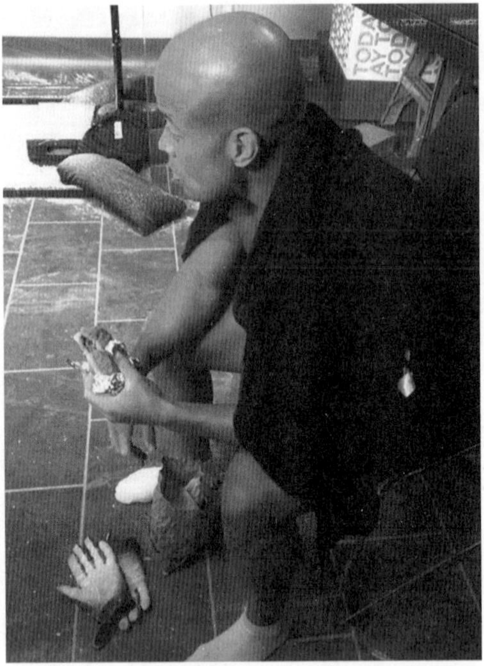

第一次嘗試創下引體向上紀錄的期間。

曲。這讓我發揮不出平時的力量，而今天會是漫長的一天。一開始，我把這些念頭拋諸腦後，也必須這麼做。容易鬆動的橫桿只意味著必須更加努力，也給了我另一個表現得不平凡的機會。

接下來一整天，人們在下方的街道經過，揮手致意，歡呼雀躍。我揮手回應，堅持自己的計畫，每分鐘做六個引體向上，每一分鐘都不例外，但這並不容易，因為橫桿搖搖晃晃。我的力量被桿子消散，而在數百次引體向上後，這讓我付出了代價。隨後的每一次引體向上都需要付出巨大的努力，需要更強的握力，而做完一千五百個後，我的前臂痛得要命。按摩治療師在組間幫我按摩前臂，但它們充滿乳酸，滲透到上半身的每一塊肌肉。

經過漫長的六個多小時，做完兩千個引體向上後，第一次休息了十分鐘。我遠遠領先了在這二十四小時裡該有的節奏，加上太陽在地平線上的角度更低，使得房間裡的亮度降低到我能忍受的程度。現在很晚了，整個攝影棚都關閉了，這裡只有我、幾個朋友、一名按摩治療師，還有我的母親。《今日秀》的攝影機仍在拍攝，並計算著次數，確保我有遵守規定。我還有兩千多個引體向上要做，而在那一刻，「懷疑」第一次在腦中占地為王。

我沒有把負面情緒說出來，試著調整心態以迎接下半場，但事實是，我的整個計畫已經泡湯了。碳水化合物飲料沒有給我提供所需的能量，我也沒有B計畫，所以點了一個起司漢堡吞下。能吃到眞正的食物，感覺眞好。與此同時，我的團隊試著把橫桿綁在椽條上的管道來穩定它，但長時間的休息並沒有像我希望的那樣給我充電，而是產生了不利的影響。

我的身體正在停止運轉，思緒則是充滿恐慌，因爲我發了誓，並用自己的名字當賭注，想要籌集善款並打破紀錄，但我已經知道不可能做到。花了五個小時又做了五百個引體向上（平均每分鐘做不到兩個），跟一個典型的週六我在健身房花三小時做的次數相比，今天只多做了一千個。我在健身房那樣做沒有任何不良影響，現在卻瀕臨肌肉澈底衰竭。怎麼會這樣？

試著咬牙撐下去，但緊張和乳酸已經讓身體不知所措，上半身像一團麵團。我這輩子從沒遇過肌肉衰竭的情況。在BUD／S時，我曾用斷腿跑步，跑了近一百六十公里，還在心臟有洞的情況下完成數十項體能壯舉。但那天深夜，在NBC電視塔的二樓，我宣布放棄。在做完第兩千五百個引體向上後，我幾乎沒辦法把雙手舉起來握住橫桿，更別提把下巴抬到桿子上方。就這樣，一切都結束了。我不會跟薩凡娜和馬特共進早餐來慶祝，根本不會有任何慶祝。我失敗了，而且是在數百萬人面前。

像解剖般全方位分析自己的失敗

我有沒有羞愧痛苦得垂頭喪氣？他媽的才沒有！對我來說，失敗只是未來成功的墊腳石。隔天早上，我的手機收到太多訊息，所以我把它留在酒店房間裡，去中央公園跑步。我需要零干擾和足夠的時間，來回顧自己哪裡做得好、哪裡做得不夠。在軍中，每次現實世界的任務或野戰演習結束後，我們都會填寫行動後報告，作爲「活體剖析」。無論結果如何，我們都會這麼做，而如果你像我那樣分析自己的失敗，那麼行動後報告絕對至關重要。因爲當你進入未知領域時，沒有書籍可供你學習，也沒有YouTube教學影片讓你觀看，我唯一能閱讀的就是自己的錯誤，我也考慮了所有的變數。

首先，我根本不應該上那個電視節目。我的動機很堅定：提高民眾的認識，並爲基金會籌集資金。這個想法很好，但雖然我需要曝光才能籌到希望的金額，卻因爲優先考慮金錢（這絕對是個壞主意），所以沒專注於眼前的任務。想打破這個紀錄，我需要一個最佳環境，而這個認知就像一次伏擊般讓我震驚。我在投入這件事的時候，對這項紀錄不夠尊重。原本以爲，就算抓的是固定在破舊皮卡車後面的生鏽橫桿，我也能打破紀錄，所以儘管在比賽前測試了橫桿兩次，但因為覺得問題不大，就沒試著改善，而缺乏專注力，以及對細節的關注不足，讓我失去名留千古的機會。另一個問題是，太多旁觀者進出攝影棚，要求在我組間休息時跟我合照。當時是自拍時代的開端，那個毛病絕對侵入了我至關重要的安全空間。

很顯然，我的休息時間太長了。原以為按摩可以抵消腫脹和乳酸堆積，但我在這方面的想法也錯了，應該服用更多鹽錠來防止痙攣。開始進行這項嘗試之前，酸民在網路上找到我並預測了失敗的結果，但我忽略了，也沒有完全理解他們的負面態度中暗藏的殘酷事實。我原以為只要刻苦訓練就一定能打破紀錄，也因此沒有做好應有的準備。

沒人能為未知因素做好準備，但如果你在賽前更專注，就可能只需要處理一、兩個未知因素，而不是十個。在紐約那次，太多未知因素浮現了，而它們通常會引發懷疑。事後，我與那些討厭我的酸民意見一致，承認我犯錯的餘地很小。我的體重是九十五公斤，比任何試圖打破該紀錄的人都重得多，所以失敗的可能性很高。

我有兩星期沒碰引體向上桿，但回到檀香山後，在家中健身房做了幾組，立即注意到桿子的差異。儘管如此，我必須抵制「把一切都歸咎於那個鬆動的橫桿」的誘惑，因為更穩固的橫桿不等於我能再做一千五百二十一個引體向上。我研究了體操選手的止滑粉、手套和纏繃帶的方式，並試用和實驗。這次我想要在橫桿下方安裝一個風扇，以便在組間休息時幫我降溫；也改變營養攝取方式，不再依賴純碳水化合物，而是添加一些蛋白質和香蕉來防止抽筋。在選擇嘗試打破紀錄的地點時，我知道必須回到我的核心。這意味著拋開浮華，回歸務實。在前往納什維爾的一次旅行中，我找到一個地方，離我母親家一．六公里遠的一家CrossFit健身房，老闆是一位名叫南多．塔瑪斯卡的前海軍陸戰隊員。

幾次電子郵件往來後，我跑去「CrossFit布倫特伍德山分店」見他。那間健身房在一條購物街上，離塔吉特百貨不遠，看起來沒什麼特別。裡面有黑色地墊、幾桶止滑粉、好幾排啞鈴，還有一大堆正在操練的硬漢。我走進去時，第一件事就是抓住引體向上桿，搖動它，而正如我所希望的，它是用螺栓固定在地上。即使桿子只有一點點晃動，我也需要在途中調整握力，而當你的目標是四千零二十一個引體向上時，所有微小的動作都會累積成能量的浪費，造成損失。

「這就是我需要的。」我抓住桿子。

「是啊，」南多說，「這玩意兒必須夠堅固，才能兼作我們的深蹲架。」

除了強度和穩定性之外，它的高度也很適合我。我不想要矮槓，因爲做引體向上時彎曲雙腿會導致腿筋抽筋。我需要桿子夠高，讓我可以踮腳抓住。

我立刻看出南多是這次任務的完美拍檔。他當過兵，加入了CrossFit體系，並與妻子和家人從亞特蘭大搬到納什維爾，開設了他的第一家健身房。沒有多少人願意敞開大門，讓一個陌生人占用自己的健身房，但南多非常支持戰士基金會的理念。

理性要我扔毛巾認輸，我要它滾一邊去！

第二次嘗試定於十一月進行，而在連續五週的時間內，我在夏威夷家中的健身房每天做五百到一千三百個引體向上。最後一次在島上的訓練，我在五小時內做完兩千個引體向上，然後就搭機飛往納什維爾，在正式嘗試打破紀錄的六天前抵達。

南多召集了他健身房的成員作見證人兼我的支援人員。他準備好要播放的一系列音樂、止滑粉，並在後側設置了一間休息室，以備需要時使用。他還發布了一份新聞稿。比賽前夕，我在健身房訓練，當地一家新聞臺過來報導，還有報社。雖然報導的規模很小，但納什維爾民眾對此越來越好奇，尤其是CrossFit迷，幾個人來這裡旁觀。我後來與南多談過，我喜歡他的說法。

「人們已經跑步了幾十年，也能跑很長的距離，但做四千個引體向上，這不符合人體的設計。所以有機會見證這樣的事情，眞的滿棒的。」

我在嘗試破紀錄之前休息了一整天，抵達健身房時感覺很強壯，也爲前方的地雷區做好了準備。南多和我媽合作，準備好了一切。牆上有一部時尚的數位計時器，也能追蹤我引體向上的次數，還有兩個電池供電的掛鐘作爲備用。吧檯上方懸掛著「金氏世界紀錄」的橫幅，還有一支攝影小組，因爲我做的每一下都必須被記錄下來，以供審查。我用的繃帶是正確的，手套是完美的，橫桿則牢牢地用螺栓固定住，而當我開始時，做出了爆炸性的表現。

我設定的數字不變，計畫每分鐘做六個引體向上，第六十秒做完第六個。在前十組，我把胸口舉得高高的，然後我想起我的比賽計畫：盡量減少不必要的動作和體力上的浪費。在攝影棚的那次嘗試中，我感受到必須讓下巴遠遠高過橫桿的壓力，但那種額外的高度雖然會讓節目看起來更精采，對創下那該死的紀錄卻根本沒有幫助。這一次我告訴自己，讓下巴剛好越過橫桿就好，不要用手臂和手做引體向上之外的任何事。我沒有像在紐約那樣俯身去拿水瓶，而是把它放在一疊木箱上（跳箱用的那種），所以我唯一要做的，就是轉身、用吸管吸取營養。啜飲第一口就促使我減少引體向上的動作幅度，而從那一刻起，我在累積次數時仍然保持紀律。我比賽狀態很好，而且充滿信心，想的不是只做四千零二十個引體向上，而是做完整整二十四小時。如果那樣，做五千甚至六千個都有可能！

我保持高度警惕，尋找任何可能突然出現並破壞我努力的身體問題。一切都很順利，直到經過將近四個小時和一千三百個引體向上後，手開始起水泡。在組間休息時，我媽幫我貼上水泡貼片，讓我能擺脫傷口的影響。這對我來說是一個新問題，然後我想起嘗試破紀錄之前在社群媒體上看到的所有質疑。他們說我的胳臂太長、體重太重、姿勢不理想、我對手部施加太多壓力。我忽略了最後一條評論，因爲第一次嘗試時，手掌沒出問題。但在這第二次嘗試中，我意識到差別所在：第一次那座橫桿彎曲幅度太大，所以我的手掌那時候沒起水泡；這一次的桿子比較穩定，讓我更有力，但隨著時間推移，確實對我造成了損傷。

儘管如此，我還是繼續努力。在做了一千七百個引體向上後，前臂開始痠痛，彎曲手臂時，二頭肌也感受到痛楚。還記得第一次比賽時也感覺到這些疼痛，這表示我快抽筋了，所以我在組間吞了鹽錠，還吃了兩根香蕉，這解決了我的肌肉不適，但手掌的狀況卻越來越糟。

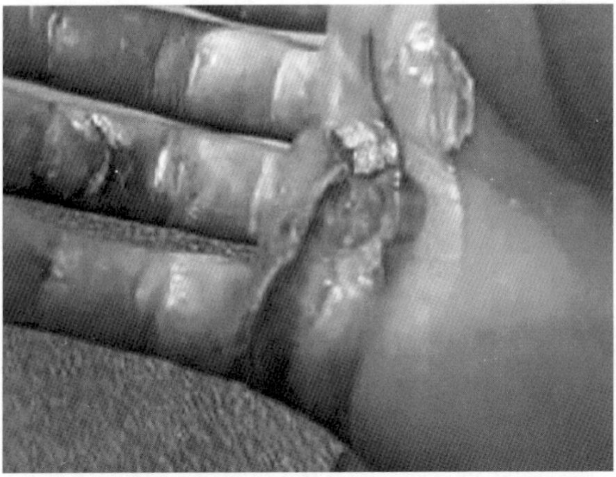

第二次試圖創下引體向上紀錄時，我的手成了這副德性。

又做了一百五十個引體向上後，我能感覺到兩隻手在手套底下滑動。我知道應該停下來，試著解決問題，但也知道這可能導致身體僵硬並停止運作。我同時要對付兩場火災，也不知道該先撲哪裡。我選擇維持一分鐘一分鐘來的節奏，並在中間嘗試不同的解決方案：戴上兩副手套，然後是三副；求助於老朋友大力膠帶，但沒幫助；不能用軟墊包裹橫桿，因爲這違反《金氏世界紀錄》的規則。唯一能做的，就是盡一切努力繼續戰鬥。

進行到第十個小時，我撞牆了。我減慢到每分鐘只做三個引體向上。疼痛令人難以忍受，需要一些緩解。我脫下右手手套，幾層皮膚隨之脫落，手掌看起來就像生漢堡肉。我媽打電話給住在附近的一位醫生朋友雷吉娜，我們走進後側的房間裡等她，試著挽救我的破紀錄嘗試。雷吉娜出現時，評估了情況，拿出注射器，注入局部麻醉劑，然後將針頭移向我右手上的開放性傷口。

她看著我。我的心臟狂跳，汗水浸透了我的每一寸肌膚。我能感覺到肌肉逐漸僵硬冷卻，但我點點頭，移開視線，她把針尖深深地扎了進去。那真他媽的痛死我，但我還是忍住了內心最原始的尖叫。「永不示弱」依然是我的座右銘，但這並不意味著我覺得自己很強壯。媽媽脫下了我的左手手套，以為我要挨第二針，但雷吉娜正忙著檢查我二頭肌的腫脹和前臂的凸出痙攣。

「你看起來像是出現了橫紋肌溶解症，大衛。」她說，「你不該繼續下去，這很危險。」我根本聽不懂她在說什麼，所以她接著詳細說明。

當一個肌肉群長時間過度勞累時，會出現一種現象：肌肉缺乏葡萄糖，開始分解，肌紅蛋白（一種在肌肉中儲存氧氣的纖維蛋白）因此滲漏到血液中。這種情況發生時，腎臟就必須過濾掉這些蛋白質，而如果腎臟不堪重負，就會停工。「橫紋肌溶解症有可能致命。」她說。

我的雙手疼得抽痛，肌肉已經繃緊，賭注已高到不能再高，任何有理性的人這時都會扔毛巾認輸。然而，我可以聽到揚聲器傳來〈奮戰到底〉的轟鳴聲，我知道這就是我的第十四回合，我的「幫我放血，米基」時刻（注：在電影《洛基》中，洛基被對手打得眼睛嚴重腫脹，影響了視野，因此要訓練師米基用刀片幫他切開腫脹的眼皮，放血消腫）。

我叫「理性」去死，舉起左手掌，讓雷吉娜把針扎進去。一波波的痛苦襲捲了我，大量的懷疑在腦海中爆發。她用層層紗布和醫用膠帶包裹我的雙手，讓我戴上一副新的手套。然後我大步回到健身房地板上，繼續工作。我已經做了兩千九百下，只要繼續戰鬥，我仍然相信一切皆有可能。

接下來的兩小時，我每分鐘只做兩到三下，但感覺就像握著一根燒紅的、融化的鐵棒，這表示我只能用指尖握住橫槓。我先是用四根手指，然後是三根，設法再做了一百個引體向上，然後又做了一百個。時間一分一秒過去，我慢慢接近目標，但由於身體處於橫紋肌溶解狀態，崩潰近在眼前。我把手腕掛在橫桿上，勉強又做了幾組。這聽起來不可能，但我勉強撐了下去，直到麻醉消退。光是彎曲手指，就覺得像是用一把鋒利的刀在刺自己的手。

做完三千兩百個之後，我計算了一下，發現如果我一組只做一下，做八百組，這樣十三個小時多一點就能打破紀錄，勉強來得及。但我只堅持了四十五分鐘。疼痛太劇烈，而且現場的氣氛從樂觀變成了憂鬱。我還在盡力不示弱，但志工們看到我調整手套和握姿，就知道出了大問題。第二次回到後側房間重振旗鼓時，我聽到了一聲集體嘆息，聽起來像是厄運降臨。

雷吉娜和媽媽解開我手上的醫用膠帶，我能感覺掌肉像香蕉一樣剝落。兩隻手掌都破裂至眞皮層，也就是神經所在。古希臘戰士阿基里斯的弱點是他的腳跟，而在引體向上這件事上，我的恩賜和弱點都是我的雙手。那些酸民說得對，我不是那種輕盈、優雅的引體向上專家。我是很有力量沒錯，而力量來自我的握力，但現在，我的手看起來比較像是醫學模型，而不是人類的肢體。

我在情緒上已經虛脫了。不僅僅是因爲身體疲憊不堪，或因爲無法創下紀錄，而是因爲有這麼多人出來幫忙。我占用了南多的健身房，感覺我讓每個人都失望了。我和媽媽一言不發地從後門溜出去，就像逃離犯罪現場。她開車送我去醫院時，我忍不住心想，我沒這麼差！

南多和他的團隊拆掉計時器、卸下橫幅、清掃止滑粉、撕下引體向上桿上面的染血繃帶時，我和媽媽癱坐在急診室候診區的椅子上。我拿著手套，它看起來就像從O．J．辛普森的犯罪現場找出來的，彷彿被浸泡在血中。她看了我一眼，搖搖頭。

「總之，」她說，「有件事情是我知道的……」

她沉默了很長一段時間，我轉頭看她。

「什麼？」

「你會再試一次。」

她看穿了我的心思。我已經在進行活體剖析，而且只要我血淋淋的雙手允許，我就會在紙上寫下完整的行動後報告。我知道這片廢墟中暗藏寶物，某個地方藏著可以利用的東西，只是需要把它像拼圖一樣拼湊起來。而她不用我說出口就意識到我會再試一次，這激勵了我。

很多人都喜歡跟「附和我們對舒適的渴望」之人做伴。這些人傾向治療我們傷口的疼痛，防止進一步的傷害，而不是幫助我們長出繭皮，再試一次。**我們必須和「告訴我們需要聽見，而不是想要聽見的訊息」之人在一起**，這些人說的話或許並不「療癒」，卻也不會讓我們覺得自己正在進行不可能的挑戰。我媽就是我的頭號粉絲，每當我在生活中失敗時，她總是問我會在何時何地再試一次。她從不對我說，這個嘛，也許你跟它就是沒緣分。

大多數的戰爭，其勝負都取決於自己的心態。置身於散兵坑時，通常不是一個人，而且必須對與自己蹲在一起的戰友的鬥志、心智和對話的品質充滿信心。因爲在某個時間點，會需要一些能賦予我們力量的話語，來讓自己保持專注和鋒利度。在那家醫院，在我自己的散兵坑裡，我充滿了懷疑。我少做了八百個引體向上，而且我知道八百個引體向上是什麼感覺。這眞他媽是個漫長的一天！但在我身邊的，就是我最想一起蹲在散兵坑裡的夥伴。

「別擔心。」她說，「一回到家，我就開始打電話給那些見證人。」

「收到。」我說，「告訴他們，我兩個月後就會回到那根桿子上。」

失敗這份禮物帶來的力量

人生中，最容易被忽視也最不可避免的禮物，就是「失敗」。我經歷過不少失敗，也學會享受它們，因爲如果你仔細研究一下，就會發現一些線索，知道該在哪裡調整，以及最終如何完成任務。我指的不是心理清單。在第二次嘗試破紀錄未果後，我親筆寫下整個過程，但不是從最明顯的問題開始寫起，也就是我的握力。一開始，我先寫下一切順利的那些環節，因爲每一次失敗中都會發生很多好事，我們也必須承認它們的存在。

在納什維爾的那次嘗試中，最棒的收穫是南多那個場所。對我來說，他那間地牢般的健身房就是完美的環境。沒錯，我算是個小網紅，偶爾會站在聚光燈下，但我不是好萊塢之流。我是從一個非常黑暗的地方獲得力量，而南多的健身房並不是那種假掰的快樂工廠，而是陰暗、瀰漫汗味、痛苦而眞實。我隔天就打了電話給他，問他我能否回去訓練，再次嘗試打破紀錄。

我已經占用了他很多時間和精力，還留下一堆爛攤子，所以我不知道他會如何反應。

「沒問題，兄弟，」他說，「咱們上！」再次得到他的支持，對我意義重大。

另一個正面收穫，是我如何應對第二次崩潰。在見到急診室醫生之前，我已經振作起來，踏上了再戰之路。這就是你該有的心態，不能讓一次簡單的失敗破壞你的任務，也不能讓它沿著你的屁股往上鑽，占據你的大腦，並破壞你與親友之間的關係。每個人都有失敗的時候，而人生本來就不公平，更不可能順從你的每一個突發奇想。

「運氣」是個任性的婊子，它不會總是如你所願，所以不能成天想著「就因爲我爲自己想像出了一種可能性，所以我在某種程度上値得擁有它」。你這種「自以爲有權得到」的心態就是累贅，丟掉吧。不要滿腦子想著你應該得到什麼，而是聚焦在願意付出辛勞去贏得的獎勵！我從沒因爲自己的失敗而責怪任何人，也沒有在納什維爾垂頭喪氣。我保持謙虛，避開「自以爲有權得到」的心態，因爲我非常清楚我沒有掙得自己的紀錄。記分牌不會說謊，我也沒有對自己說謊。不管你信不信，但大多數人更喜歡自欺欺人，他們或責怪他人，或責怪運氣不好，或責怪環境。我沒有這麼做，而這就是積極的心態。

我也在行動後報告上的「正面因素」項目，列出我們使用的大部分設備。繃帶和止滑粉起了作用，而儘管槓桿把我撕得粉碎，卻也讓我額外做了七百個引體向上，所以我是往正確的方向前進。另一個正面因素，是CrossFit社群的支持。被如此熱情、有禮貌的人包圍，感覺非常棒，但這次我需要將志工的人數減少一半，那個房間裡的喧鬧聲越少越好。

列出所有優點後，是時候檢查我的心態了。如果你也正在認眞地事後檢討，就該像我這麼做，這意味著檢查自己在一起失敗行動的「準備」和「執行」階段是如何思考的，以及思考了什麼。我「對準備的承諾」及「戰鬥的決心」始終存在，未曾動搖，但我的「信念」比我願意承認的更不穩定，所以在爲第三次嘗試做準備時，絕對必須擺脫自我懷疑。

這並不容易，因爲在第二次嘗試失敗後，網路上到處都是懷疑者。紀錄保持人史蒂芬·海蘭德體型輕盈，卻強壯得宛如人型蜘蛛，有著肌肉發達的厚實手掌。他擁有創造引體向上紀錄的完美身材，而每個人都說我太大隻、動作太粗糙、我在把自己傷得更嚴重之前應該停止嘗試。他們指向不會說謊的記分牌，我離紀錄還差八百多個，這個數字比我第一次和第二次嘗試的數字差距還大。從一開始，網路上的一些人就預測我的雙手會撐不住，而當這個事實在納什維爾顯露時，給我帶來了一個巨大的心理障礙，讓我忍不住懷疑那些王八蛋是不是說對了，我是不是正試圖實現不可能的事。

然後我想到以前英國的一名中長跑運動員，名叫羅傑·班尼斯特。在一九五〇年代，班尼斯特試圖打破「四分鐘跑完一哩」的紀錄時，專家告訴他這是不可能的，但這並沒有阻止他。他一次又一次地失敗，但堅持了下來。當他在一九五四年五月六日以三分五十九點四秒的成績跑出歷史性的一哩時，不僅打破了一項紀錄，也因爲證明了「這是可能做到的」而打開了一道閘門。六週後，他的紀錄就被超越了，而到目前爲止，已有超過一千名跑者完成了原本被認爲超出人類能力的事情。

我們都犯過同樣的錯，讓所謂的專家，或者只是在特定領域比我們更有經驗的人，限制我們的潛力。我們熱愛運動的原因之一，是因爲也喜歡看見那些玻璃天花板被打碎。如果我要成爲下一個打破大眾認知的運動員，就必須停止聽從「懷疑」，無論它是從外部湧入還是從內部浮現，而想要做到這一點，最好的方法就是認定「那項引體向上紀錄已經是我的了」。我不知道它什麼時候才會正式屬於我，可能是兩個月後或二十年後，不過一旦決定它屬於我，並將它與日曆脫鉤，我就充滿信心，並釋放了所有壓力，因爲我的任務從**「試圖實現一件不可能之事」轉變成「努力實現一件必然之事」**。但要做到這一點，必須找到我一直缺少的戰術優勢。

「戰術審查」是任何活體剖析或行動後報告最後、也是最重要的部分。雖然我在戰術上比第一次嘗試有了進步——我找到一座更穩定的橫桿，並盡可能減少體力浪費——但還是少做了八百個，所以必須更深入研究相關數字。「每分鐘做六個引體向上」的策略已經讓我失敗了兩次。沒錯，如果一切按計畫進行，我會很快達到「做完四千零二十個」的目標，但我未曾抵達目的地。這一次，我決定放慢腳步，細水長流。此外，透過經驗得知，我會在十小時後撞牆，而我的反應不可以是「休息更長的時間」。「十小時」這個時間點兩次打了我巴掌，我兩次都休息了五分鐘或更長時間，這很快導致了最終的失敗。我需要堅持自己的策略，將長時間休息限制在最多四分鐘。

接下來是那座引體向上桿。沒錯，它可能會再次咬碎我，所以我必須找到解決方法。根據規則，我不能在中途改變雙手之間的距離，寬度必須與第一次上拉時一致，唯一能改變的，就是如何保護我的雙手。在爲第三次嘗試做準備的階段，我試用了各式各樣的手套。我還獲准使用客製化的泡棉墊來保護手掌。我記得看過幾個海豹戰友在舉重時，用從泡棉床墊割下來的碎塊保護手掌，所以我打電話給一家床墊公司，請他們爲我量「手」訂做軟墊。《金氏世界紀錄》批准了這項設備，而在二〇一三年一月十九日上午十點，也就是第二次嘗試失敗的兩個月後，我回到了CrossFit布倫特伍德山分店的橫桿前。

一開始，我緩慢而輕鬆地每分鐘做五個引體向上，沒有用膠帶把泡棉墊綁在手掌上，而只是把它們固定在橫桿上，效果似乎很好。不到一個小時，泡棉就成了我手的形狀，讓手掌與灼痛隔絕，至少我是這麼希望啦。進行了大約兩小時、做完六百下的時候，我請南多循環播放〈奮戰到底〉。感覺體內有什麼齒輪卡嗒一聲，然後我澈底變成了機器人。

我在橫桿上找到了節奏，而在組間，我會坐在一張舉重凳上，盯著沾滿止滑粉的地板。心智爲即將到來的地獄做準備時，我的視野縮小如隧道。當手掌上出現第一顆水泡時，我知道見眞章的時刻來了。但這一次，由於我對之前失敗的剖析，我已經準備好了。

這並不表示我獲得了任何樂趣，並沒有。我是超越了樂趣。我已經不想再做引體向上了，但「實現目標」或「克服障礙」本來就不一定樂趣十足。**種子從內而外爆開，這就是迎來新生命的自我毀滅儀式**。這聽起來很有趣嗎？感覺很舒服嗎？我在這間健身房裡，不是爲了快樂，也不是爲了做我想做的事；我在這裡，是爲了讓自己從內而外爆開，脫胎換骨——如果這就是衝破所有心理、情緒和身體障礙所需要的。

十二小時後，終於做完三千個引體向上，這對我來說是一個重要的關卡，感覺就像一頭撞到牆上。我很憤怒、很痛苦，雙手又開始破裂。距離紀錄還很遠，感覺現場所有目光都集中在我身上，隨之而來的是沉重的失敗和羞辱。突然間，我回到了第三次地獄週的更衣室，正在用膠帶包紮小腿和腳踝，然後加入一個新的BUD／S訓練班，他們聽說那是我最後的機會。

願意揭露自己的脆弱面，在公共場合冒生命危險，爲一個你覺得正在溜走的夢想努力，這需要強大的力量。我們每個人都被人盯著，家人和朋友都在看著，即使你周圍都是正向積極的人，他們也會對你是誰、擅長什麼，以及你應該如何集中精力有些想法。這就是人性，而如果試圖打破他們的思想框架，你會得到一些不請自來的建議，這些建議會扼殺你的雄心壯志，除非你禁止它們這麼做。身邊的人這麼做，通常沒有任何惡意。眞正關心我們的人，會希望我們不要受到傷害。他們希望我們安全、舒適、快樂，而不是盯著地牢裡的地板，撥弄自己的破碎夢想的碎片。眞可惜，因爲那些痛苦時刻其實暗藏龐大潛力，而如果你知道如何將那些碎片重新拼湊在一起，你也會發現其中蘊含巨大的力量！

我一直按照原定計畫，將休息時間控制在四分鐘，這段時間足以讓我把雙手和那些泡棉墊塞進一雙帶襯墊的手套裡。但回到桿子上時，我覺得自己遲緩又虛弱。南多、他太太和其他志工看到了我的掙扎，但他們沒來煩我，而是讓我戴上耳機，把洛基的鬥志引進體內，一次做一個引體向上。我從每分鐘四下減少至三下，並再次找到我機器人般的恍惚狀態。我找出體內的原始力量，心智變得黑暗。我想像自己的痛苦是一個名叫史蒂芬·海蘭德的瘋狂科學家造成的，他是個邪惡的天才，暫時掌握著我的紀錄和靈魂。一切都是他的錯！這個王八蛋正從地球的另一端折磨我，如果我想收割他該死的靈魂，就只能靠我不斷地累積引體向上的次數來碾壓他！

得說清楚，我並不是在生海蘭德的氣，因爲我根本不認識他！我來這裡，是爲了尋找讓我繼續前進所需的心態。我在腦海中與他產生了私人恩怨，不是因爲過度自信或嫉妒，而是爲了淹沒我對自己的懷疑。人生就是一場心理遊戲，這只是我在這場「比賽中的比賽」獲勝的最新辦法。我必須在某個地方找到某種優勢，而如果你在阻礙你的人身上找到，就會威力十足。

隨著時間過了午夜，我開始拉近我和他之間的距離，但引體向上的動作並不快，也不容易。我身心俱疲，深深陷入橫紋肌溶解的狀態，引體向上的頻率慢到每分鐘只有三次。做完三千八百個時，我感覺能看到山頂了，但我也知道，我有可能從一分鐘能做三個一下子變成一個都做不了。我聽說過，惡水有些參賽者跑到第兩百零七公里，但就是無法完成兩百一十七公里的比賽！你永遠不知道你什麼時候會達到燃料箱百分之百耗盡，達到全身肌肉疲勞的程度。我一直在等待那一刻到來，那個我再也無法舉起雙臂的瞬間。懷疑的心態像影子一樣追隨著我，我盡力控制它或要它閉嘴，但它不斷出現，跟著我、推著我。

經過十七個小時的痛苦，在二〇一三年一月二十日凌晨三點左右，我做了第四千零二十個和第四千零二十一個引體向上，紀錄是我的了。健身房裡的每個人都歡呼雀躍，但我保持鎮定。我又做了兩組，總共完成四千零三十個引體向上後，拿下耳機，盯著鏡頭說：「我逮到你了，史蒂芬‧海蘭德！」

在一天之內，我總計舉起了三十八萬兩千八百五十公斤的重物，幾乎是太空梭重量的三倍！當我脫下手套，消失在後側的小房間時，外頭的歡呼聲變成了歡笑聲，但令所有人驚訝的是，我沒心情慶祝。

這也讓你驚訝嗎？你知道我的冰箱永遠不夠滿，也永遠不會滿，因爲我過著任務驅動的人生，總是在尋找下一個挑戰。這種心態就是我打破引體向上紀錄、跑完惡水、成爲海豹、震撼遊騎兵學校、名列前茅的原因。在我心裡，我是那匹賽馬，總是追逐著永遠咬不到的胡蘿蔔，永遠試著**向自己證明自己**。當你以這種方式過日子並實現目標時，成功就會讓你覺得「還好而已」。

不同於我第一次嘗試打破紀錄那次，這次的成功幾乎沒有在新聞圈引起漣漪。沒關係，我這麼做本來就不是爲了得到讚美。我有爲基金會籌到一些錢，也從那座引體向上桿學到了我能學到的一切。在九個月內做了超過六萬七千個引體向上後，是時候將它們放進我的餅乾罐，繼續前進了。因爲人生是一場漫長的想像遊戲，沒有記分牌，沒有裁判，直到我們死了、入土了才結束。

我唯一想從人生得到的，就是在自己的心目中變得成功。這不意味著得到財富或名氣，擁有裝滿豪車的車庫，或是尾隨在我身後的一票美女。對我來說，「成功」意味著成爲有史以來最強悍的硬漢。當然，我在一路上也累積了一些失敗，但在我看來，這種紀錄也證明我離成功不遠矣。只不過，這場比賽還沒結束，而想變得堅強，就必須在哨聲響起之前，耗盡我心智、身體和靈魂中的每一滴能力。

我將繼續不斷地追求，將徹底發揮所有實力，我想贏得我最後的安息之地——至少我當時是這麼想的，因爲我那時還不知道自己離終點有多近。

挑戰10　檢討報告

寫下失敗中的正面事物、思考過程，列出解決方案

想想最近一次最令你心碎的失敗經驗，把你那個日記本最後一次拿出來。登出你的數位日記，在紙本日記上親筆寫字。我希望你感受這個過程，因為你即將提交你自己的、遲來的行動後報告。

首先，寫下失敗中所有的正面事物，一切順利的事。寫詳細點，而且不要吝於承認你在哪些事上做得很好。應該有發生很多好事，很少全是壞的。接下來，寫下你如何處理自己的失敗。它有沒有影響你的生活和人際關係？如果有，是什麼樣的影響？

你在失敗行動的準備階段和執行階段是如何思考的？必須知道自己在每一步是如何思考的，因為最重要的就是心態，而這正是大多數人的不足之處。

接下來，回顧並列出你可以解決的問題。現在可不是對自己溫柔或寬容的時候，你必須非常誠實，把它們全寫下來，並好好研究。然後查看你的行程表，盡快再安排一次嘗試。如果這個失敗是發生在童年，你沒辦法重現你怯場的那場少棒聯盟明星賽，我還是希望你寫下這份報

告，因為你很可能可以利用這些情報，來實現未來的任何目標。

在做準備時，請將行動後報告放在手邊，和你的問責鏡談談，並做所有必要的調整。執行的時刻到來時，請將所學到的關於繭皮心智、餅乾罐和四〇%法則的所有知識牢記在心。控制你的心態，主宰你的思考過程。人生就是一場他媽的心理遊戲，意識到這一點，並且掌控它！

如果又失敗了，就坦然面對，接受痛苦，重複這些步驟，繼續戰鬥。一切就是這麼簡單。

請在社群媒體上分享你從準備、訓練到執行的故事，並打下主題標籤「#canthurtme（#我刀槍不入）」「#empowermentoffailure（#失敗所賦予的力量）」。

第十一章

致那些說不可能的人

比賽開始之前，我就知道自己完蛋了。二〇一四年，美國國家公園管理局不批准傳統的惡水路線，因此克里斯・科斯特曼重畫了一條。新路線不是從死亡谷國家公園出發，然後跑六十七公里穿過地球上最熱的沙漠，而是從一條三十五公里爬坡路的底部、更靠近內陸的一個地點出發。我的問題不在這裡，而是我在起跑時的體重比以前多了五公斤，而且是在過去的七天內增加了四・五公斤。我並不是肥豬，在普通人眼裡，我看起來很健康，但惡水不是普通的比賽。想在這裡跑步並以優秀成績完賽，必須達到最佳狀態，但我離它還很遠。無論發生在我身上的是什麼，都讓我感到震驚，因爲經過兩年的一般跑步後，我還以爲自己已經恢復了力量。

在冰上找回信心

在先前的一月份，我贏得了一場名爲「冰凍水獺」的一百公里冰川越野賽。它沒「傷痛一百」那麼難，但也沒輕鬆到哪裡去。路線位於威斯康辛州的密爾瓦基郊外，像一個歪斜的8字形，起點／終點線位於中心。參賽者會在兩個環路之間通過起點／終點線，這讓我們能把放在自己車上的儲備食物和其他必需品，連同應急物資一起塞進背包裡。這裡的天氣說翻臉就翻臉，主辦單位編製了一份清單，列出我們得隨身攜帶的必需品，以免我們死於脫水、失溫或天氣因素。

第一圈是兩個環路中較大的那個，當我們出發時，氣溫是攝氏零下十八度。那些小徑從未被整理過，有些地方飄雪堆積成雪堆，其他地方的小徑則看起來像是被人故意鋪滿光滑的冰。這造成了一個問題，因爲我沒有像大多數競爭對手那樣穿著靴子或越野鞋。繫好我普通跑鞋的鞋帶，再穿上廉價的冰爪，理論上這些冰爪應該能抓住冰面，讓我保持直立。結果呢，冰塊贏得了這場戰爭，我的冰爪在第一個小時就斷裂了。儘管如此，我在比賽中仍處於領先地位，並在平均十五到三十公分厚的雪堆中開路，有些地方的雪堆積得更高。從發令槍響起開始，我的腳就又冷又濕，不到兩小時就感覺凍進骨頭裡，尤其是腳趾。上半身也沒有好到哪裡去，當你在冰點以下出汗時，身上的鹽粒會擦傷皮膚。我的腋下和胸口出現覆盆子般的紅色傷口，身上長滿皮疹，每跑一步腳趾都在痛，但我沒有太在意，因爲我正在自由奔跑。

自從第二次心臟手術以來，這是我的身體第一次開始自我恢復。心臟終於和其他人一樣給身體提供百分之百的氧氣供應，我的耐力和力量都達到新的水準，儘管小徑很滑，但我的技巧能解決這個問題。在最後一個三十五公里的環路之前，我領先了很長的距離，於是在我的車旁邊停下來吃三明治。腳趾劇烈抽痛，我懷疑被凍傷了，這意味著我有可能失去其中幾隻，但我不想脫鞋查看。懷疑和恐懼再次在腦海中浮現，提醒我只有少數人完成了「冰凍水獺」，而且在這種寒冷中，多遠的領先距離都不夠安全。與其他變數相比，天氣最能讓一個硬漢迅速崩潰。但我拒絕聽從這些聲音。我創造了一個新的對話，告訴自己堅強地完成比賽，拿到冠軍後去醫院再擔心腳趾會不會被截掉。

我跑回賽道上。當天早些時候，一陣陽光融化了一些積雪，但寒風讓小徑結了冰。奔跑的時候，腦海中閃現第一次參加「傷痛一百」那年，還有偉大的卡爾．梅爾策。那時候，我的步履沉重、頑強而緩慢。我用腳後跟先著地，用整個腳掌去踩泥濘小徑，因此增加了滑倒的機率。卡爾不是那樣跑，他像山羊一樣移動，用腳趾彈跳，而且是沿著小徑的邊緣奔跑。腳趾一接觸地面，他就將腿彈射到空中，這就是為什麼他看起來像在施展輕功。他是刻意讓自己幾乎沒接觸地面，同時頭部和核心保持穩定和出力。從那一刻起，他的動作就像洞穴壁畫一樣永遠銘刻在我的腦海裡。我一直回想他的動作，並在訓練時將他的技巧付諸實踐。

聽說養成一個新習慣需要六十六天。對我來說需要比這更長的時間，但我最終到達了那個境界，而且在這些年的超馬訓練和比賽中，一直努力提升自己的技巧。真正的跑者會分析自己的跑步姿勢，我們在海豹部隊沒有學會如何這麼做，但多年來與這麼多超馬跑者在一起，我因此能夠吸收和練習一開始看起來不自然的技巧。在「冰凍水獺」中，我主要是要求自己讓腳柔軟著地（稍微接觸地面就好），使我能借助反作用力爆發力量。在我的第三個BUD／S訓練班和後來參加第一個排期間，在我被認為是一流跑者時，我在跑步的時候腦袋會搖來晃去。我的重心不平衡，腳著地時，所有體重都會由那條腿支撐，導致我在濕滑的地形上摔倒。透過反覆試驗，以及數千小時的訓練，我學會了保持平衡。

這一切在「冰凍水獺」發揮了效果。我以快速和優雅的動作，在陡峭濕滑的小徑上穿梭。頭部保持不仰不俯、靜止不動，讓跑步的動作盡可能簡潔，以前腳掌跑步，腳步也因此變得安靜。加速時，我彷彿消失在一陣白風中，進入靜心狀態。我變成了卡爾．梅爾策，現在換我看

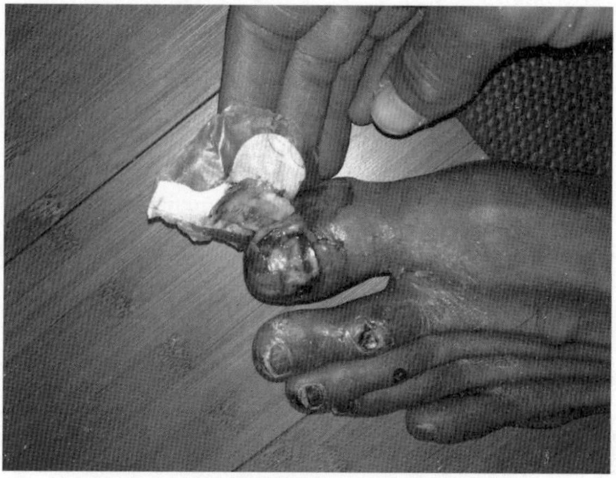

「冰凍水獺」結束後的腳趾狀態。

起來像是以輕功飛過一條艱難賽道，在十六小時內完成了比賽，打破這條賽道的紀錄，並在沒失去任何腳趾的情況下，贏得了「冰凍水獺」冠軍。

從菁英跑者變成跑一公里就差點昏倒的冒牌貨

兩年前，我跑個不費力的十公里就會頭暈；二〇一三年，我不得不在惡水比賽中行走超過一百六十公里，以第十七名完賽。那些年，我一直在走下坡，以爲爭奪冠軍的日子早已過去了。但在「冰凍水獺」之後，我很想相信自己已經東山再起，我最好的超馬歲月其實就在前面，於是我將這種精力投入二〇一四年惡水超馬的準備工作中。

當時我住在芝加哥，在BUD／S預科學校擔任教官，這所學校是爲了幫助海豹候選人應對將在BUD／S面臨的嚴酷現實。經過二十多年的歲月，我已經進入軍旅生活的最後一年，而被安置於一個向未來的海豹及自以爲是海豹的人傳授智慧的職位，讓我覺得自己又回到了原點。和往常一樣，我會跑十六公里上下班，可以的話會在午餐時間再跑十三公里，週末則至少會跑一次五十五到六十五公里的路程。這樣加起來差不多一星期內跑了兩百一十公里，讓我覺得自己很強壯。春暖花開之際，出門前穿上四、五層運動衣，以及一頂毛帽和一件Gore-Tex外套，進行耐熱訓練。進辦公室時，海豹教官同事會驚訝地看著我脫下層層濕衣，把它們塞進幾個黑色垃圾袋，加起來重達近七公斤。

我在四星期後開始逐漸減少運動量，從每週兩百一十公里減少至每週一百三十公里，再減至每週九十五公里、六十五公里和三十公里。逐漸減量應該會因爲你進食和休息而爲你帶來充足的體力，讓身體有機會修復運動造成的所有損傷，讓你爲比賽做好準備，然而我卻覺得狀況更糟了。我不餓，而且根本睡不著。有些人說我的身體缺乏卡路里，有些人認爲我可能體內鈉含量過低。醫生檢查了我的甲狀腺，數字有點不正常，但也沒離譜到能解釋我爲什麼感覺這麼糟。也許答案很簡單，就是我訓練過頭了。

比賽開始前的兩週，我考慮退出，擔心這次又是心臟出問題，因爲在輕鬆的跑步中，我都能感覺到腎上腺素激增但無法排出。即使是緩慢的步伐，也會使得脈搏加速，進入心律不整的狀態。比賽前十天，我飛到拉斯維加斯，計畫在賽前跑五次，但沒有一次能跑超過五公里。我吃得不多，體重卻不斷增加，全是積水。我另外找了個醫生，他確認我的身體沒有任何問題，而聽到這個判斷，我做出決定：我不能變成娘炮。

二〇一四年惡水的開頭幾公里和最初的爬坡過程，我的心率很高，但部分原因是海拔，而在跑了三十五公里後，我以第六或第七名的排位登上山頂。我當時覺得驚訝又自豪，想看看下坡會跑得怎麼樣。那是我第一次享受從陡峭斜坡往下跑的殘酷路程，因爲這會對股四頭肌造成沉重負擔，但我也認爲這能讓我重新調整呼吸，使呼吸變得平穩。問題是，我的身體拒絕了，我根本喘不過氣。來到底部的平坦處，我放慢腳步，開始用走的。競爭對手們從身邊經過時，我的大腿不受控制地抽搐，肌肉痙攣得非常厲害，股四頭肌看起來就像有一個外星人在裡頭蹦蹦跳跳。

而我還是沒停下腳步！走了整整六公里，然後在孤松鎮一家汽車旅館的房間裡尋求庇護，惡水賽事的醫療隊在這裡設立了服務處。他們給我做了檢查，發現血壓有點低，這很容易處理，但他們找不到任何指標來解釋我爲什麼這麼難受。

我吃了一些固體食物，休息了一下，決定再試一次。離開孤松鎮的路上有一段平坦路段，我心想走出這段路後，也許身體會激發新一波的力量。但過了十一、十二公里，我依然疲憊不堪，已經竭盡了全力。肌肉顫抖抽搐，心跳起起伏伏，我看向我的配速員，說道：「就這樣了，夥計，我不玩了。」

支援車停在我們身後，我爬了進去。幾分鐘後，我回到那家汽車旅館的床上，尾巴夾在兩腿之間。我只撐了八十公里，但「放棄」帶來的任何羞辱——我並不習慣放棄——都被一種本能淹沒，那種本能告訴我一定有哪裡非常不對勁。這並不是我的恐懼在說話，也不是我對舒適的渴望，這一次我確信如果繼續試著突破障礙，就不會活著走出這個內華達山脈。

第二天晚上，我們離開孤松鎮，前往拉斯維加斯。在那兩天裡，我盡可能休息、恢復，希望身體可以盡量在一種接近平衡的狀態穩定下來。我們住在永利酒店，第三天早上去慢跑，看看我的燃料箱裡還剩下什麼東西。跑了一．六公里後，狂奔的心臟彷彿跳到喉嚨裡，所以我放棄了。我走回酒店，知道不管醫生怎麼說，我一定病了，而且我懷疑病情很嚴重。

那天晚上晚些時候，在拉斯維加斯郊區看完一場電影，當我們漫步到附近一家叫「大象酒吧」的餐廳時，我覺得很虛弱。我媽就在前面幾步之遙，我卻看到她化成三道疊影。我緊閉眼睛再睜開，她仍然是三個。她幫我打開門，走進涼爽的室內空間，我感覺好多了。我們坐進一個包廂座位，面對面坐著。我精神恍惚到連菜單都看不清楚，因此請她幫我點菜。從那時起，我的狀況變得更糟，而當侍者送上食物，我的視線再次模糊。我努力睜大眼睛，感到頭暈目眩，我媽看起來就像飄浮在桌子上方。

「妳得叫救護車，」我說，「因爲我快昏倒了。」

我爲了穩住身子而把頭靠在桌上，但我媽沒有撥打九一一。她來到我身邊，我靠在她身上，我們走向門口的帶位檯，然後回到車上。在路上，我盡可能斷斷續續地說出我的病歷，以防我失去知覺，她必須打電話叫救護車。幸運的是，我的視力和體力都稍有改善，足以讓她親自開車送我去急診室。

我的甲狀腺過去出現過警訊，所以這是醫生探索的第一個部分。許多海豹隊員在三十幾歲的時候就會出現甲狀腺問題，因為置身於地獄週和戰爭之類的極端環境中，荷爾蒙分泌會失控。甲狀腺狀態不理想時，就可能造成疲勞、肌肉痠痛和虛弱等十多種主要副作用，但我的甲狀腺數字接近正常，心臟也沒問題。拉斯維加斯的急診室醫生告訴我，我只是需要休息。

回到芝加哥，去看了我自己的醫生，他要求我進行一系列的血液檢查。他們測試了我的內分泌系統，並對我進行了萊姆病、肝炎、類風濕性關節炎和其他一些自體免疫疾病的篩查。一切都很正常，除了甲狀腺稍微欠佳，但這無法解釋我怎麼會這麼快就從一個能跑數百公里的菁英運動員，變成一個幾乎連繫鞋帶都做不到、跑一公里就差點昏倒的冒牌貨。我彷彿置身於醫學界的無人區。拿著一張甲狀腺藥物的處方離開醫生診間時，我腦子裡的疑問多過答案。

我每天都覺得狀況比前一天更糟，難受得不得了。我連下床都很困難，而且經常便祕，渾身痠痛。他們給我多次驗血，判定我有艾迪森氏病，這是一種自體免疫疾病，當你的腎上腺過度運作，身體無法產生足夠的皮質醇時，就會出現這種疾病。這在海豹部隊很常見，因為我們經常依靠腎上腺素運作。醫生給我開了氫羥腎上腺皮質素、脫氫異雄固酮與安美達錠等藥物，但服用他的藥只加速了病情惡化，而且在那之後，他和其他醫生都把我放生了，他們的眼神說明了一切。在他們看來，我要麼是個瘋狂的疑病症患者，要麼就是我確實快死了，但他們不知道是什麼正在殺死我，也不知道如何治療。

凝視深淵，與過去和解

我盡我所能繼續過日子，同事對我的衰退一無所知，因爲我仍舊毫不示弱。我這輩子都在隱藏自己所有的不安全感和創傷，把所有的弱點都鎖起來，但最終疼痛變得太過嚴重，我甚至沒辦法起床。於是請了病假，躺在床上，盯著天花板，心想，這就是結局嗎？

凝視深淵讓我的思緒回到過去的每一天、每一週、每一年，就像用手指翻閱舊文件。我找出所有最好的部分，拼湊成一個重複播放的精華集。我在被毆打虐待的過程中長大，爬過一個處處拒絕我的體制，出來時根本沒受過教育，直到我開始爲自己的人生負責，開始改變。我本是個胖子，結過婚又離了婚，做了兩次心臟手術，但自學了游泳，並學會如何用斷腿跑步。我有懼高症，卻學了高空跳傘；我非常怕水，卻成了一名技術潛水員和水下導航員，難度比水肺潛水高了好幾級。我參加過六十多場超馬比賽，贏了幾場，並創下引體向上紀錄。我念小學時有口吃，長大後卻成爲海豹部隊最值得信賴的演講者。我還曾在戰場上爲國家效力。一路走來，我努力確保一件事：我不能被原生家庭給我的虐待或伴隨我成長的霸凌定義。我也拒絕被天賦定義（雖然我本來就沒多少天賦），拒絕被我的恐懼和弱點定義。

我是我自己克服的所有障礙的總和。儘管曾向全美各地的學生講述我的故事，我卻從沒停下來好好欣賞自己講述的故事或建立的人生，因爲我覺得我沒有時間可以浪費。我在人生時鐘上從不設定貪睡鬧鈴，因爲總是有事情要做。如果一天工作了二十個小時，我會鍛鍊一小時，然後睡三個小時，一定會確保我有運動到。我的大腦缺乏「欣賞自身成果」的能力，被設定成忙著工作，然後掃視地平線，問下一步要做什麼，接著完成它。這就是我累積了這麼多稀有功績的原因。我總是在尋找下一件大事，然而當我躺在床上，身體緊繃抽痛時，我清楚知道接下來會去哪裡：墳墓。經過多年的虐待，我的肉身已經被撕碎到無法修復的程度。

我快死了。

有幾星期和幾個月的時間，我一直在尋找解開我身上醫學謎團的方法，但在那個宣洩的時刻，我沒有感到悲傷，也沒有覺得被欺騙。我當時只有三十八歲，卻已經活了十輩子，經歷過的地獄比大多數八十歲的人還多。我不爲自己感到難過，出來混，遲早要還的。花了幾個小時回顧人生旅程，這一次，我沒有在激戰中把手伸進餅乾罐裡篩選，希望找到通往勝利的門票，沒有利用我的人生資產來達到新的目的。不，我不再戰鬥了，我感受到的只有感激。

我本來不該成爲現在這樣的人！我時時刻刻都必須與自己戰鬥，而被毀壞的身體就是最大的戰利品。那一刻我知道，無論能否再次跑步，無論能否再次上戰場，無論是生是死，都沒關係，而伴隨著那種「接受」而來的，是深深的感激。

我熱淚盈眶，不是因爲害怕，而是因爲在最低潮時找到了清明。那個我總是嚴厲評判的孩子，他說謊和欺騙不是爲了傷害任何人的感情。他那麼做，是爲了被接受。他違規作弊，是因爲沒有可以用來競爭的工具，而且爲自己的愚笨感到羞恥。他那樣做，是因爲需要朋友。當年的我不敢告訴老師我不識字，我害怕與「特殊教育」相關的汙名；現在的我不再貶低那個孩子，不再責備年輕的自己，而是第一次理解了他。

從那裡到這裡，是一段孤獨的旅程。我錯過了太多，沒嘗到太多樂趣。「快樂」並不是我首選的雞尾酒，大腦讓我不斷追求刺激。我活在恐懼和懷疑之中，深怕自己成爲無名小卒、毫無貢獻。我不斷地評判自己，也評判周遭的每個人。

憤怒是一種強大的東西。多年來，我一直對這個世界感到憤怒，把我過去所有的痛苦都集中起來，當成燃料，推動我衝上雲霄，但未必每次都能控制爆炸範圍。有時候，我的憤怒會灼傷那些不像我那麼堅強，或不像我那麼勤奮的人，我也沒有管住我的舌頭或隱藏我的評判，會直接說出來讓對方知道，這傷害了周遭的一些人，也讓那些不喜歡我的人影響了我的軍旅生涯。但在二〇一四年秋天那個芝加哥的早晨，我躺在床上，放下了所有的評判。

我把自己和認識的每個人從所有罪惡感和憤恨中釋放出來。我的過去充斥著一長串的酸民、懷疑者、種族歧視者和虐待者，但我就是沒辦法再恨他們；相反地，我感激他們，因爲他們幫忙造就了我。隨著這種感覺延伸，我的心平靜了下來。我已經打了三十八年的仗，而現在，在看起來和感覺上都像最後一刻的時候，我找到了平靜。

人這一生，有無數條通往自我實現的道路，但它們大多需要嚴格的紀律，所以很少有人選擇這種路。非洲南部的桑族人連續跳舞三十個小時，作爲與神靈交流的一種方式。在西藏，朝聖者起身、跪下，接著整個人趴在地上，然後再次起身，進行長達數週和數月的頂禮儀式，就這樣橫越千里，最終到達一座神聖的寺廟，進行深度靜心。在日本，有一批禪宗僧侶在一千天內跑了一千場馬拉松，試圖透過痛苦和磨難來尋求悟道。我不知道我在那張床上的感受算不算是「悟道」，但我確實知道痛苦打開了心智的一扇暗門，通往巔峰表現與美麗的靜謐。

一開始，當你把自己鞭策到超出自以爲的能耐範圍時，心智會對此囉嗦個不停。它想讓你停下來，所以會讓你陷入恐慌和懷疑的循環模式，但這只會加劇你的自我折磨。當你堅持下去，直到痛苦完全浸透心智，你的專注力就會變得像雷射光一樣集中。外部世界消失了，界限消失了，你會在靈魂深處感受到與自己、與萬物的連結。這就是我追求的，那些完全連結與充滿力量的時刻，而當我反思我來自哪裡及所經歷的一切，那些時刻再次以更深刻的方式流過我。

把自己「伸展」回健康狀態

有好幾個小時，我飄浮在那個寧靜的空間裡，被光包圍，感受到同等分量的感激與痛苦，同等分量的理解與不適。某一刻，這個遐想如發燒般爆發開來。我面露微笑，把兩隻手掌壓在水汪汪的眼睛上，揉搓頭頂，然後揉搓後腦勺。在脖子根部，我感覺到一個熟悉的結節，它比以前腫得更大了。我掀開被子，檢查了髖屈肌上方的結節，這些也變大了。

難道病因就這麼簡單？難道我的痛苦與這些結節有關？我回想起二〇一〇年在科羅納多基地的一次會議，海豹部隊爲我們請來了喬·希彭斯蒂爾，他是伸展運動和先進身心訓練法方面的專家。喬在大學時是一名身材矮小的十項全能運動員，渴望加入奧運代表隊。但身高一百七十三公分的他想對抗平均身高一百九十公分的世界級十項全能運動員，並不容易。他決定鍛鍊自己的下半身，這樣就可以超越基因，比體型更大更強壯的對手跳得更高、跑得更快。他曾經在深蹲訓練中扛著比自己體重重一倍的重量，每組做十次，一共做十組，但肌肉量的增加帶來很大程度的緊繃，而緊繃會導致受傷。他訓練得越刻苦，受傷越多，也越常去看物理治療師。選拔賽前，他被告知腿筋拉傷，奧運夢想破滅了，他意識到自己必須改變練身體的方式。他開始顧及肌力訓練和伸展運動之間的平衡，並注意到肌肉群或關節每次伸展到一定的運動範圍時，無論什麼揮之不去的疼痛都會消失。

他拿自己做實驗，爲人體的每一處肌肉和關節找出最佳運動範圍。他再也沒去看醫生或物理治療師，因爲發現自己的方法更有效。如果哪一處受了傷，他就用伸展運動來治療自己。多年來，他在運動領域的菁英選手中建立了客戶群和聲譽，並於二〇一〇年被介紹給一些海豹成員。消息在海軍特種作戰司令部傳開，他最終受邀向二十幾名海豹隊員介紹他的伸展動作，我是其中之一。

他在講課時檢查並伸展我們的身子。他說我們大多數人的問題，是過度使用肌肉而沒有適當的柔軟度平衡，這些問題可以追溯到地獄週，當時我們被要求做數千次踢腿，然後躺在冰冷的海水中任憑海浪沖刷。他估計，按照他的方案，需要二十小時的強化伸展操，才能讓我們大多數人的髖部恢復到正常的運動範圍，之後每天只需二十分鐘的伸展操，就能保持這種運動範圍。而想獲得最佳運動範圍，必須付出很多努力。他來到我身邊時，仔細地看了我一眼，然後搖搖頭。你也知道，我嘗過地獄週三次。他開始伸展我的身子，說我緊繃得就像鋼纜。

「你會需要幾百個小時的伸展。」他說。

我當時沒理他，因爲我根本沒打算做伸展操。我痴迷於肌力和力量，而且我讀到的所有資料都表示，柔軟度增加多少，速度和力量就會下降多少。然而，我躺在床上等死時看到的景色，改變了我的觀點。

我爬起來，搖搖晃晃走到浴室的鏡子前，轉過身，檢查頭上的結節。我盡可能站直。我看起來變矮了，不只矮了兩公分，而是將近五公分，關節活動範圍糟透了。如果喬是對的呢？

如果呢？

我如今的座右銘之一，是「平靜但永不滿足」。雖然享受自我接納及「我接受這個爛透的世界」所帶來的平靜，但這並不意味著我打算躺著等死，完全不嘗試自救。無論當時或現在，這都不表示我願意接受不完美或大錯特錯之事，而不努力去讓事情變得更好。我曾嘗試透過主流思想來尋求治療方式，但那些醫生和他們的藥除了讓我覺得更糟之外，沒發揮任何作用。我沒有其他牌可打，唯一能做的就是努力把自己「伸展」回健康狀態。

第一個姿勢很簡單。我坐在地上，試著做印度式盤腿，但髖部肌肉太緊繃，膝蓋因此高到耳朵部位。我失去平衡，整個人往後倒。我用盡全力坐直，再次嘗試。維持這個姿勢十秒，也許十五秒，然後伸直雙腿，因爲實在太痛了。

下半身的每一塊肌肉都緊繃抽搐。汗水從毛孔滲出，但休息了一會兒後，我盤起雙腿，承受更多痛楚。斷斷續續伸展了一個小時，慢慢地，我的身體開始打開。接下來，我做了一個簡單的股四頭肌伸展，這是我們中學都學過的動作：用左腿金雞獨立，彎曲右腿，用右手抓住右腳。喬說得沒錯，我的股四頭肌太大塊又緊繃，感覺眞的就像在拉扯鋼纜。我保持這個姿勢，直到疼痛在十級量表上降到七級左右。接著我休息了一會兒，然後換另一邊。

這種站立姿勢幫忙放鬆了股四頭肌，並伸展了腰大肌。腰大肌是連接脊椎和小腿的唯一肌肉，環繞骨盆後部，控制髖部，被稱爲「戰或逃肌肉」。如你所知，我這一生就是戰鬥或逃跑。在快要被有毒壓力淹死的孩童時期，我拚命鍛鍊這塊肌肉；在三次地獄週、遊騎兵學校和三角洲選拔也是如此，更別提上戰場。然而，我卻未曾採取任何措施來放鬆它，而且身爲一名運動員，我持續刺激交感神經系統，一直激烈鍛鍊，腰大肌因此持續僵硬。尤其是在長距離跑步時，睡眠不足和寒冷天氣也造成影響。現在，這塊肌肉正試圖從內到外讓我窒息。後來我才知道，它已經使我的骨盆歪斜，壓迫了脊椎，並緊緊包裹我的結締組織，讓我的身高縮短了五公分。我最近跟喬談過這件事。

「發生在你身上的，是會發生在百分之九十的人身上的極端案例。」他說，「你的肌肉太緊繃，導致血液循環不良。你的肌肉就像冷凍牛排，而你沒辦法把血液注入冷凍牛排，這就是爲什麼你的身體狀況很糟。」

而且我緊繃的肌肉沒打算乖乖投降，每一次伸展都讓我痛得彷彿陷入火海。我有太多部位發炎和內部僵硬，最輕微的動作都會造成疼痛，更別提做那些專門用來放鬆股四頭肌和腰大肌的長時間姿勢。我坐下來做蝴蝶式伸展時，折磨加劇了。

那天我伸展了兩個小時，醒來時渾身嚴重痠痛，然後我又開始伸展。第二天，我伸展了整整六個小時。我一遍又一遍地做同樣那三種姿勢，然後嘗試跪坐，上半身往後仰躺，進行雙腿的股四頭肌伸展，這眞的痛得我哭爹喊娘。我還做了小腿伸展。每次伸展一開始都很艱難，但一、兩個小時後，身體稍微放鬆，疼痛得以緩解。

不久後，我每天能伸展十二個小時以上。早上六點起床，練伸展操到上午九點，然後在辦公桌前一有機會就伸展，尤其是打電話的時候。午餐時間也會練，然後下午五點回家後繼續練，直到就寢。

我安排了一套例行公事，從頭部和肩部開始，然後是髖部、腰大肌、臀肌、股四頭肌、腿筋和小腿。伸展操成了我新的痴迷。我買了一顆按摩球來軟化腰大肌，把一塊木板以七十度角靠在一扇關著的門上，用來伸展小腿。兩年來我一直在受苦，而經過幾個月的持續伸展後，我注意到顱骨底部的腫塊開始縮小，髖屈肌周圍的結節也是，而且整體健康狀況和體力水準也持續改善。我離靈活還很遠，也尙未完全恢復，但除了甲狀腺藥物之外，其他藥都停了，而且伸展得越多，我的狀態就越好。連續幾週，我每天至少堅持練六個小時，然後是連續幾個月、幾年，至今依然如此。

家人朋友的今與昔

二〇一五年十一月，我以士官長的身分從軍隊退役，成爲唯一曾加入空軍戰術空管組、一年內參加三次海豹地獄週（完成其中兩次），並從BUD／S和陸軍遊騎兵學校畢業的軍人。這是一個苦樂參半的時刻，因爲軍隊是我身分的重要組成單元，它幫助塑造了我，讓我成爲一個更好的人，我也給了它我擁有的一切。

那時比爾・布朗也離開了海豹。他和我一樣從小是個邊緣人，原本不應該有多大成就，甚至在第一次BUD／S訓練班上，就因爲教官質疑他的智力而被踢了出去。今日，他是費城一家大型律師事務所的律師。怪胎布朗當年在軍中證明了自己，今天也是。

史萊奇還在海豹部隊。我剛認識他時，他是個嗜酒如命的酒鬼，但在我們一起鍛鍊後，他的心態發生了變化。他原本從不跑步，後來開始跑馬拉松；他原本沒有自行車，後來成爲聖地牙哥最快的自行車手之一，還多次完成鐵人三項比賽。俗話說「以鐵磨鐵，越磨越利」，我們證明了這一點。

夏恩・多布斯一直沒有成爲海豹，但確實成了一名軍官。他現在已經是少校，而且依然是個了不起的運動員。他是鐵人三項運動員、有所成就的自行車手、海軍高級潛水學校的榮譽男子，後來還修得一個碩士學位。他這麼成功的原因之一，是他在地獄週承認了自己的失敗，這意味著他不再被自己的失敗掌控。

銀背猩還在海軍，但不再忙著修理BUD／S的候選人。他現在的職責是分析數據，以確保海軍特種作戰繼續變得更聰明、更強大、更有效。他現在是個書呆子，一個能要你命的書呆子，但我在他體能處於巔峰時就認識他，這傢伙是了不起的硬漢。

自從我們在水牛城和巴西鎮的黑暗歲月以來，我母親也澈底改變了自己的人生。她拿到教育學碩士學位，在納什維爾一家醫學院擔任高級副校長，並抽空擔任一個家庭暴力專案小組的志工。

至於我呢，伸展運動幫我恢復了力量。當我的軍旅生涯即將結束時，當我還在復健區時，我開始猛K書，準備重新獲得成爲急救人員所需的認證。我再一次運用抄書記憶法，這招讓我從高中以來都在班上名列前茅。我還參加了德州農工大學工程服務中心的消防培訓學院，以「班級最高榮譽男子」的成績畢業。後來我再次開始跑步，這次完全沒有不良反應，而當我恢復到夠好的體態時，參加了一些超馬比賽，並在幾項賽事中重回榜首，其中包括田納西州的「吉姆四十哩漫步」，以及佛蒙特州的「無極限八十八公里」，都是在二〇一六年。但這還不夠，所以我成了蒙大拿州的荒地消防員。

二〇一五年夏天，結束了消防前線的第一季勤務後，我去母親在納什維爾的住處探望她。半夜，她家的電話響了。和我一樣，我媽的交友圈並不大，正常時間也不會接到很多電話，所以這要麼是有人打錯電話，要麼是緊急情況。

我能聽到電話那頭是小特倫尼斯，我的哥哥。那時我已經有十五年沒見過他或跟他說話。

打從他選擇和父親在一起，而不是和我們一起度過難關那一刻，我們就決裂了。在我人生大部分的時間裡，我都覺得不可能原諒或接受他那個決定，但就像我說過的，我已經變了。這些年來，我媽一直有讓我大略知道他在做什麼。他最終離開了我們的父親和他那些灰色地帶的生意，修得了博士學位，成爲大學行政人員，也成了一個好父親。

從媽媽的語調聽來，我知道出了事。我只記得聽見媽媽問他：「你確定是凱拉？」她掛斷電話後解釋說，他十八歲的女兒凱拉這陣子和朋友一起在印第安納波利斯。在某個時刻，幾個朋友的朋友的朋友出現了，起了衝突，有人拔出槍。幾聲槍響，一顆流彈擊中其中一名青少年。

他的前妻打電話給他時，他驚慌失措地開車前往犯罪現場，但抵達時，他被擋在黃色封鎖線外，不知道究竟是什麼狀況。他能看到凱拉的汽車和一具用塑膠布蓋住的屍體，但沒人願意告訴他女兒是死是活。

我和媽媽立即開車上路，冒著傾盆大雨，以一百三十公里的時速行駛了五個小時，直奔印第安納波利斯。我們把車停在他家的車道上時，他剛從犯罪現場回來。在現場，他站在封鎖線外，被要求透過刑警以手機拍攝的屍體照片確認他女兒的身分。刑警沒給他「隱私」這項尊嚴，也沒給他時間哀悼。他打開門，向我們走了幾步，然後崩潰痛哭。媽媽先上前，然後我把我哥抱進懷裡，那些陳年往事都不再重要。

用「如果可以呢？」打破自我限制

佛陀說過「人生是苦」。我不是佛教徒，但我明白他的意思，你也明白。爲了在這個世界上生存，我們必須與屈辱、破碎的夢想、悲傷和失落鬥爭。這就是人生。每個人的人生都有屬於自己的痛苦，它正朝你而來，你沒辦法阻止，也對此心知肚明。

對於痛苦，我們大多數人會本能地尋求安慰，以此來麻痺一切，減緩衝擊。我們挖出自己的安全空間。我們天天盯著那些證實我們想法的媒體，培養與自身才能相符的嗜好，盡量避免花時間做討厭的任務，而這些會讓我們變得軟弱。我們過著被自己想像和渴望的限制定義的人生，因爲在那個安全空間裡眞他媽舒服。我們不僅爲了自己想像出那些限制，也爲了最親密的家人和朋友。我們創造和接受的限制，成了家人朋友看待我們的有色眼鏡，他們透過那些鏡片來愛我們、欣賞我們。

但對某些人來說，那些限制開始感覺像是束縛，而在最意想不到的時候，我們的想像力會翻過那些牆，去追尋那些在事後覺得可以實現的夢想，因爲大多數的夢想都是可以實現的。我們受到啓發，一點一點地做出改變，而這很痛苦。打破束縛，超越自己以爲的極限，需要艱苦的辛勞（通常是體力勞動）。當你把自己置於危險中，自我懷疑和痛苦會以一種刺痛的組合來迎接你，讓你屈膝跪地。

僅僅只是受到啓發或激勵的人，大多會在這時放棄，而當他們回到安全空間，那個空間會感覺更小，身上的枷鎖更緊。少數留在牆外的人會遇到更多痛苦、更多懷疑，這要歸功於那些我們以爲是鐵桿粉絲的人。當我必須在不到三個月的時間裡減掉四十八公斤時，跟我聊過的每個人都告訴我不可能做到。「別過度期望。」他們都這麼說。他們軟弱的對話只會助長我的自我懷疑。

但讓你崩潰的並不是外界的聲音。眞正重要的，是**你對自己說什麼**。你所進行的最重要的對話，就是與自己的對話。你和它們一起醒來，和它們一起到處走，和它們一起睡覺，最終根據它們採取行動，無論它們是好是壞。

我們都是自己最糟糕的酸民和懷疑者，因爲面對任何「讓自己人生變得更好」的大膽嘗試，自我懷疑都是自然反應。你沒辦法阻止它在腦海中綻放，但可以讓它和其他外部的喋喋不休安靜下來，方法是提出這個疑問：「如果可以呢？」

對任何曾懷疑你的能耐或阻礙你的人說出「如果可以呢？」，就是在以婉轉的方式說「去死吧你」。它能讓負面心態失去音量；它提醒你，除非你把所有能力都押在賭桌上，否則不會知道自己究竟能做到什麼程度；它讓「不可能之事」感覺「稍微變得比較有可能」。「如果可以呢？」是你的力量和許可，用來面對你最黑暗的心魔、最糟糕的回憶，並接受它們是你人生的一部分。如果你這麼做了，就能把它們用作燃料，來設想最大膽、最令人震驚的成就，並且去實現。

我們這個世界，有很多充滿不安全感和嫉妒心的人，他們當中有些是摯友，有些是血親。

失敗讓他們害怕，我們的成功也讓他們害怕，因爲當我們超越曾經認爲可能的事，突破自己的極限，並變得更強大時，我們的光就會反射在他們於自己周圍設下的牆上。你的光讓他們看見自己監獄的形狀、他們的自我設限。但如果他們眞的是你始終相信的強者，其嫉妒心就會進化，很快地，他們的想像力就可能翻過圍牆，輪到他們變得更好。

我希望這就是本書爲你所做的。我希望你現在已經了解你的那些狗屁限制，那些你甚至不知道它們存在的自我設限。我希望你願意付出努力來打破限制，希望你願意改變。你會感到痛苦，但如果接受痛苦、承受它、讓心智長出繭皮，你就會達到刀槍不入，連痛苦都傷不了你的境界。但其中有個玄機：當你以這種方式生活，就不會有停止的一天。

多虧了伸展運動，我四十三歲時的體況比二十多歲時還要好。以前的我經常生病，渾身緊繃，覺得壓力大。我從沒分析過爲什麼我總是發生應力性骨折，只是用膠帶蓋過問題。無論身體或心智發生什麼問題，我都是用同樣的辦法解決：貼上膠帶，繼續過日子。現在的我遠比以前聰明，而且還在讓自己更聰明。

二〇一八年，我再次回到山中，擔任荒地消防員。我已經三年沒在野外值勤，習慣了在漂亮的健身房裡訓練，舒服地過日子，有些人可能稱之爲奢侈。「四一六火災」發生時，我正在拉斯維加斯一家豪華酒店的房間裡，接到了電話。這場發生於科羅拉多州落磯山脈聖胡安山的草原之火，一開始的面積只有八平方公里，後來發展成破紀錄的兩百二十二平方公里大火。我掛上電話，搭上一架飛往大章克申的螺旋槳飛機，然後坐進美國國家森林局的卡車，驅車三個小時抵達科羅拉多州杜蘭戈市的郊區，在那裡穿戴上綠色的防火褲和黃色的長袖排扣襯衫、消防帽、護目鏡和手套，然後抓起超級普拉斯基斧頭——最值得荒地消防員信賴的武器。我能用這把斧頭挖坑好幾個小時，而這就是我們所做的。我們沒灑水，而是專注於「圍堵」，這意味著挖掘壕溝、清理灌木叢，讓地獄火之路缺乏燃料。我們邊挖邊跑、邊跑邊挖，直到渾身每一塊肌肉都筋疲力盡，然後再來一次。

第一天的白天和晚上，我們在面臨高風險的房屋周圍挖了防火線，這時火牆正從不到一．五公里外的距離逼近。我們瞥見樹林中的火舌，感受到乾旱森林中的熱氣。於是我們被部署到三千公尺的高山上，在一個四十五度的斜坡工作，盡可能深深挖掘，試著找到不會著火的礦質土。某一刻，一棵樹倒了下來，只差二十公分就會擊中我的一名隊友，如果擊中他必死無疑。我們可以聞到空氣中的煙味。鋸木工（電鋸專家）不斷砍伐乾枯或垂死的樹木，我們把灌木碎塊拖到一條溪流河床的另一頭，每一堆碎塊之間相隔十五公尺，每一堆大約有兩、三公尺高，綿延超過五公里。

我們就這樣工作了一星期，每天輪班十八小時，時薪十二美元，這還沒扣稅。白天氣溫是攝氏二十七度，晚上是攝氏二度。輪班結束後，我們鋪睡墊就地露宿，醒來後繼續工作，我有六天沒換衣服。大多數的隊員至少比我年輕十五歲，他們每個都跟釘子一樣硬，也是我見過最勤奮的人，這包括女性成員——女性尤其勤奮。他們沒一個人抱怨過。工作完成後，我們清出了一條五公里長的防火線，寬得足以阻止這場烈火燒毀一座山。

這時的我四十三歲，荒地消防生涯剛剛開始。我熱愛成爲他們這種硬漢團隊的一員，而我的超馬生涯也即將重啓。我還算年輕，足以承受地獄的折磨，去追尋成功。我現在跑得比以往都快，而且腳部不需要任何膠帶或道具。三十三歲時，我是以每公里五分二十二秒的配速跑步，現在的我每公里只需四分三十二秒，而且跑得非常舒服。我還在適應這個靈活的、功能完全正常的新身體，也在適應新的自我。

我的激情仍在燃燒，但說實話，我需要更長的時間來引導我的憤怒。它不再駐留在我的主畫面上，不會因爲一次無意識的抽搐而壓倒我的感性和理性，現在我必須有意識地存取它。但我這麼做的時候，還是能感受到所有的挑戰和障礙、心碎和努力，彷彿昨天才發生。這就是爲什麼你能感受到我對播客和影片的熱情。那玩意兒還在那裡，像疤痕組織一樣烙在我的大腦裡。它像影子一樣尾隨我，試著追上我、將我一口吞下，卻總是驅使我前進。

無論未來幾年會累積多少失敗和成就（相信兩者都會有很多），我知道自己會繼續全力以赴，並設下對大多數人來說似乎不可能達成的目標。當那些王八蛋對我說我不可能成功的時候，我會直視他們的眼睛，用一個簡單的疑問來回應。

「如果可以呢？」

致謝

這本書的製作花費了七年時間，期間經歷了六次失敗的嘗試，最後才被介紹給第一位、也是唯一一位眞正理解我的熱忱，並捕捉到我聲音的作家。我要感謝亞當・斯科尼克花了無數時間來了解我和所經歷的慘烈人生的一切，幫助我拼湊起所有的碎片，把這些故事變成傳記。言語無法表達我對這本書的眞實性、脆弱面和直言不諱有多麼自豪。

珍妮佛・基許，我對妳的感激無法用言語形容。這種說法很多人都在用，但這是我發自肺腑的眞心話。只有妳眞正知道這個過程對我來說是多麼艱難，沒有妳在我身邊就根本不會有這本書。正因爲有妳，我才能暫時放下寫作去救火，由妳來負責這本書背後的所有事務。知道我有「基許」在身邊，讓我做出了「自己出版」這個非常大膽的決定！正因爲妳的敬業態度，我才有信心拒絕一大筆預付款——因爲我知道妳一個人就能承擔整個出版工作！我只能說謝謝妳，我愛妳。

致我的母親潔姬・加德納，我們度過了一段很艱難、很慘烈的歲月。我們倆都可以爲此自豪，因爲我們常常被打倒在地，周圍沒有人扶我們起來，但不知何故，我們總是找到辦法爬起來。我知道有很多次您因爲關心我而希望我停下來，但謝謝您從不將情緒付諸行動，因爲這讓我得以找到更多自我。一般人不會用這種方式來對母親表達感激，但只有您知道「繼續當個硬漢」這個訊息的力量有多大。我愛您，媽。

致我的哥哥特倫尼斯。我們的人生和成長方式有時會讓我們成爲敵人，但大難臨頭時，我們總是互相支持，這對我來說就是眞正的兄弟情誼。

非常感謝以下人士允許我和亞當爲這本書採訪他們。你們對這些事件的回憶，幫助我準確而眞實地描述了我的人生，以及這些特定事件是如何發生的。

致我的表兄弟達米恩，在成長過程中你一直是我最喜歡的人，小時候和你一起做蠢事，就是我人生中一些最美好的時光。

強尼·尼柯斯，我們在巴西鎭一起長大的友誼，有時是我記憶中唯一的正面回憶。沒有多少人像你一樣了解我小時候經歷過的黑暗，感謝你在我最需要你的時候總是在我身邊。

柯克·弗里曼，我要感謝您的誠實。只有少數人願意講述我在巴西鎭遇到的一些挑戰的痛苦眞相，您是其中之一，爲此我將永遠心懷感激。

史考特·吉倫，你永遠不會知道，在我人生中那段只看得到黑暗的時期，你和你的故事對我有多大幫助，這點至今沒變。你不知道你對一個十四歲孩子造成了多大的影響。「你永遠不知道誰正在看著你」，這句話說得眞對，那天我碰巧在空降救援課程看著你。非常感謝你跟我維繫至今的友誼。

維克多·佩納，我有很多故事要講，但我要說的一件事情是，你總是與我風雨同舟，總是付出你擁有的一切。我爲此深表敬意，兄弟。

史蒂文．沙喬，如果沒有你，這本書可能根本不會存在。你是海軍最好的招募員，再次感謝你對我的信心。

肯尼．畢格比，感謝你是當年BUD／S的另一個黑人，你的幽默感總是來得巧妙。繼續當個硬漢，兄弟。

致比爾．布朗，白人版的大衛．哥金斯，你願意在最困難的時候堅持走下去，這讓我在最困難的時候變得更好。上一次見到你時，我們正在伊拉克執行任務，我操著一挺50機槍，你操著一挺M60機槍。希望不久後的將來能在美國本土見到你！

德魯．席茲，感謝你在我的第三次地獄週裡有勇氣和我一起扛船頭。很少有人知道那玩意兒有多重！誰想得到一個白人鄉巴佬和一個黑人會變得感情這麼好？「異極相吸」，這句話說得眞對！

夏恩．多布斯，做出你在這本書中所做的那些事，需要很大的勇氣。我把自己攤開在讀者面前，但你原本不必這麼做！我只能說，謝謝你讓我分享你的故事的一部分，它會改變很多人！

布倫特．格利森，你是我認識完全適用於「凡事都有第一次」這句話的少數幾人之一，能理解這句話是什麼意思的人就更少了。繼續當個硬漢，布倫特！

銀背猩，你是我遇到的第一批海豹戰士之一，而且你設定了很高的標準。謝謝你在我三次

BUD／S訓練班都鞭策我，還有那堂如何使用心率監測器的速成班！

達納．德．科斯特，你是人類歷史上最棒的游泳夥伴。在我的第一個排期間，你的領導能力乃首屈一指！

史萊奇，我只能說以鐵磨鐵眞的越磨越利！謝謝你是少數幾個每天都和我一起努力的人之一，並願意在追求更好的過程中違背常規，願意被誤解。

摩根．盧崔，我們在尤馬市的那一刻將讓咱們永遠是好兄弟。

克里斯．科斯特曼，你在不知不覺中迫使我找到了更高層次的自我。

約翰．梅茲，感謝你允許一個沒有經驗的人參加你的比賽，它永遠改變了我的人生。

克里斯．羅曼，你的專業精神和對細節的關注一直令我驚嘆，你是我能在地球上最艱難的一場徒步賽中獲得第三名的重要原因。

伊迪．羅森塔爾，感謝您所有的支持，以及您爲特種作戰戰士基金會所做的出色工作。

艾德．溫特斯上將，很榮幸能與您共事這麼多年。爲上將工作，無疑給我帶來了壓力，要求我時時刻刻發揮出最好的水準。感謝您自始至終的支持。

致史蒂夫．維索茲基（維茲），正義得到了伸張，我爲此感謝你。

霍克，當你寄給我那封關於「百分之十三」的電子郵件時，我就知道你我志趣相投。這個世界上只有少數幾人不需要解釋就能理解我這個人和我的心態，你是其中一個。

施雷肯高斯特醫師，謝謝你爲我安排了那次超音波檢查。它很可能救了我的命！

老T，謝謝你把我推上那條路，兄弟！繼續衝鋒。

羅納德．卡巴勒斯，繼續以身作則，繼續當個硬漢。〇三—〇四訓練班，遊騎兵永遠開路做先鋒。

喬．希彭斯蒂爾，謝謝你向我展示了正確的伸展方式。它眞的改變了我的人生！

萊恩．德克斯特，感謝你陪我走了一百二十公里，並幫助我達到三百三十公里！

基思．科比，感謝你多年來的持續支持。

南多．塔瑪斯卡，謝謝你向我和我的團隊敞開你的健身房，讓我創造了引體向上紀錄。你的好客、友善和支持永遠不會被遺忘。

丹．科特雷爾，很少有人像你這樣付出不求回報。感謝你讓我在四十多歲時得以實現成為跳傘員的夢想！

佛瑞德．湯普森，感謝你允許我與你出色的團隊一起工作，我從你和你的團隊那裡學到了很多東西。由衷致敬！

馬克．阿德爾曼，感謝你從第一天起就成爲這個團隊的一員，也感謝你在此過程中的每一步提供的建議。你眞的突破了很多你原本以爲無法突破的局限，我爲你所有的成就感到驕傲！

BrandFire廣告公司，謝謝你們的天才創意，謝謝創建了我的官網：davidgoggins.com。

最後，我要對Scribe Media的優秀團隊表示誠摯的感謝和讚賞。從與塔克．馬克斯的第一次接觸到最後一次接觸，以及其間的每一個接觸點，你和你團隊的每一名成員都交出了超越百分之百的成果，正如你所承諾的！特別感謝我的出版經理艾莉．科爾，傑出的專業人士；扎克．奧布朗特幫忙制訂了令人驚嘆的行銷計畫；哈爾．克利福德，我的編輯；還有艾琳．泰勒，我見過最有才華的封面設計師，她幫忙創作出有史以來最酷的封面！

Eurasian Publishing Group
圓神出版事業機構
用心與你對話・視野無限寬廣
方智出版社
Fine Press

www.booklife.com.tw　　reader@mail.eurasian.com.tw

自信人生 186

我，刀槍不入

從街頭魯蛇到海豹突擊隊，掌控心智、力抗萬難的奇蹟

作　　者／大衛・哥金斯（David Goggins）
譯　　者／甘鎮隴
發 行 人／簡志忠
出 版 者／方智出版社股份有限公司
地　　址／臺北市南京東路四段50號6樓之1
電　　話／（02）2579-6600・2579-8800・2570-3939
傳　　真／（02）2579-0338・2577-3220・2570-3636
副 社 長／陳秋月
副總編輯／賴良珠
主　　編／黃淑雲
責任編輯／林振宏
校　　對／林振宏・黃淑雲
美術編輯／金益健
行銷企畫／陳禹伶・蔡謹竹
印務統籌／劉鳳剛・高榮祥
監　　印／高榮祥
排　　版／陳采淇
經 銷 商／叩應股份有限公司
郵撥帳號／ 18707239
法律顧問／圓神出版事業機構法律顧問　蕭雄淋律師
印　　刷／祥峰印刷廠
2023年11月 初版
2024年09月　15刷

定價480元　　ISBN 978-986-175-766-7　

將「試圖實現一件不可能之事」，

轉變成「努力實現一件必然之事」。

——大衛・哥金斯

國家圖書館出版品預行編目資料

我，刀槍不入：從街頭魯蛇到海豹突擊隊，掌控心智、力抗萬難的奇蹟
／大衛・哥金斯（David Goggins）著；甘鎮隴 譯.
-- 初版. -- 臺北市：方智出版社股份有限公司，2023.11
384 面；14.8×20.8公分. --（自信人生；186）
ISBN 978-986-175-766-7（平裝）
1. CST：自我實現　2. CST：成功法

177.2　　112015480